税理士会会員の皆様へ

　皆様ご案内のように、今年1月より改正相続税法が施行され、課税対象者が増加することが想定されています。このような状況に対して、われわれ税理士は万全な体制で取り組み、納税者の要請に応えなければなりません。

　相続税案件は、個別性が強いことから、申告関係実務に要する時間も多くなる反面、相続開始から10か月という限られた期間内に申告を行わなければなりません。そして、申告に瑕疵があった場合には、税理士が負う損害賠償額は申告額が大きくなるほど増加します。

　税賠事故事例を分析すると、その原因として基本的な取扱いの確認を怠っている例が多数あることが分かります。本書は、こうした状況に鑑み、相続税申告を行う税理士が陥りがちなトラブルを纏めたものです。相続税実務は、民法との兼ね合い、そして特例的な税法の取扱いまで、案件を受任する税理士が知っておくべき事項が幅広く存在します。本書ではそれらのうち、特に注意を要するものについて「トラブル事例」として示し、その「原因分析」を行った上で「トラブルの防止策」を検討しています。

　相続税の申告はもとより、相続税対策、そして遺産分割への税務上のアドバイスの場面でトラブルの発生を未然に防ぐために、本書を実務の参考としていたければ幸いです。

日本税理士会連合会

会長　　神津　信一

事例で理解する

相続税トラブルの原因と防止策

税理士 小池 正明 著

清文社

はしがき

　わが国の相続税に現行の「法定相続分遺産取得課税方式」が採用された のは昭和33年であったが、相続税の基礎控除額については、その後一貫して引き上げられてきた。その意味で平成27年1月1日施行の改正相続税法における基礎控除額の引下げは、わが国の戦後の税制史において画期的なことといえるかもしれない。

　このような相続税の課税強化をどのように評価するかはともかくとして、実務の面からみれば、税理士が相続税の申告事案に関与する機会が増加するとともに、相続問題に関心が高まるなかで、申告に至らないまでも、相続に関する相談事案が増加することも間違いない。

　一方で、税理士業務の現状をみると、日常的に相続税の申告に携わっている例は、一部の税理士を除き、それほど多くはないと思われる。また、相続に関する業務は、定型化されたものではなく、相続人の状況や相続財産の内容などによって多種多様である。したがって、依頼者の態様に即応した業務体制を敷く必要があるが、税理士あるいは税理士事務所の実態からすると、適宜適切に対応することは必ずしも容易なことではない。

　しかしながら、専門家である以上、誤った処理は許されず、依頼者をミスリードすることは避けなければならない。まして税賠問題を惹き起こすことは絶対に回避する必要がある。税理士が専門家責任を果たすには、日ごろの研鑽が重要であり、また、それなりの経験が必要であることはいうまでもない。ただ、相続税に関する業務は、やや非日常的な分野に属するため、所得税や法人税あるいは消費税のように日頃の業務を通して経験的にミスを防止するという方策がとりにくいことも事実である。

　本書は、このような観点から、日常的に相続問題あるいは相続税業務に関与していない税理士を念頭に、「トラブル事例」を示した上で、その原因を分析し、相続制度や相続税制を確認しつつ、トラブルの防止策を検討したものである。このような趣旨から、本書では特殊な事例はほとんど取り上げていない。専門家として最低限これだけは理解

し、かつ、ミスのない処理を心掛けるべきであるという事例を中心に検討したつもりである。

相続に関する業務に当たっては、相続税制に通じているだけでは不十分である。相続税は民法の相続制度を前提としている事項が多いからであるが、第1章では、相続法制の基本的なことがらを説明しつつ、税理士が相続業務に際して依頼者に事前に説明し、確認すべき事項を解説した。

本書のメインは第2章以下であり、まず、相続税の課税財産の範囲や税額計算における留意事項を取り上げ、第3章では、小規模宅地等の特例など、租税特別措置の活用に際して間違いやすい事例を検討した。また、第4章では、財産評価に関して宅地、上場株式及び非上場株式を中心として、ウッカリミスを防止するという観点からトラブル事例を検討している。

相続に関する税務は相続税にとどまらない。所得税や消費税の準確定申告が必要な場合があり、また、被相続人の事業を承継した相続人等に関する税務手続で留意すべき事項がある。第5章は、これらの問題について基本的な事項に留意を喚起する意味で解説を加えている。さらに、第6章は、相続税の申告後の問題である。未分割遺産が分割された場合や遺留分の減殺請求が行われた場合には、事後的な税務問題が生じることになる。期限後申告、修正申告、更正の請求などの手続について、その期限はもちろんのこと、加算税などの附帯的なことも検討した。

本書の内容がどの程度その趣旨を反映したものか、筆者として多分に懐疑的ではあるが、税理士や税理士事務所の職員の業務に多少なりとも参考になれば幸いである。

平成27年10月

小池　正明

CONTENTS

第 **1** 章 相続税業務の受任に当たっての税理士の留意事項 1
～依頼者に対する基本的な説明事項と確認事項

Ⅰ 相続手続についての説明と確認 2

1 相続業務の受任に際しての税理士の対応 2

2 相続開始後の手続等のタイムスケジュール 4

Ⅱ 民法の相続制度についての説明と確認 5

1 遺言の有無の確認と検認等の手続 5
- **1** 自筆証書遺言の開封と検認 5
- **2** 遺言執行者への連絡 6

2 相続人の確認と確定 6
- **1** 戸籍謄本の収集と相続人の確認 6
- **2** 戸籍謄本の収集方法 7
- **3** 戸籍の見方と収集範囲 8

3 相続分の確定 11
- **1** 法定相続分の意義 11
- **2** 指定相続分の意義 12
- **3** 特別受益者の相続分と特別受益の範囲 12
- **4** 寄与分の意義と範囲 14

4 相続財産・相続債務の調査と確定 15
- **1** 財産調査のポイント 15
- **2** 財産の調査と収集書類等 16

5 遺産分割の方法と分割協議書の作成 19
- **1** 遺産分割の意義と効果 19
- **2** 遺産分割の方法 19
- **3** 現物分割と分割協議書の作成 20
- **4** 代償分割と分割協議書の作成 23

5 分割対象外財産への対応 24

6 遺産分割協議書に記載すべき財産と記載を要しない財産 25

7 相続人に未成年者がいる場合の遺産分割手続 29

8 相続人に国外居住者がいる場合の遺産分割手続 30

6 遺留分の意義と減殺請求への対応 30

1 遺留分の意義 30

2 遺留分の算定と基礎財産 31

3 遺留分の減殺請求 32

4 遺留分の放棄 32

7 債務超過の相続への対応 33

1 相続放棄の意義と手続 33

2 限定承認相続の意義と手続 33

Ⅲ 相続税のしくみと申告手続についての説明と確認 34

1 相続税のしくみと計算方法 34

1 相続税の課税方式～法定相続分遺産取得課税 34

2 生前贈与と相続税課税の関係 34

2 相続税の課税財産の範囲 35

1 本来の相続財産とみなし相続財産 35

2 被相続人以外の者の名義となっている財産 35

3 相続税申告方法と申告期限 36

1 申告書の共同提出 36

2 遺産未分割の場合の申告方法 37

4 相続税の申告後の後発的事由の発生と事後手続 39

1 修正申告と更正の請求 39

2 相続に特有の後発的事由と税務手続 39

3 相続税の申告後の遺産分割のやり直しの可否 40

4 相続財産を譲渡した場合の取得費加算の特例 41

5 相続税の納付方法と選択 43

1 納付方法の選択の考え方 43

2 延納又は物納の選択と実務上の留意点 44

3 非上場株式等に係る相続税の納税猶予制度 45

6 所得税・消費税の準確定申告 46

1 所得税の準確定申告 46

2 消費税の準確定申告 46

第2章 相続税法で注意したい トラブル事項と防止策 47

Ⅰ 民法の相続制度と課税問題の留意点 48

1 代償分割を行う場合の留意点 48

2 遺贈の放棄手続と遺産分割協議の効果 51

3 共有物の共有者の1人が死亡した場合の共有持分の移転 54

Ⅱ 課税財産の範囲 58

1 相続開始前の債権放棄と課税関係 58

2 みなし相続財産となる生命保険金の範囲 61

3 生命保険の契約形態と生命保険契約に関する権利の課税 64

4 死亡退職金の課税方法と非課税規定の適用関係 66

Ⅲ 相続税の課税価格と税額計算における留意点 70

1 代償分割が行われた場合の課税価格の計算 70

2 生前贈与財産価額の相続税の課税価格加算の適用 75

3 相続税の総額の計算における法定相続人の意義 80

4 養子の人数制限の取扱い 83

5 算出相続税額の計算における「あん分割合」の端数処理 86

6 相続税額の2割加算の適用者の判定 89

7 遺産の一部分割と生命保険金に対する配偶者の税額軽減の適用 92

8 相次相続と配偶者の税額軽減の活用 95

9 相次相続控除の適用要件 102

10 債務控除の対象となる債務の範囲 105

11 賃貸不動産に係る敷金の債務控除と預け金に対する課税 107

12 葬式費用の債務控除の適用者 109

Ⅳ 遺産未分割の場合の申告手続の留意点　112

1 未分割遺産がある場合の相続税の計算方法 112
2 未分割遺産の相続税申告における提出書類 115

Ⅴ 相続時精算課税制度の選択とアドバイス　120

1 相続時精算課税の選択の得失 120
2 相続税の課税がないと見込まれる場合の相続時精算課税の選択 124
3 相続時精算課税に係る贈与の申告漏れと課税方法 126
4 相続時精算課税適用者が特定贈与者より先に死亡した場合のリスク 129

第3章 租税特別措置法（課税の特例）で注意したいトラブル事例と防止策　135

Ⅰ 小規模宅地等の特例の適用要件等　136

1 特例の対象となる宅地等の範囲 136
2 共有宅地等の限度面積 140
3 特定居住用宅地等における居住継続要件の判定 143
4 特定居住用宅地等における「生計一親族」の適用要件 147
5 特定事業用宅地等における事業継続要件の判定 151
6 事業用宅地等を取得した者と事業主の判定 156
7 同族会社の事業用宅地等の特例の適用要件 158
8 特定同族会社事業用宅地等における「事業」の範囲 161
9 貸付事業用宅地等の特例の適用要件 164
10 貸付事業の同一性の判定 167
11 特例対象宅地等の選択替えと更正の請求の可否 169

Ⅱ 贈与税の非課税特例の適用要件と留意点 　173

1 住宅取得等資金の贈与に係る非課税特例における 直系尊属からの贈与と相続時精算課税の特例の差異 173

2 教育資金の一括贈与及び結婚・子育て資金の一括贈与の 特例と遺留分の減殺請求 177

Ⅲ 非上場株式等に係る納税猶予制度の適用と確認事項 182

1 贈与税の納税猶予が適用される贈与者と贈与株数の要件 182

2 相続税の納税猶予税額の免除措置の適用要件 186

第4章 財産評価で注意したい トラブル事例と防止策 191

Ⅰ 宅地の評価におけるトラブル事例と留意点 192

1 宅地の評価単位の考え方 192

2 取得者単位の評価の取扱い 197

3 路線価図の地区区分の見方 201

4 正面路線の判定方法 204

5 貸宅地の評価の留意点 207

6 貸家に隣接する駐車場用地の評価 209

7 広大地評価の条件と判定方法 212

8 共有土地の分割と広大地評価の適用 218

9 使用貸借に係る貸家の敷地の評価方法 222

Ⅱ 家屋その他の財産の評価におけるトラブル事例と留意点 225

1 課税時期に空家となっている貸家の評価 225

2 建築中の家屋の評価と前渡金・未払金の関係 228

3 一般動産の評価における償却費の計算上の留意点 ⋯⋯⋯⋯ 231

Ⅲ 上場株式の評価におけるトラブル事例と留意点　233

1 課税時期の最終価格の特例——権利落等がある場合の留意点 ⋯ 233

2 最終価格の月平均額の特例——権利落等がある場合の留意点 ⋯ 237

Ⅳ 非上場株式の評価をめぐるトラブル事例と留意点　241

1 実質株主と名義株の問題 ⋯⋯⋯⋯⋯⋯⋯⋯⋯⋯⋯⋯⋯ 241

2 株式の評価の区分——原則評価と特例評価 ⋯⋯⋯⋯⋯⋯ 243

3 非上場株式が未分割の場合の評価方法の判定 ⋯⋯⋯⋯⋯ 251

4 非上場株式の評価方法の判定——評価会社の規模区分 ⋯⋯ 255

5 類似業種比準方式による評価の留意点——配当比準値 ⋯⋯ 260

6 類似業種比準方式による評価の留意点——利益比準値 ⋯⋯ 265

7 剰余金の配当と類似業種比準価額の修正 ⋯⋯⋯⋯⋯⋯⋯ 268

8 純資産価額方式による資産・負債の算定の時期 ⋯⋯⋯⋯ 272

9 純資産価額方式における資産科目の留意点 ⋯⋯⋯⋯⋯⋯ 276

10 純資産価額方式における負債科目の留意点 ⋯⋯⋯⋯⋯⋯ 282

11 原則的評価額の修正と配当期待権に対する課税 ⋯⋯⋯⋯ 287

第**5**章　個人事業者の相続で注意したいトラブル事例と防止策　291

Ⅰ 個人事業者の相続に伴う所得税の申告及び手続　292

1 準確定申告における所得控除の取扱い ⋯⋯⋯⋯⋯⋯⋯⋯ 292

2 準確定申告における必要経費の取扱い ⋯⋯⋯⋯⋯⋯⋯⋯ 295

3 被相続人の事業所得等に損失が生じた場合の対応 ⋯⋯⋯⋯ 298

4 事業を承継した相続人等の青色申告の承認申請 ⋯⋯⋯⋯⋯⋯⋯ 300

Ⅱ 個人事業者の相続に伴う消費税の申告及び手続 302

1 相続の場合の相続人の納税義務判定の特例 ⋯⋯⋯⋯⋯⋯⋯⋯⋯ 302

2 被相続人の事業場を分割して承継した場合の納税義務 ⋯⋯⋯⋯ 305

3 事業を承継した相続人等の簡易課税制度の適用の届出 ⋯⋯⋯⋯ 308

第 6 章 相続税の申告後の税務で注意したいトラブル事例と防止策 ⋯⋯⋯ 311

Ⅰ 相続に特有な後発的事由が生じた場合の税務と対応 312

1 未分割遺産が分割された場合の手続 ⋯⋯⋯⋯⋯⋯⋯⋯⋯⋯⋯⋯ 312

2 遺留分の減殺請求があった場合の手続 ⋯⋯⋯⋯⋯⋯⋯⋯⋯⋯⋯ 317

3 未分割の宅地が分割された場合の小規模宅地等の
特例の適用手続 ⋯⋯⋯⋯⋯⋯⋯⋯⋯⋯⋯⋯⋯⋯⋯⋯⋯⋯⋯⋯⋯ 321

4 遺言書が発見された場合の遺産の再分割と税務手続 ⋯⋯⋯⋯⋯ 325

5 代償分割の成立後の代償金の支払債務の不履行と遺産分割
のやり直しの可否 ⋯⋯⋯⋯⋯⋯⋯⋯⋯⋯⋯⋯⋯⋯⋯⋯⋯⋯⋯⋯ 329

Ⅱ 税務調査後のトラブル事例と納税者の対応 333

1 税務調査後の修正申告に係る加算税・延滞税等の取扱い ⋯⋯⋯ 333

2 減額更正後の増額更正に伴う延滞税賦課の可否 ⋯⋯⋯⋯⋯⋯⋯ 340

3 無申告事案について期限後に申告義務が判明した場合の対応 ⋯ 345

4 相続税が無申告であった後に未分割遺産が分割された
場合の附帯税の減額 ⋯⋯⋯⋯⋯⋯⋯⋯⋯⋯⋯⋯⋯⋯⋯⋯⋯⋯⋯ 347

凡　例

　本書において、カッコ内における法令等については、次の略称を使用しています。

【法令名略称】

相法	相続税法
相令	相続税法施行令
相規	相続税法施行規則
相基通	相続税法基本通達
評基通	相続税財産評価基本通達
措法	租税特別措置法
措令	租税特別措置法施行令
措規	租税特別措置法施行規則
措通	租税特別措置相続税関係取扱通達
通則法	国税通則法
通則令	国税通則法施行令
所法	所得税法
所令	所得税法施行令
所基通	所得税基本通達
消法	消費税法
消令	消費税法施行令
消基通	消費税法基本通達

＜記載例＞

相法 15 ②一：相続税法第 15 条第 2 項第 1 号

相令 1 の 13 ①：相続税法施行令第 1 の 13 条第 1 項

相基通 9-6-1：相続税法基本通達 9-6-1

※本書の内容は、平成 27 年 10 月 1 日現在の法令等に依っている。

第**1**章

相続税業務の受任
に当たっての税理士の留意事項
～依頼者に対する基本的な
説明事項と確認事項

I 相続手続についての説明と確認

1 相続業務の受任に際しての税理士の対応

　民法は、「相続は死亡によって開始する」と定めている（民法882）。税理士等の専門家が相続事案に関与する形態はさまざまであるが、相続に伴う手続は、文字どおり被相続人の死亡とともにスタートすることになる。

　一般の者にとって相続という問題は日常的に遭遇することではなく、そのことに関心があったとしても、実際に相続に直面すると、具体的にどのような作業や手続を要するかが分からず、戸惑いと不安を抱くのが通常である。

　税理士が相続問題に関与し、業務の依頼を受けた場合には、相続に伴うさまざまな手続等を具体的に説明し、いつまでに何を行うかを依頼者に理解してもらうこと重要である。

　そのための資料としては、例えば、次頁のようなタイムスケジュール表を活用することも一法である。その手続の中には期限が定められているものが多いことを説明し、また、それぞれの手続等に要するおおまかな時間も説明する必要がある。

　その際に重要なことが2つある。第一に、依頼者と税理士の間の信頼感を早期に醸成することである。相続税に関する業務は、いわゆるスポット的なものが少なくない。税理士が日頃から関与している依頼者であれば、それなりの信頼を得ているはずであるが、相続税の申告のみ依頼されたような場合には、必ずしもそうではない。その結果、依頼者から重要な情報や資料が得られず、的確な申告が行えないおそれがある。

　第二に、相続制度や相続税制について、基本的なことを含めて正確に説明し、依頼者の理解を得ておくことが重要である。相続問題について、それなりの認識を有している者であっても、専門家からみれば

2　第1章　相続税業務の受任に当たっての税理士の留意事項

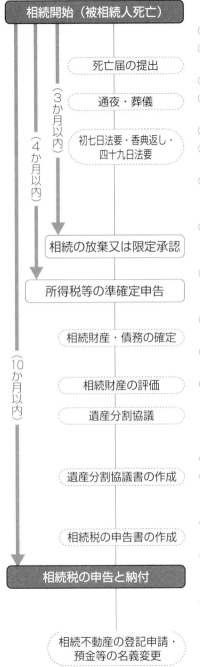

○通夜・葬儀の準備。

○死亡診断書を添付して7日以内に市区町村に提出。

○葬式費用の領収書等の整理。

○遺言書の有無の確認、自筆証書遺言の家庭裁判所での検認。

○相続財産及び債務の概要の調査と把握。

○被相続人及び相続人の戸籍謄本の収集（本籍地の市区町村役場）と相続人の確認。

○被相続人が個人事業者の場合は、所得税（消費税）の事業廃止届、死亡届等を税務署に提出。

○相続放棄又は限定承認をする場合は、家庭裁判所に戸籍謄本等を添付して申述書等を提出。

○被相続人のその年1月1日から死亡日までの所得税（消費税）の税務署への申告と納付。

○相続財産と債務の詳細な調査、生前贈与の有無の確認、財産債務の一覧表の作成。

○財産評価に必要な資料の収集と評価額の算定。

○遺言がある場合は受遺者の意思を確認の上、遺産分割を決定（未分割とする場合は、相続税の配偶者の軽減・小規模宅地等の特例・農地の納税猶予の特例の不適用を考慮して分割の時期を確認）。

○相続人全員の印鑑証明及び実印が必要。

○相続税の納付方法（現金一時納付、延納、物納）の決定と納税資金の調達、延納の担保、物納申請財産の確定。

○延納又は物納の場合は、手続関係書類を確認の上、申請書を作成。

○被相続人の住所地の所轄税務署に添付書類を確認の上、提出（延納、物納の場合は申請書等も提出）。

○登記、名義変更の手続に期限はない（相続不動産を延納の担保又は物納申請する場合には速やかに登記変更が必要。預金を納税資金とする場合は引出しのために名義変更が必要）。

I 相続手続についての説明と確認

単なる誤解にすぎないという事柄がある。例えば、名義預金である。一般の者は、被相続人名義の財産のみが相続税の課税対象になると考えていることが多い。このため、名義預金等についての情報が開示されないことがあるが、後日の税務調査で過少申告が判明すると、そのような財産が課税対象になることについて税理士の説明がなかった、といった不信や不満が生じないとも限らないのである。

いずれにしても、相続に関する業務に際しては、法人税や所得税などの定期的に行う業務とは異なる面があることに留意する必要がある。

なお、相続業務に係る税理士報酬について事前に確認しておく必要があるが、統一的な報酬基準がなく、また、業務の難易や業務に要する時間等が不明の段階では、確定的な額を提示することは困難である。それぞれの税理士ごとの報酬基準によって概算的な額と業務の内容に応じて報酬額が変動することをあらかじめ説明しておくことが望ましい。

2 相続開始後の手続等のタイムスケジュール

相続開始に伴ってさまざまな手続や作業を要することになるが、おおまかなタイムスケジュールをまとめると、前頁のようになる。

もっとも、これらの中には不要なものもある。相続の放棄や限定承認相続がなければ、それに関する手続は不要であるし、被相続人が給与所得者であれば、所得税等の準確定申告を要しないことが多い。

また、手続等もタイムスケジュールの図のような順にならない場合がある。相続不動産の登記や預貯金等の名義変更手続は、遺産分割協議が成立すれば直ちに可能であり、相続税の納付方法として物納を選択する場合には、物納財産について早期に名義変更を行う必要がある。

したがって、前記のタイムスケジュールは参考程度のものであるが、適宜なものを作成して依頼者に説明することが望ましい。

4 ｜ 第1章　相続税業務の受任に当たっての税理士の留意事項

Ⅱ 民法の相続制度についての説明と確認

1 遺言の有無の確認と検認等の手続

1 自筆証書遺言の開封と検認

　相続業務を受任した場合には、依頼者に民法の相続制度について説明し、理解を得ておく必要がある。まずは遺言についてである。

　相続財産の分割など、相続に関する手続や業務は、遺言の有無によって大きく異なる。このため、相続が開始した場合には、まず遺言があるかどうか、また、遺言書があったとしても、それが適法かつ有効なものかどうかを確認する必要がある。

　遺言は、「公正証書遺言」が多いが、「自筆証書遺言」をしている場合もある。前者の遺言は被相続人の死亡と同時に直ちに効力が生じ、特段の手続等は要しないが、後者について、その遺言書が封印されているときは、相続人又はその代理人が立会いをして家庭裁判所で開封しなければならない（民法1004③）。

　また、自筆証書遺言については、家庭裁判所で遺言書の「検認」が必要であり（民法1004①）、遺言書の保管者又は発見者は、遺言者の住所地を管轄する家庭裁判所に「遺言書検認申立書」を提出しなければならない（民法1004①、家事事件手続法別表第1−103）。

　これらの手続に関し、封印のある遺言書を家庭裁判所以外の場所で開封をした場合や検認を怠った場合には、5万円以下の過料に処することとされている（民法1005）。

　なお、公正証書遺言については、原本を公証人が管理しており（保管期間は150年）、遺言書が破棄・隠匿された場合でも、公証人役場で謄本を入手することができる。また、全国のすべての公正証書遺言がオンラインで一元管理されており、遺言者の死亡後であれば、全国いずれの公証人役場でもその有無が確認できるようになっている。

■2 遺言執行者への連絡

公正証書遺言せよ自筆証書遺言せよ、遺言の中で遺言執行者が指定されている場合が多い。

遺言執行者は、遺言手続に関する一切の権限を有しており（民法1012①）、相続人等がその執行を妨げることはできないこととされている（民法1013）。このため、遺言執行者の承認を得ずに、遺言の内容と異なる遺産分割を行ったような場合には、その遺産分割は無効になるといった問題が生じるおそれがある。

したがって、遺言において遺言執行者が指定されている場合には、遺言者の死亡後、直ちにその旨をその遺言執行者に連絡する必要がある。

なお、遺言執行者の報酬は、遺言で定められている場合にはそれに従うが、その定めがないときは、相続財産の状況等により家庭裁判所が決定することになる（民法1018①）。また、この場合の報酬や遺言の執行に要する費用は、相続財産の中から支出することとされている（民法1021）。

2 相続人の確認と確定

■1 戸籍謄本の収集と相続人の確認

被相続人と相続人の関係を明らかにし、相続人を特定するため、相続実務では、被相続人と相続人の戸籍謄本（戸籍の全部事項証明書）を収集しなければならない。また、不動産の相続登記では「登記原因証明情報」（相続証明書）を添付しなければならないが、これは被相続人の出生時から（不動産の登記実務では被相続人の13歳ころから）死亡時までの連続した戸籍謄本をいい、相続人に漏れのないことを証するものである。

戸籍は、明治4年の戸籍法の制定により編成されたのが最初であるが、その後数次にわたって様式が改められ、現行の様式は、昭和22年に制定されたものである。また、平成6年の戸籍法の改正により、戸籍を磁気ディスクで調製する、いわゆる戸籍のコンピュータ化が行

われている。

戸籍の様式が変更されると、戸籍事項が旧戸籍から新戸籍に移記される。これを戸籍の改製といい、新戸籍が編成された場合の旧戸籍を「改製原戸籍」という。戸籍のコンピュータ化によって調整されると、紙ベースによる戸籍は改製原戸籍となる。

戸籍の改製により新戸籍に記載されるのは、その時点で籍を有する者だけであり、既に除籍された者は記載されない。このため、相続人を確認する相続証明書の作成に当たっては、通常の場合、改製原戸籍を含めた複数の戸籍が必要になる。

なお、戸籍のコンピュータ化によって市区町村で発行されるのは、次のものである。

【コンピュータ媒体によるもの】
・戸籍の全部事項証明書
・戸籍の個人事項証明書
・戸籍の一部事項証明書
・除かれた戸籍の全部事項証明書
・除かれた戸籍の個人事項証明書
・除かれた戸籍の一部事項証明書

【紙媒体によるもの】
・戸籍謄本
・戸籍抄本
・戸籍の記載事項証明書
・除籍謄本
・除籍抄本
・除籍の記載事項証明書

2 戸籍謄本の収集方法

戸籍謄本（戸籍の全部事項証明書）等は、その者の本籍地の市区町村役場に戸籍謄本等請求書を提出して交付を受けることができる。

戸籍には個人のプライバシーに関することが記載されているため、戸籍謄本等は原則として戸籍筆頭者のほか、その配偶者、直系卑属及

び直系尊属以外の者は請求することはできない（戸籍法10①）。

　ただし、弁護士、司法書士、税理士等が職務上の必要に基づいて独自に交付請求することは可能である（戸籍法10の2、戸籍法施行規則11の2）。この場合には、請求者の資格の確認のために一定の統一用紙によることとされている。ちなみに、税理士の場合には、「戸籍謄本・住民票の写し等職務上請求書」（9頁）によることとされている（9頁の請求書は、税理士会が交付した用紙のみが有効であり、これをコピーして使用することは禁止されている）。

　なお、この請求書が必要な場合には、各税理士会に交付の申請をすることになるが、その方法については、それぞれの税理士会で確認されたい。

■3 戸籍の見方と収集範囲

　戸籍には、本籍及び氏名（戸籍筆頭者）のほか、「戸籍事項」（戸籍の編成事由、編成した年月日などの記載）、「身分事項」（出生、婚姻、養子縁組、認知、死亡などの記載）がある。コンピュータ化された戸籍の全部事項証明は、10頁のような様式になっている。

　10頁の戸籍の全部事項証明書では、被相続人山田太郎が平成○○年9月2日に死亡し「除籍」となっている。また、この除籍を記載した戸籍は、平成10年6月5日に「平成6年法務省令第51号附則第2条第1項による改製」されたものである。したがって、この戸籍は、被相続人の戸籍編成時（平成10年6月5日）から死亡時までのものであることが確認できる。

　そこで、平成10年6月5日以前の戸籍（改正原戸籍）に遡っていく必要がある。従前の戸籍の記載は省略するが、被相続人の出生時までの改製原戸籍を収集することになる。

　また、被相続人の子が婚姻をすれば、同人の新たな戸籍が編成されるため、除籍されるが、その子が生存していることを確認するため、同人の戸籍も必要になる。

　これらの戸籍収集が完了すれば、相続証明ができるとともに相続人が確定することになる。

〈日本税理士会連合会統一用紙〉　No. 01-A-XXXXXX

戸籍謄本・住民票の写し等職務上請求書

(戸籍法第10条の2第3項、第4項及び住基法第12条の3第2項、第20条第4項による請求)

　　　　　　　　　　　　長　殿　　　　　　　　　平成　　年　　月　　日

請 求 の 種 別	□戸籍　　□除籍　　□原戸籍　　　謄本・抄本			通
	□住民票　□除票　　□戸籍の附票　　　の写し			
	□住民票記載事項証明書			
本 籍 ・ 住 所 　※1				
筆 頭 者 の 氏 名 　※2 世 帯 主 の 氏 名				
請 求 に 係 る 者 の 　※3 氏 名 ・ 範 囲	氏名 (ふりがな) 生年月日　明・大・昭・平・西暦　　　年　　　月　　　日			
住基法第12条の3第7 　※4 項による基礎証明事項 以外の事項	□世帯主　□世帯主の氏名及び世帯主との続柄　　□本籍又は国籍・地域 □その他（　　　　　　　　　　　　　　　　　　）			
利 用 目 的 の 種 別	請求に際し明らかにしなければならない事項			
1 税理士法第2条第1項 第1号に規定する不服 申立て及びこれに関す る主張又は陳述について の代理業務に必要な場合	事件及び代理手続の種類： 戸籍・住民票等の記載事項の利用目的：			
2 上記1以外の場合で受 任事件又は事務に関す る業務を遂行するため に必要な場合	業務の種類： 依頼者の氏名又は名称： 依頼者について該当する事由　□権利行使又は義務履行　□国等に提出　□その他正当な理由 上記に該当する具体的事由：			
【 請 求 者 】　※5 事 務 所 所 在 地 事 務 所 名 税 理 士 氏 名 電 話 番 号 登 録 番 号	××税理士会所属　　法人番号　第　　　　　号 　　　税理士 　　　　　　　　　　　　　　　　　　　　　　　職印 登録番号　第　　　　　号			
【 使 者 】　※6 住 　 　 所 氏 　 　 名	住所 氏名　　　　　　　　　　　　　印			

××税理士会事務局電話　　××(0000)△△△△(代表)

※1・2欄　戸籍謄本等、又は戸籍の附票の写しの請求の場合は、本籍・筆頭者を、また、住民票の写し等の請求の場合は、住所・世帯主を記載する。
※3欄　　住民票の抄本・記載事項証明又は住民票の写しの請求の場合は、請求に係る者の氏名、又は請求に係る者の範囲を記載する。なお、請求に係る者の
　　　　氏名のふりがな・生年月日は、判明している場合に記載する。
　　　　また、外国人住民にあっては氏名は通称を含むほか、生年月日は西暦を用いる。
※4欄　　基礎証明事項とは、住基法第7条第1号から第3号まで及び第6号から第8号までに定める事項（外国人住民にあっては、法第7条第1号に掲
　　　　げる事項及び通称、同条第3号、第7号及び第8号に掲げる事項並びに法第30条の45に規定する外国人住民となった年月日）をいい、
　　　　これ以外の住民票の記載事項を記載した写し等を求める場合はその求める事項を記入する。
※5欄　　職印は業務において通常使用しているものを押印する。
　　　　税理士法人が請求する場合は、法人の名称及び事務所の所在地、代表税理士の氏名及び法人番号を記載する。
※6欄　　使者は自宅住所を記載する。事務職員身分証明書を有する場合は、事務所の所在地を記載する。

Ⅱ　民法の相続制度についての説明と確認　▌9

	全部事項証明

本　籍	長野県松本市○○2丁目1058番地
氏　名	山田　太郎
戸籍事項 　　戸籍改製	【改製日】平成10年6月5日 【改製事由】平成6年法務省令第51号附則第2条第 　　1項による改製
戸籍に記録されている者 　　除　籍	【名】太郎 【生年月日】昭和○○年5月18日 【父】山田太吉 【母】山田ウメ 【続柄】長男
身分事項 　　出　　生 　　婚　　姻 　　死　　亡	【出生日】昭和○○年5月18日 【出生地】長野県松本市 【届出日】昭和○○年5月21日 【届出人】父 【婚姻日】昭和○○年9月30日 【配偶者氏名】村田花子 【従前戸籍】長野県松本市○○2丁目1058番地 　山田太吉 【死亡日】平成○○年9月2日 【死亡時分】午前2時30分 【死亡地】埼玉県川口市 【届出日】平成○○年9月2日 【届出人】親族　山田花子
戸籍に記録されている者	【名】花子 【生年月日】昭和○○年7月23日 【父】村田次郎 【母】村田キク 【続柄】長女
身分事項 　　出　　生 　　婚　　姻 　配偶者の死亡	【出生日】昭和○○年7月23日 【出生地】埼玉県浦和市 【届出日】昭和○○年7月28日 【届出人】父 【婚姻日】昭和○○年9月30日 【配偶者氏名】山田太郎 【従前戸籍】埼玉県浦和市○○3番地　村田次郎 【配偶者の死亡日】平成○○年9月2日

3 相続分の確定

1 法定相続分の意義

　相続人が1人（単独相続）の場合には相続分の問題はないが、通常は相続人が複数（共同相続）であり、相続分の算定が必要になる。

　民法は、遺言優先主義によっているから、遺言で各相続人の相続分の指定（指定相続分）があれば、その指定された相続分を基準として遺産分割等を行うこととなるが、遺言のない相続では法定相続分が基準となる。

　法定相続分については、一般の者も理解されているところであるが、民法の規定は次のとおりである（民法900）。

相 続 人	法定相続分	留 意 点
子と配偶者の場合	配偶者 $\frac{1}{2}$ 子 $\frac{1}{2}$	○　子が数人あるときは、相続分は均分（頭割り）となる。
配偶者と直系尊属の場合	配偶者 $\frac{2}{3}$ 直系尊属 $\frac{1}{3}$	○　直系尊属が数人あるときは、相続分は均分（頭割り）となる。
配偶者と兄弟姉妹の場合	配偶者 $\frac{3}{4}$ 兄弟姉妹 $\frac{1}{4}$	○　兄弟姉妹が数人あるときは、相続分は均分（頭割り）となる。 ○　父母の一方を同じくする兄弟姉妹（半血兄弟姉妹）の相続人は、父母の双方を同じくする兄弟姉妹（全血兄弟姉妹）の相続分の2分の1となる。

　法定相続分に関して、代襲相続がある場合の代襲相続人は、被代襲者の相続分をそのまま受け継ぐこととされており、この場合に代襲相続人が2人以上あるときは、その被代襲者の相続分を均分することとされている（民法901）。

　このほか、特殊な問題として、身分が重複する場合（例えば、代襲相続権のある孫が被相続人の養子となったような場合）の相続分の取扱いがあるが、関係法令等を確認しておく必要がある（第2章80頁）。

　なお、いわゆる非嫡出子の相続分については、平成25年9月4日

Ⅱ　民法の相続制度についての説明と確認　11

の最高裁判決により平成25年9月5日以後に開始した相続から嫡出子と同等とされている（平成25年12月11日公布・施行の改正民法900④）。

2 指定相続分の意義

被相続人は、遺言によって共同相続人の全部又は一部の者について、その相続分を指定し又はその指定を第三者に委託することができる（民法902①）。相続分の指定があれば、当然に法定相続分に優先することになる。

共同相続人の一部の者について相続分の指定があった場合の他の相続人の相続分は、次のように指定相続分以外の部分を法定相続分で配分することになる（民法902②）。

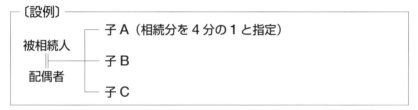

＜子A以外の者の相続分＞

配偶者 …… $\dfrac{3}{4} \times \dfrac{1}{2} = \dfrac{3}{8}$

子　B …… $\dfrac{3}{4} \times \dfrac{1}{2} \times \dfrac{1}{2} = \dfrac{3}{16}$

子　C …… $\dfrac{3}{4} \times \dfrac{1}{2} \times \dfrac{1}{2} = \dfrac{3}{16}$

なお、相続分の指定に当たっては、遺留分の規定に反することはできないとされている（民法902①ただし書）。ただし、遺留分に反する指定をした遺言が直ちに無効になるわけではなく、遺留分を侵害された者は、他の相続人又は受遺者に対して減殺の請求をして相続財産を確保することとされている。

3 特別受益者の相続分と特別受益の範囲

民法は、共同相続人のうちに被相続人から遺贈を受け、又は生前贈与を受けている者を特別受益者とし、相続分の算定上、いわゆる持戻

し計算をする旨を定めている（民法903①）。

これは、共同相続分人間の実質的な公平を図るための規定であり、簡単な例で示すと、次のとおりである。

〔設例〕

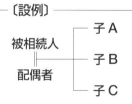

① 被相続人の相続開始時の財産は、4億円である。
② 被相続人は、遺言により①の財産から3,000万円を子Aに遺贈した。
③ 子Bは、被相続人からその生前に生計の資本として2,000万円の贈与を受けている。

＜各相続人の相続分の額＞

○相続財産とみなされる額……

　4億円＋2,000万円（生前贈与）＝4億2,000万円

○相続分額の計算……

　配偶者……4億2,000万円×$\frac{1}{2}$＝2億1,000万円

　子　A……4億2,000万円×$\frac{1}{2}$×$\frac{1}{3}$－3,000万円（**特別受益**）
　　　　　＝4,000万円

　子　B……4億2,000万円×$\frac{1}{2}$×$\frac{1}{3}$－2,000万円（**特別受益**）
　　　　　＝5,000万円

　子　C……4億2,000万円×$\frac{1}{2}$×$\frac{1}{3}$＝7,000万円

　　（注）　子Aは、4,000万円のほかに3,000万円の遺贈財産を取得する。

特別受益がある場合の持戻し計算は、上記のとおりであり、相続税法では、未分割遺産がある場合の課税価格の計算に採用されている（相法55、相基通55－1）。

もっとも、相続実務では上記のような計算を行って遺産分割をしている例はそれほど多くはない。特定の相続人に特定遺贈や生前贈与があれば、これらを勘案して遺産分割を行うことはあるが、上記のよう

な綿密な計算に基づくことは少ないと考えられる。

　ただし、相続人間で遺産分割をめぐる紛争が生じた場合には、特別受益の有無やその額が問題となり、当事者にとっては重要な関心事となる（第2章112頁）。

　このため、税理士が相続人から特別受益の意義や範囲を問われることがある。ただ、この点については、さまざまな裁判例や学説があり、必ずしも一義的に定まっているわけではない。とりわけ問題になりやすいのは生前贈与であるが、民法は、「婚姻、養子縁組のための贈与」と「生計の資本としての贈与」と規定しているのみである。

　一般論としては、婚姻の際の持参金は特別受益に当たるが、結納金や挙式費用は特別受益には含まれず、また、生計の資本としての贈与とは、子が新たに事業を始める際の資金供与や独立して生活を営む際の土地や建物の贈与又はその取得資金の贈与が該当するとされている。

　相続事案に関与し、こうした問題が生じた場合には、裁判例や文献等によって調査し、適切な回答を行う必要がある。

　このほか、特別受益に関しては、その価額の算定時期の問題もある。民法の規定では、生前贈与としての特別受益の額は、贈与時の価額ではなく、相続開始時の価額に引き直すこととしている（民法904）。

　なお、明らかに特別受益に該当するものであっても被相続人が遺言等で特別受益を考慮せずに相続分を算定するという意思表示をしたときは、遺留分に反しない範囲でこれを有効なものとしている（民法903③）。

■4 寄与分の意義と範囲

　相続分に関しては、いま一つ寄与分（寄与相続分）を主張する相続人がいる場合がある。民法は、「共同相続人中に、被相続人の事業に関する労務の提供又は財産上の給付、被相続人の療養看護その他の方法により被相続人の財産の維持又は増加につき特別の寄与をした者」については、上記■1から■3の相続分とは別に相続財産を取得できることとしている（民法904の2①）。いわゆる寄与分制度である。

　このため、相続人の中に「自分だけが親の面倒をみてきたから、他の者より多くの遺産を取得する権利がある」と主張する者もいるが、

14　第1章　相続税業務の受任に当たっての税理士の留意事項

これがもとで遺産分割協議が紛争になることも少なくない。

　このような事例に関与すると、専門家として適切な回答を与えて業務を進行させる必要が生じるが、寄与分の意義についても明確になっているとはいえない。

　特に誤解があるのは、被相続人の療養看護である。親を療養し看護することは相当の負担を伴うものであるが、親子は互いに扶養する義務があるから、通常の看護は「特別の寄与」とはいえない。もっとも、その療養看護によって、付添人の手当てなど本来なら他に支払うべき費用の支出を免れ、その分だけ被相続人の財産が維持されたというのであれば、寄与分を認める余地はある。

　いずれにしても、寄与分は「通常の寄与」ではなく「特別の寄与」があった場合にのみ認められることを踏まえておく必要がある。

　なお、寄与分は遺産分割の前提となる事項であり、その有無や金額については共同相続人の協議により決定することが原則である。ただし、共同相続人間で協議が成立しないときは、寄与相続人の家庭裁判所への請求によって寄与分の決定を求めることができる（民法904の2②）。共同相続人間での寄与分に関する協議が不成立のときは、遺産分割協議も不成立となることがほとんどであり、遺産分割の調停又は審判の申立てと同時に寄与分の請求を行うことになる。

4 相続財産・相続債務の調査と確定

1 財産調査のポイント

　相続に関する業務において、相続財産及び相続債務の調査が重要であることはいうまでもない。被相続人の財産を生前から相続人や同居人が管理していた場合には、その把握が比較的容易であるが、被相続人自身が財産を掌握していたような場合には、相続人の協力を得て、さまざまな資料を手掛かりに調査しなければならない。

　相続財産のうち土地や家屋といった不動産については、固定資産税の課税通知等があるため、その把握は比較的容易である。慎重に調査する必要があるのは預貯金や有価証券といった金融資産である。その

調査に際しては、次のような方法が考えられる。

①　被相続人が金庫を有していた場合や銀行等の貸金庫を利用していた場合には、その中の保管書類等を整理し、財産を把握する。

②　被相続人が所得税の確定申告を行っていた場合には、申告内容から収入の基となる財産を把握する。また、確定申告時に「財産債務の明細書」（平成27年分の申告時からは「財産債務調書」）を提出していた場合には、その内容を参考にする。

③　預貯金通帳の出入記録を精査し、定期預金の利子、上場会社等からの配当金、証券会社や保険会社からの収入金があれば、その元本となる財産を確認する。また、出金内容から借入金等の債務を調査する。

④　名刺ファイル等により、不動産関係、銀行・証券会社・保険会社等との取引を想定し、これらに関連する財産の有無を調査する。

⑤　被相続人が記録していた手帳等があれば、その記載内容から財産を把握する。

■2 財産の調査と収集書類等

　相続財産の調査の過程では、多くの書類や資料を収集することになるが、これらは相続不動産の登記や相続税の申告に必要となるものが多い。参考までに主な財産の種類ごとに調査・収集書類等をまとめておくと、おおむね以下のとおりである。

財産の種類	確認事項	調査・収集書類等
土地	①　所在地番（住居表示） ②　地積（登記面積・実測面積） ③　権利関係（借地権等の有無） ④　用途（自用地・貸地・貸家建付地など）	○　登記事項証明書（登記簿謄本） ○　実測図 ○　住宅地図 ○　公図 ○　固定資産税課税明細書（名寄帳） ○　固定資産評価証明書 ○　賃貸借契約書 ○　購入時の売買契約書

16　第1章　相続税業務の受任に当たっての税理士の留意事項

家　　屋	① 所在地番（住居表示） ② 家屋番号 ③ 種類 ④ 構造 ⑤ 床面積 ⑥ 用途（自用家屋、貸家等）	○ 登記事項証明書（登記簿謄本） ○ 住宅地図 ○ 固定資産評価証明書 ○ 賃貸借契約書 ○ 購入時の売買契約書（建築請負契約書）
有価証券	〔上場株式等〕 ① 銘柄 ② 株数 ③ 端株の有無と株数	○ 残高証明書（振替機関・口座管理機関である証券会社等） ○ 預り証 ○ 配当金支払通知書
	〔非上場株式〕 ① 銘柄 ② 数量	○ 株主名簿 ○ 課税時期前3期分の決算書、科目内訳書、法人税等の確定申告書
	〔公社債〕 ① 銘柄 ② 額面金額 ③ 取扱証券会社	○ 債券証書 ○ 通帳 ○ 預り証 ○ 残高証明書（証券会社等）
	〔証券投資信託〕 ① 銘柄 ② 口数 ③ 取扱証券会社	○ 証書 ○ 通帳 ○ 預り証 ○ 残高証明書（証券会社等）
	〔貸付信託・金銭信託〕 ① 銘柄 ② 額面金額 ③ 取扱信託会社	○ 証書 ○ 通帳 ○ 預り証 ○ 残高証明書（信託会社等）

Ⅱ　民法の相続制度についての説明と確認

現金・預貯金	① 手持現金残高 ② 金融機関名 ② 預貯金の種類 ③ 口座番号 ④ 預入残高 ⑤ 利率（約定利率・解約利率）	○ 通帳 ○ 証書 ○ 残高証明書
生命保険金	① 受取保険金額 ② 受取人名 ③ 保険会社名 ④ 受取年月日	○ 保険証券 ○ 保険会社の支払通知書
死亡退職金	① 受取退職金額 ② 受取人名 ③ 支払者名 ④ 受取年月日	○ 退職金の支払通知書
その他の財産	〔自動車〕 ① 車種 ② 年型	○ 購入時の関係書類 ○ 自動車保険料・自動車税の納付書
	〔ゴルフ会員権等〕 ① クラブ名 ② 取得日 ③ 取得金額	○ 会員証書 ○ 購入時の関係書類
	〔貸付金等〕 ① 貸付先 ② 貸付金額 ③ 貸付利率	○ 金銭消費貸借契約書・借用証書
	〔電話加入権〕 ① 電話番号 ② 数量	○ 電話料の請求書 ○ 電話料の領収書

　上記のほか、被相続人の債務についても、次のような書類等によって確認する必要がある。

① 借入先・借入金額……借入金の残高証明書、返済予定表

② 賃貸不動産の預り敷金等の内訳……賃貸借契約書

③　未納の公租公課の内訳……住民税の課税通知書、固定資産税の課
税通知書等

5 遺産分割の方法と分割協議書の作成

1 遺産分割の意義と効果

相続とは、被相続人の死亡と同時に債務を含めた被相続人の財産が
相続人に承継されることをいい、その承継については何らの手続を要
しない。

この場合、相続人が1人（単独相続）のときは、すべての財産債務
がその相続人に移転するが、相続人が複数（共同相続）のときは、被
相続人の財産と債務をすべての相続人が共有することになる。このよ
うな共有状態を解消し、個々の財産と債務をそれぞれの相続人に具体
的に帰属させる手続が遺産分割である。

遺産分割によって相続人が取得した財産は、相続開始時に遡って被
相続人から承継したことになる（民法909）。

なお、民法は、遺産分割について、各相続人の年齢、職業、心身の
状態、生活の状況など一切の事情を考慮して行うと定めており（民法
906）、一応の分割基準を設けている。もっとも、これは指針を示して
いるにすぎず、協議分割の場合には、共同相続人全員の合意の下に自
由に分割できることはいうまでもない。

2 遺産分割の方法

遺産分割の具体的な方法としては、共同相続人の協議によることが
原則であるが、被相続人に分割に関する遺言があれば、協議分割に優
先することになる（いわゆる指定分割）。また、共同相続人間で協議
が整わない場合には、相続人が家庭裁判所に請求を行い（民法907②）、
調停又は審判により分割が行われる。

一方、遺産分割の態様としては、現物分割、代償分割、換価分割な
どがあり、また、これらを併用することも可能である。したがって、
遺産分割の方法は、次頁の図に示すように多様なものである。

Ⅱ　民法の相続制度についての説明と確認　19

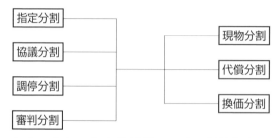

　これらのうち、家庭裁判所における調停と審判は、いずれの申立ても可能であるが、実際には当初から審判の申立てを行うことは少なく、ほとんどが調停による。また、仮に審判事件として申し立てた場合でも、家庭裁判所の職権で調停に付されるケースがほとんどである。

　調停が成立した場合には調停調書が作成され、その記載は確定判決と同一の効力があり（家事事件手続法268①）、調停が成立しないときは、申立てがなくても審判手続が開始される。

3 現物分割と分割協議書の作成

　相続人間の利害の調整や遺産分割協議書の作成は、税理士の本来の業務ではないが、相続税の申告を要する場合には、遺産分割に関与せざるを得ない場合が多い。以下、遺産分割協議書の作成に際してのポイントに触れておくこととする。

　まず、遺産分割協議が成立した場合には、その協議内容を明確に記載した協議書の作成が必要であることはいうまでもないが、相続税の申告書の添付書類になるとともに、不動産の相続登記の際の「登記原因証明情報」（相続証明書）とし、また、預貯金や有価証券の名義変更手続等を考慮すると、次のような点に留意して協議書を作成すべきである。

〔遺産分割協議書の記載の留意点〕
① 被相続人を特定する（被相続人の氏名のほか、本籍、最後の住所、生年月日、死亡年月日を記載することが望ましい）。
② 相続人を特定する（相続人全員の氏名のほか、各相続人の本籍、住所、生年月日、被相続人との続柄を記載することが望ましい）。
③ 不動産の表示は、登記事項証明書（登記簿謄本）の記載と同様と

する（土地については、所在、地番、地目及び地積を記載し、家屋については、所在、家屋番号、種類、構造及び床面積を記載する）。
④　株式、公社債、預貯金等については、種類、銘柄、数量又は金額、金融機関名（支店名）のほか、証券番号、口座番号等を記載する。

　遺産分割協議書の作成例として現物分割の場合を示せば、次のとおりである。

遺産分割協議書

（被相続人の表示）
　　氏　　　　名　　山田　太郎
　　本　　　　籍　　長野県松本市○○2丁目1058番地
　　最後の住所　　埼玉県川口市○○3丁目11番17号
　　生 年 月 日　　昭和○○年5月18日
　　死亡年月日　　平成○○年9月2日

　上記の者の遺産について、相続人山田花子、同山田一郎、同川田咲子は、分割協議を行った結果、本日次のとおり分割し、取得することに決定した。

第一　遺産の分割
　一　相続人山田花子が取得する遺産
　　（一）　後記不動産目録記載一の土地の全部
　　（二）　後記不動産目録記載二の建物の全部
　　（三）　埼玉県川口市○○3丁目11番17号所在の居宅内にある家財一式
　二　相続人山田一郎が取得する遺産
　　（一）　○○株式会社の株式30,000株
　　（二）　○○銀行○○支店の普通預金（口座番号1234567）
　　　　　　相続開始日の預入残高12,876,453円

三　相続人川田咲子が取得する遺産

　　（一）　第 50 回利付国庫債券（証券番号 7654 番）額面 2,000 万円

　　（二）　○○銀行○○支店の定期預金（口座番号 2345678）

　　　　　　相続開始日の預入残高 12,000,000 円

第二　債務の負担

　　○○銀行○○支店からの借入金（相続開始日の残高 4,876,453 円）
は相続人山田花子が負担し、被相続人に係る未納の公租公課は相続
人山田一郎が負担するものとする。

　以上の遺産分割の合意を証するため、本書 3 通を作成し、各相続人
が署名押印の上、各自 1 通を所持するものとする。

　　平成○○年 6 月 3 日

　　　　　　　　　　　　本　　　籍　　長野県松本市○○ 2 丁目 1058 番地
　　　　　　　　　　　　住　　　所　　埼玉県川口市○○ 3 丁目 11 番 17 号
　　　　　　　　　　　　生年月日　　昭和○○年 7 月 23 日
　　　　　　　　　　　　　相続人（妻）　山　田　花　子　㊞

　　　　　　　　　　　　本　　　籍　　長野県松本市○○ 2 丁目 1058 番地
　　　　　　　　　　　　住　　　所　　埼玉県川口市○○ 3 丁目 11 番 17 号
　　　　　　　　　　　　生年月日　　昭和○○年 8 月 30 日
　　　　　　　　　　　　　相続人（長男）　山　田　一　郎　㊞

　　　　　　　　　　　　本　　　籍　　千葉県船橋市○○ 3 丁目 678 番地
　　　　　　　　　　　　住　　　所　　群馬県高崎市○○ 2 丁目 8 番 7 号
　　　　　　　　　　　　生年月日　　昭和○○年 10 月 2 日
　　　　　　　　　　　　　相続人（長女）　川　田　咲　子　㊞

〔不動産目録〕

一　所　　在　　川口市○○ 3 丁目

　　地　　番　　11 番 17

```
        地    目    宅  地
        地    積    297.53 平方メートル
二  所      在    川口市○○3丁目11番地
        家屋番号    6番5
        種    類    居  宅
        構    造    木造スレート葺2階建
        床 面 積    1階  156.23 平方メートル
                    2階  105.82 平方メートル
```

■4 代償分割と分割協議書の作成

　遺産分割の方法として、相続人間で金銭等を授受して相続分を調整する代償分割も多く利用されている。

　代償分割が成立した場合の遺産分割協議書では、上記の現物分割の場合の記載のほか、次のように代償金の額とその支払方法に関する条項が加わることになる。

```
                    遺産分割協議書

    （被相続人の表示）

第一  遺産の分割

第二  債務の負担

第三  代償財産
    上記の遺産分割について、各相続人の相続分を調整するため、相
  続人甲野一郎は、次の相続人に対し、それぞれ次の金額を平成○○
  年8月31日までに金銭をもって交付するものとする。
      相続人甲野二郎に対し  金2,000万円
      相続人甲野三郎に対し  金1,500万円
```

Ⅱ　民法の相続制度についての説明と確認　23

実際に代償分割を行う場合には、代償債務者の支払能力を勘案しなければならない。分割協議の成立後に代償債務の不履行があると、相続人間でのトラブルが生じることに留意する必要がある（後述の第6章329頁）。

❺分割対象外財産への対応

　相続実務においては、被相続人の財産を漏れなく調査し、遺産分割協議の対象とすることは当然のことである。しかしながら、実際問題とすると完全を期すことは容易ではなく、分割協議の成立後に、新たな財産が発見されることも少なくない。

　したがって、遺産分割協議の対象となっていなかった財産が確認された場合の対処についても考慮しておく必要があるが、次のいずれかの方法になると考えられる。

① 　その財産について、改めて共同相続人において協議し、取得者を決定する。

② 　その財産についての分割協議を行わず、特定の相続人がその財産を取得することをあらかじめ確認しておく。

　このうち①の方法によるときは、遺産分割協議書に次のように記載しておいてもよい。

〔分割対象外遺産の処理〕
　本遺産分割協議の対象となっていなかった被相続人の遺産が後日に発見又は確認された場合には、その遺産について相続人間で改めて協議し、分割を行うこととする。

　もっとも、相続人間に対立がなければ、このような方法でもよいが、そうでない場合には、新たな遺産をめぐる紛争が生じるおそれがないとはいえない。

　こうしたトラブルを避けるため、上記の②による方法も多く採用されている。この場合には、当初の遺産分割協議書の記載は、次のようになる。

```
                         遺産分割協議書

        （被相続人の表示）

        ........................................................

    第一　遺産の分割
    一　相続人山田花子が取得する遺産
        （一）.....................................................
        （二）.....................................................
        （三）.....................................................
        （四）　上記のほか、相続人山田一郎、同川田咲子が取得する遺産
            以外の一切の遺産

        ........................................................
```

　もっとも、上記の記載条項について、他の相続人が理解せず、承服しない場合には、この方法によることは困難である。

　なお、相続税の申告後に税務調査が行われ、申告漏れ財産があるときは修正申告が勧奨されるが、その財産について分割協議の対象になっていないときは、その財産の取得者を確定した分割協議書の再提出が求められる。この場合に、上記②の方法によっていれば、再度の分割協議書の作成と提出は省略できる。実務的には、この方法が望ましいと考えられる。

6 遺産分割協議書に記載すべき財産と記載を要しない財産

　被相続人の遺産と債務は、原則としてすべて遺産分割協議の対象になるのであるが、そもそも遺産分割協議の対象にならないものや、分割協議書に記載を要しないものもある。以下、主な項目についてふれておくこととする。

❶ 金銭債権

　預貯金や貸付金などの金銭債権は、民法上はいわゆる可分債権とさ

Ⅱ　民法の相続制度についての説明と確認　25

れており、分割協議をするまでもなく各相続人の相続人に従って当然
に分割されるべきものとされている。

　したがって、預金残高が1,000万円で、相続人が2人（各相続人の
相続分は2分の1）とすれば、金融機関に対し、それぞれの相続人が
500万円の払戻し請求ができることになる。

　ただし、実務上は、相続後の被相続人の預貯金の払戻しに際して遺
産分割協議書（家庭裁判所の分割に関する調停調書又は審判書の謄本）
の金融機関への提出が求められる。したがって、預貯金や貸付金等は、
可分債権であっても実務上は遺産分割協議の対象とし、分割協議書に
取得者を記載する必要がある。

❷ゴルフ会員権

　ゴルフ会員権には、預託金形態、株主形態、社団法人形態など種々
のものがあるが、これらの中には、ゴルフクラブの会則等で相続が認
められていないものがある。相続ができないものは被相続人の一身専
属的な権利であり、相続財産には含まれず、遺産分割協議の対象には
ならない（当然に相続税の課税対象にもならない）。

　なお、相続による承継が可能な会員権は、遺産分割により取得者を
決定することになるが、ゴルフ会員権の法的性格は、ゴルフ場施設利
用権（プレー権）、入会保証金（預託金）返還請求権及び年会費等の
支払義務が一体となった債権債務関係であると考えられている。

　したがって、これらの権利等を分離して相続人が取得するというこ
とはあり得ないことになる。

❸生命保険金

　被相続人の死亡を保険事故として相続人等が取得する生命保険契約
に係る保険金で、被相続人が保険料を負担していたものは、相続税法
上は課税財産となるが（相法3①一）、その保険金は受取人の固有財産
である。

　したがって、民法上の遺産に該当せず、遺産分割協議の対象にはな
らない。当然に遺産分割協議書に記載する必要はない。実務上「相続
人○○を受取人とする○○生命保険会社からの保険金1,000万円は、
相続人○○が取得する。」といった分割協議書の記載をみることがあ

るが、その記載は無意味なものである。

　もっとも、被相続人が契約者で、被保険者も受取人も被相続人という場合には、いったん被相続人が保険金を受け取り、それが相続の対象になると考えられる。したがって、この場合には、その保険金について遺産分割を行い、その取得者を分割協議書に記載する必要がある。

　なお、保険金の受取人が2人以上で、その受取割合が指定されている場合には、その割合に応じて取得することとなり、遺産分割の対象にはならない。

❹生命保険契約に関する権利

　被相続人が保険料を負担していた生命保険契約で、相続開始時においてまだ保険事故が発生していないもので、解約返戻金のあるものには、次の2つの形態がある。

　㈤　保険契約者が被相続人である場合

　㈥　保険契約者が被相続人以外の者である場合

　このうちイは、被相続人に「生命保険契約に関する権利」が帰属していたものであり、民法上の遺産を構成するため、遺産分割協議の対象になる。分割協議書には「○○生命保険会社の保険契約上の地位は、相続人○○が承継する」といった記載になると考えられる。

　これに対し、上記ロの「生命保険契約に関する権利」は、その保険契約者の固有財産であり、民法上の遺産には含まれない。したがって、遺産分割協議の対象にはならない。

　なお、上記のいずれの「生命保険契約に関する権利」であっても相続税の課税対象となり（上記ロについて相法3①三）、その価額は、いずれも個々の保険契約に係る解約返戻金相当額で評価することとされている（評基通214）。

❺死亡退職金

　被相続人が企業等に在職中に死亡した場合の退職金は、相続開始後に相続人等に支給されるのが通常である。この場合の死亡退職金は、その受取人が支払者から原始的に取得するものであり、その者の固有財産となる。したがって、その死亡退職金は、遺産分割協議の対象にはならず、分割協議書に記載する必要はない。

Ⅱ　民法の相続制度についての説明と確認　27

一般の企業では退職金規程や労働協約等において、死亡退職金の受給者の定めをしていることが多い。このため、その受給権者は自動的に確定するのが通常である。

ただし、退職金の支払者である企業に死亡退職金の受給者に関する規程がない場合には、実務としては遺産分割協議の対象とせざるを得ない。この場合には、その取得者と取得金額を決定し、その旨を分割協議書に記載する必要がある。

❻祭祀財産

墓所、霊びょう、祭具等の祭祀財産について民法は、慣習に従って祖先の祭祀を主宰すべき者が承継すると定めている（民法897①）。したがって、一般の相続財産と異なり、祭祀財産について遺産分割が行われることはない。

この場合の祖先の祭祀を主宰すべき者について、被相続人の指定があればその者が祭祀財産を承継し、その指定がないときはその地方の慣習によって定められ、その慣習が明らかでないときは、家庭裁判所の調停又は審判によって決定されることになる（民法897①ただし書、②）。

なお、墓所、墓石、庭内神し、神だな、仏壇、仏具等で日常礼拝の用に供されているものは、相続税の非課税財産とされている（相法12①二）。ただし、これらのものを商品、骨とう品又は投資の目的で所有している場合には非課税にならない（相基通12−2）。

❼金銭債務

借入金等の金銭債務は、民法上は可分債務であり、相続開始と同時に各相続人の相続人に応じて当然に分割承継されるものと考えられている。

したがって、銀行借入金が1,000万円、相続人がAとBの2人（各相続人の相続分は2分の1）という場合に、遺産分割協議によりAがすべて承継することとしても、債権者である銀行は、Aに対して500万円、Bに対しても500万円の弁済を求めることができることになる。

もっとも、実務においては、特定の相続人が金銭債務を承継する旨を取り決める例が多い。ただし、その分割協議は相続人間においての

28 第1章 相続税業務の受任に当たっての税理士の留意事項

み有効であり、債権者に対しては効力を有しないことになる。結局、相続人Aがすべての債務を承認するという遺産分割の内容を対外的に有効なものとするためには、債権者の同意を得て、債務者名義をAに変更する必要がある。

　ところで、国税通則法は、被相続人に未納の国税があった場合には、その納税義務は相続人が承継するものとし（通則法5①）、相続人が2人以上あるときは、民法の規定による相続分によってあん分することとしている（通則法5②）。

　したがって、被相続人の未納の国税について、遺産分割協議において特定の相続人が承継することとしても、債権者（国）は、相続分に応じた額を各相続人から徴収できることになる。ただし、分割協議によって国税債務を負担することとした相続人が納税を行えば、実務上の問題が生じることはない。

■7 相続人に未成年者がいる場合の遺産分割手続

　相続人のうちに未成年者がいる場合には、その親権者が法定代理人となり、その未成年者に代わって遺産分割協議に加わり、分割協議書の署名押印も親権者が行うことになる（民法824）。

　ただし、次に該当する場合には、いわゆる利益相反行為に当たるため、親権者は未成年者の代理をすることはできない。これらの場合には、その未成年者のために「特別代理人」を選任する必要がある（民法826）。

① 被相続人（父親）の遺産分割に当たり、親権者（母親）と未成年者（子）が共に相続人である場合

② 親権者（母親）を同じくする複数の未成年者である相続人（子）がおり、その親権者が未成年者の代理人となる場合

　このうち②は、次図のようなケースをいう。この場合の母親は、2人の子のうちいずれか一方の代理人となることはできるが、他の一方の子の代理人となることはできず、その子のために特別代理人を選任する必要がある。

Ⅱ　民法の相続制度についての説明と確認　**29**

　特別代理人の選任の申立ては、親権者が申立人となり、未成年者の住所地の家庭裁判所に「特別代理人選任申立書」を提出して行う。この場合の特別代理人は、第三者はもちろん、利益相反がなければ未成年者の親族でもかまわない。
　相続人に未成年者がいる場合には、家庭裁判所の審判によって特別代理人が選任されるまで遺産分割協議を行うことはできない。
　なお、不動産の相続登記の実務では、特別代理人の署名押印のない遺産分割協議書を相続証明とした登記申請は受理されないこととされている。

8 相続人に国外居住者がいる場合の遺産分割手続

　わが国に住所を有しない者は、いわゆる実印がなく印鑑証明書の交付を受けることができない。このため、遺産分割協議書に押印と印鑑証明書の添付ができないという問題がある。
　その手続については、その者の居住地国によって多少の違いがあるため確認を要するが、米国の場合には、その者の居住地を管轄する日本領事館で「在留証明」を受け、その領事館で署名と拇印による押捺をし、その署名及び拇印が本人のものであることの証明書（いわゆるサイン証明書）の交付を受けて、その証明書を遺産分割協議書に添付する方法によっている。
　なお、日本領事館で印鑑登録をして、印鑑証明書の交付を受けられるケースもあるようである。

6 遺留分の意義と減殺請求への対応

1 遺留分の意義

　相続実務に関与すると、その手続の中で遺留分の問題が表面化する

ことがあるため、的確な対応を要する場合がある。

遺留分とは、一定範囲の相続人（遺留分権利者）が取得できる相続財産に対する割合又はその額であり、換言すれば、被相続人が遺言によっても自由に処分できない相続財産に対する割合又はその額をいう。もっとも、遺留分に反した遺言が直ちに無効になるわけではなく、遺留分を侵害された相続人が受遺者に請求（遺留分減殺請求）をして相続財産を確保することとされている。

遺留分の割合は、次のとおりであるが（民法1028）、3分の1又は2分の1という割合は、遺留分権利者全体に対する割合（総体的遺留分）であり、遺留分権利者個々の割合（個別的遺留分）は、総体的遺留分を法定相続分に従って算定することとされている（民法1044による900、901、903、904の準用）。

① 直系尊属のみが相続人である場合……3分の1
② その他の場合……2分の1

なお、兄弟姉妹に遺留分はない。したがって、被相続人に子がないようなケースで、全財産を配偶者に相続させるという遺言があれば、遺留分の問題が生じることなく、遺言の内容が実現できることになる。

■2 遺留分の算定と基礎財産

遺留分は、次の算式で算定された価額を基礎として求めることとされている（民法1029①）。

被相続人が相続開始時に有していた財産の価額	＋	贈与した財産の価額	－	債務の全額

この算式における相続開始時における財産の価額には、遺贈された財産の価額も含まれる。また、贈与財産の価額については、次のように扱われる（民法1030、1044）。

① 相続開始前1年以内にした贈与は、すべて計算の基礎に算入する。また、当事者双方が遺留分権利者に損害を与えることを知って贈与したときは、1年以上前にしたものでも算入する。

② いわゆる特別受益としての贈与（婚姻・養子縁組のための贈与及

Ⅱ　民法の相続制度についての説明と確認 　31

び生計の資本としての贈与）は、すべて計算の基礎に算入する。

なお、遺留分の算定の基礎となる財産の価額は、相続開始時の「時価」であり、相続税評価額とは一致しない場合があることに留意する必要がある。

3 遺留分の減殺請求

被相続人が遺留分に反する遺言をしたとしても、その遺言は有効であり、遺留分を侵害された者が相手方（受遺者・受贈者）に対して減殺請求権を有するのみである（民法 1031）。

この場合の請求は必ずしも裁判上の手続は要しないから、相手方に減殺請求するという意思が伝わればよい。したがって、請求の方法に特別な定めはないが、相手方に確実に意思表示が行われることが重要であり、また、請求の時期も問題になるため、内容証明郵便によることが多い。

一方、減殺請求を受けた受遺者又は受贈者は、その請求に対し現物で返還してもよいが、価額（金銭）償還によることもできる。

相続の現場では、遺留分の減殺請求が行われても、直ちに現物返還又は価額償還に至るケースは少なく、実際問題とすれば、家事調停又は民事訴訟による法的手続をとらざるを得ないことが多いと考えられる。

なお、遺留分の減殺請求権は、相続の開始と遺留分の侵害を知った時から 1 年間行使しないときは時効によって消滅する。また、10 年を除斥期間とされているため、遺留分侵害の有無にかかわらず、相続開始から 10 年を経過したときも消滅することとされている（民法 1042）。

4 遺留分の放棄

相続開始後の遺留分をめぐる紛争を避けるため、あらかじめ遺留分の放棄を行うことが得策であるという見解がある。

しかしながら、その放棄は遺留分を有する者が相続の開始前に自ら行うものであり、当然のことながら他の相続人が放棄させることはできない。また、遺留分の放棄をするには、遺留分権利者が家庭裁判所に申立てをする必要があり、かつ、家庭裁判所の許可がなければ放棄

の効果は生じない（民法1043①）。

したがって、実際問題とすると、遺留分の放棄を利用して紛争解決を図るというのは、ほとんど不可能である。

7 債務超過の相続への対応

1 相続放棄の意義と手続

相続事案にはさまざまなケースがあり、債務超過の相続に関与する場合がある。この場合には、通常は相続税の申告を要しないが、その対応について的確なアドバイスを求められることが多い。

債務超過の相続について、一般的な対応とすれば、相続放棄である。相続放棄をするには、相続の開始があったことを知った時から3か月以内に「相続放棄申述書」を被相続人の住所地を管轄する家庭裁判所に提出しなければならない（民法915、938）。

実務上の問題は、「3か月」という熟慮期間である。相続財産の内容が複雑であったり、債務の存在や金額を確認するために相当の期間を要すると見込まれるなどの理由があれば、家庭裁判所に請求することにより、熟慮期間を延長することが可能であるが、債務超過の相続の場合には、早急な対応が必要である。

2 限定承認相続の意義と手続

相続放棄と同様に債権者の犠牲のもとに相続人を保護する制度として、相続財産の範囲内で相続債務を負担するという限定承認相続がある。相続について限定承認を行うには、相続の開始を知った時から3か月以内に書面（家事審判申立書）により家庭裁判所に申立てをしなければならない（民法924）。相続放棄と異なるのは、限定承認の申立ては相続人の全員が行わなければならず、共同相続人の一部に単純承認をする者があれば、他の相続人は限定承認をすることはできない。

また、限定承認を行った場合には、被相続人に対する「みなし譲渡」の規定が適用されるなど（所法59①一）、税務上の取扱いにも留意する必要がある。

Ⅱ　民法の相続制度についての説明と確認　33

Ⅲ 相続税のしくみと申告手続についての説明と確認

1 相続税のしくみと計算方法

1 相続税の課税方式～法定相続分遺産取得課税

相続税は、遺産分割に基づいて取得した財産の価額に課税されるということは、多くの者が理解しているところであるが、現行の「法定相続分遺産取得課税方式」について依頼者に説明しておく必要がある。それは次の理由があるからである。

① 個々の取得財産価額が同額でも、相続のパターンによって負担する相続税額が異なること。

② 相続税の申告後に修正申告や更正があった場合には、申告漏れ遺産を取得しなかった者にも追徴課税があること。

このうち①は、5,000万円の財産を取得した場合であっても、遺産の総額が1億円のケースと10億円のケースでは、負担税額に差異があるということであるが、完全な取得者課税を採用していないわが国の相続税制の特徴である。

このことが上記②に関係することであり、このような税制のしくみについて事前に説明し、理解を得ておいた方がスムースに業務が進行できると考えられる。

このほか、依頼者によっては、相続税の基礎控除や税率構造といった基本的な事項を説明するとともに、個別税額の計算における2割加算、贈与税額控除、配偶者に対する税額軽減などについても説明する必要がある。とりわけ2割加算のように税額が加重となる制度が適用される場合には、その趣旨等について予め理解を得ておいた方がよい。

2 生前贈与と相続税課税の関係

財産の贈与を受けた場合に贈与税が課税されることは誰しも理解していることであるが、被相続人からの相続人等に対する生前の贈与と

34 　第1章　相続税業務の受任に当たっての税理士の留意事項

相続税の関係について、正確に説明する必要がある。

　財産の贈与に対する課税方法は、いわゆる暦年課税と相続時精算課税の2通りがあり、前者の場合には、相続開始前3年以内の贈与財産価額が受贈者の相続税の課税価格に加算され、後者の場合には、贈与の時期にかかわらず、すべての贈与財産の価額が受贈者の相続税課税の対象になる（第2章75、120頁）。

　このようなしくみからみると、相続税の申告に当たっては、当然に生前贈与に関する事実関係を確認しなければならないが、税制のしくみから説明した方が、生前贈与についての正確な情報を得やすいと考えられる。

2 相続税の課税財産の範囲

■1 本来の相続財産とみなし相続財産

　相続税の課税対象になる財産には、本来の相続財産（民法上の遺産）と相続税法上のみなし相続財産があり、前者については遺産分割協議の対象になるが、前述したとおり、後者はその対象にはならない。

　いずれにしても課税財産の範囲を明らかにした上で、前述した相続財産の調査方法等を参考にして、漏れのないようにしなければならない。

■2 被相続人以外の者の名義となっている財産

　相続税の実務でとりわけ注意を要するのは、いわゆる名義預金や名義株である。被相続人以外の者の名義となっている財産であっても実質の所有者が被相続人であれば、当然に課税財産となり、また、共同相続人間での遺産分割協議の対象となる。

　これらの財産に関して、被相続人の名義のものについてだけ課税されるという思い込みをしている納税者が少なくない。また、「配偶者名義の預金が3,000万円あるが、その預金は相続開始の10年前に被相続人から贈与を受けたものであり、贈与税は時効になっているから、相続税も贈与税も課税されない」といった誤解に基づいた主張をする

Ⅲ　相続税のしくみと申告手続についての説明と確認　35

者もある。

　このような誤解を解き、相続税や贈与税についての考え方を説明するのも税理士の業務の一つである。

　また、相続開始に近接した時期の預貯金の引出しにも留意する必要がある。その引出しにはさまざまな理由がある。相続開始時点の残高のみが課税対象になるとして、相続税の回避を目的とするもの、あるいは相続開始とともに被相続人の預貯金が凍結されるため、予め当座の必要資金を引き出しておくといった理由に基づくものもある。

　ただし、このような行為については、当然に税務調査が実施され、使途が明らかでないものは、被相続人の手持現金として課税されることになる。

　なお、名義預金等や相続開始前の預貯金の引出しが多額であり、これらが相続税の課税対象になることを認識した上で、申告から除外した場合には、その額に対応する相続税に対して重加算税が課される可能性が高い（第6章333頁）。

3 相続税申告方法と申告期限

■1 申告書の共同提出

　相続税の申告書の提出期限について、相続の開始を知った日の翌日から10か月以内であることは、多くの納税者が承知しているところであり、前記のタイムスケジュールによっても確認することができる。また、相続税の申告書の提出先は、納税地の所轄税務署長であり、その納税地とは、本来は相続人等の住所地であるが（相法62①）、現行では、被相続人の死亡時の住所地とされている（相法附則3）。

　一方、その申告書は、相続税法の建前では個々の納税者ごとに作成し、提出することとされている（相法27①）。ただし、同一の被相続人から相続又は遺贈により財産を取得した者が2人以上ある場合は、共同して申告書を提出できることとされており（相法27⑤）、この場合には、これらの者が一の申告書に連署して申告するものと定められている（相令7）。原則は個別申告であるが、実務は共同申告によることが

36 ｜ 第1章　相続税業務の受任に当たっての税理士の留意事項

ほとんどである。

　この点に関して、実務で問題になるのは、共同相続人間で紛争が生じた場合である。相続税の申告期限までに遺産分割協議が成立せず、共同相続人間で対立し、意思の疎通を欠くような場合には、その状況からみて申告書の共同提出が困難になることが少なくない。また、相続人の中に個別申告をする意思のある者がいたとしても、被相続人の財産を特定の相続人が掌握しているような場合には、他の相続人がその全貌を把握することができず、課税価格の合計額も算出できないこととなる。

　このようなケースで、それぞれの相続人が別の税理士に申告依頼することもあるが、一方の相続人や税理士が相続資料を保持していることが多く、他方の税理士は適正な申告資料を入手できないことが予測される。

　この場合に、双方の税理士が資料の開示や交換を行えば、個別に申告するとしてもある程度まで的確な申告が可能になるが、それぞれの税理士が相手方に資料を開示すると、税理士法38条の守秘義務の規定に抵触するおそれがある。

　このような場合には、無申告となることを回避するため、入手できる資料等に基づいて、とりあえず期限内申告を行い、相続人間の紛争が解決した時点で修正申告等の事後的な処理をすべきである。ただし、当初申告が適正に行えなかったことによる延滞税や加算税については、依頼者に説明しておく必要がある。

▨2 遺産未分割の場合の申告方法

　相続税の申告書を提出する時までに相続財産の分割が未了の場合には、共同相続人が民法の規定による相続分に従って相続財産を取得したものとして課税価格を計算し申告しなければならないこと（第2章112頁）、この場合には、小規模宅地等の特例や配偶者の税額軽減規定は適用できないこと、といった点は依頼者に対して十分に説明しておく必要がある。

　また、その申告の際の提出書類（「申告期限後3年以内の分割見込書」

Ⅲ　相続税のしくみと申告手続についての説明と確認　37

など）を確認し、遺産分割後の更正の請求に備えておく必要がある（第2章115頁）。

　一方、更正の請求による小規模宅地等の特例や配偶者の税額軽減規定の適用は、申告期限から3年以内に分割を行うことが原則であるが、その間に分割できないことについてやむを得ない事情がある場合には、税務署長の承認を得て分割制限期間を延長することができる。

　この場合の「やむを得ない事情」とは、次のとおりであり、それぞれについて分割できることとなった日の翌日から4か月以内に分割を行えば、上記の特例規定が適用できることとなる（相法19の2②かっこ書、措法69の4④かっこ書、相令4の2①、措令40の2⑬）。

分割ができないやむを得ない事情	分割できることとなった日
①　相続税の申告期限の翌日から3年を経過する日において、その相続又は遺贈に関する訴えが提起されている場合（その相続又は遺贈に関する和解又は調停の申立てがされている場合において、これらの申立ての時に訴えの提起がされたものとみなされるときを含む）	判決の確定又は訴えの取下げの日その他その訴訟の完結の日
②　相続税の申告期限の翌日から3年を経過する日において、その相続又は遺贈に関する和解、調停又は審判の申立てがされている場合	和解若しくは調停の成立、審判の確定又はこれらの申立てに係る事件の終了の日
③　相続税の申告期限の翌日から3年を経過する日において、その相続又は遺贈に関し、民法907条3項若しくは908条の規定により遺産の分割が禁止され、又は同法915条1項ただし書の規定により相続の承認若しくは放棄の期間が伸長されている場合（その相続又は遺贈に関する調停又は審判の申立てがされている場合において、その分割の禁止若しくはその期間の伸長をする旨の審判若しくはこれに代わる裁判が確定したときを含む）	その分割の禁止がされている期間又は伸長されている期間が経過した日

④　上記①から③のほか、相続又は遺贈に係る財産が、その相続税の申告期限の翌日から３年を経過する日までに分割されなかったこと及びその財産の分割が遅延したことについて、税務署長がやむを得ない事情があると認める場合	その事情の消滅の日

（注）　上記④の「税務署長がやむを得ない事情があると認める場合」については、相続税の申告期限の翌日から３年を経過する日において、共同相続人等の１人又は数人が行方不明又は生死不明であり、かつ、その者に係る財産管理人が選任されていない場合などが通達に例示されている（相基通19の２−15）。

4 相続税の申告後の後発的事由の発生と事後手続

■1 修正申告と更正の請求

　相続税は、所得税や贈与税などと異なり、課税財産の所有者である被相続人の死亡後に相続人等によって申告手続が行われることになる。このため、課税財産の内容等を所有者自身に確認することは不可能である。

　その結果、故意かどうかは別として、申告漏れとなるケースが少なくない。こうした事態を回避するために、前述した相続財産の調査が重要になるのであるが、実際問題とすると、完全を期すのは容易ではない。

　仮に、申告後の税務調査の結果、修正申告や更正処分があった場合の手続や加算税・延滞税の取扱いについて、予め納税者に説明しておく方が無難である。

■2 相続に特有の後発的事由と税務手続

　相続税の申告後の後発的事由として、例えば、次のような他の税目にはない特有のものがある。

① 相続税の申告後に未分割遺産が分割されたことによって、当初申告の課税価格又は税額に異動が生じたこと。

② 死後認知、推定相続人の廃除などにより相続人に異動が生じたこ

Ⅲ　相続税のしくみと申告手続についての説明と確認　39

と。

③　遺留分の減殺請求があったため、相続財産の返還又は価額弁償が行われたこと。

④　遺贈に係る遺言書が発見され、又は遺贈の放棄があったこと。

　これらの事由が生じた場合の事後的な税務手続を説明し、納税者の理解を得るとともに、その事由が生じたときは直ちに連絡をされたい旨を伝えておくことが重要である（第6章312頁、317頁）。

　なお、これらの事由に基づく事後の修正申告等についての加算税や延滞税の取扱いについても説明しておくことが望ましい。

■■■**3** 相続税の申告後の遺産分割のやり直しの可否■■■

　相続の法的意義や遺産分割の効果については前述したとおりであるが、いったん有効に成立した遺産分割をやり直したいという意向が示される場合がある。その理由はさまざまであるが、民法909条が規定する遺産分割の遡及効からみれば、そのやり直しは新たな所有権の移転であり、共同相続人の全員の合意があったとしても、税務への問題は避けられない。

　もっとも、当初の遺産分割について、錯誤又は無効となる原因があれば、そもそも有効な遺産分割が成立していないことになり、改めて遺産分割を行うことになる。例えば、共同相続人の一部の者を除外して行った遺産分割である。相続人が所在不明であるにもかかわらず、その者の財産管理人を選任しないで行った分割協議や非嫡出子の存在を知らすに分割協議を行ったような場合には、当初の分割協議は無効であり、改めて遺産分割を行う必要がある。このような場合には、そのことによって財産の移転等があっても、贈与税等の課税問題は生じない。

　実務で問題になりやすいのは、遺産分割の不公平を解消するための再分割である。相続人Aの取得した土地の価額がその後に高騰し、相続人Bが取得した有価証券の価額が下落したという場合に、当事者間の利害を調整するために遺産分割をやり直すといったケースである。このような利益調整的な再分割を行った場合には、贈与税等の課

40 ┃ 第1章　相続税業務の受任に当たっての税理士の留意事項

税問題が生じることになる。また、再分割を行ったために相続財産が減少したとしても、更正の請求ができないことはいうまでもない。

なお、相続財産の一部を除外又は脱漏して行った遺産分割は、その除外又は脱漏した財産が未分割であったというにすぎない。したがって、その財産のみの分割を行うことになるため、再分割という問題は生じない。ただし、その除外又は脱漏した財産の価額が当初の分割対象財産の価額に比して、きわめて多額に上るという場合には再分割をせざるを得ない場合があると考えられる。

また、相続財産に重大な瑕疵があることが事後に判明した場合（たとえば、500㎡であると認識して遺産分割の対象とした土地の面積が実際には300㎡であったという場合）について、民法は「各共同相続人は、他の相続人に対し、売主と同じく、その相続分に応じて担保の責任を負う」（民法911）とし、瑕疵のある財産を取得した相続人は、他の相続人に損害賠償を請求することで解決すべきであるとしている。したがって、このような場合であっても、原則として再分割を行う理由にはならない（なお、代償分割が成立した後に代償金の債務不履行があった場合については、第6章329頁参照）。

いずれにしても、遺産分割のやり直しは、通常の場合には不可能と考えるべきであり、仮にそのやり直しをすると、その時点で新たな課税問題が生じる場合が多いことに留意する必要がある。

▆**4** 相続財産を譲渡した場合の取得費加算の特例 ▆

相続開始後の税務について、相続財産を譲渡した場合の譲渡所得課税の特例の適用問題がある。いわゆる取得費加算の特例である。

譲渡所得の金額の計算は、基本的には下記の算式によることとされている（所法33①）。

> 譲渡所得の金額＝譲渡収入金額－（取得費＋譲渡費用）

この場合において、相続又は遺贈により財産を取得した者が、その取得した財産を相続開始の日の翌日から相続税の申告期限の翌日以後3年を経過する日までの間に譲渡をした場合には、上記の算式における取得費に、その者の相続税額のうち一定の金額を加算することがで

Ⅲ　相続税のしくみと申告手続についての説明と確認　**41**

きる（措法39①）。

この特例によって取得費に加算できる金額は、譲渡した資産の相続税評価額に対応する相続税額であり、算式で示せば、次のとおりである。

$$取得費加算額 = 譲渡者に係る確定相続税額 \times \frac{譲渡資産の相続税評価額}{譲渡者の相続税の課税価格}$$

この算式における「確定相続税額」とは、譲渡資産を相続又は遺贈により取得した者の相続税額で、その譲渡をした日の属する年分の所得税の納税義務が成立する時（通常の場合はその年12月31日）において確定している相続税額をいう（措令25の16①）。

ただし、その時が相続税の申告書の提出期限内におけるその提出前である場合には、その相続税の期限内申告書を提出する時をいう。したがって、相続財産を譲渡した年の翌年の所得税の確定申告期限までに相続税の申告書を提出して相続税額が確定すれば、この取得費加算の特例の適用を受けることができる。

もっとも、この特例には、いわゆる申告要件があるため、相続税の申告期限が所得税の確定申告期限の後になる場合には、その確定申告では特例の適用はない。

ただし、所得税の確定申告期限後に相続税の期限内申告書を提出した者について、この特例を適用したことにより所得税額が過大となる場合には、その相続税の期限内申告書を提出した日の翌日から2か月以内に限り、更正の請求をすることによりこの特例の適用を受けることができる（措法39④）。これを図示すると、次のとおりである。

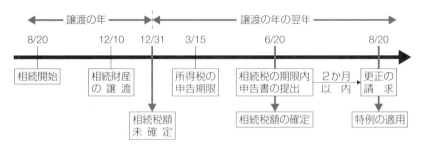

注意したいのは、この場合の更正の請求は、所得税の申告期限まで

に相続税額が確定していないときに限って認められることである。したがって、所得税の申告期限までに既に相続税の申告書を提出した者及び相続税の期限内申告書の提出後に所得税の確定申告書を提出した者については、更正の請求をすることはできないことになる。

　いずれにしても、相続財産を譲渡して相続税の納税資金を調達するという場合には、この特例が重要な意味を持つことになる。相続財産の譲渡によってどの程度の納税資金が得られかを慎重に試算する必要がある。

5 相続税の納付方法と選択

1 納付方法の選択の考え方

　相続税の申告をした者にとって、その納税もきわめて重要な問題である。相続税の納付方法としては、金銭による一時納付が原則であるが（通則法35①）、その特例として延納と物納がある（相法38～40、41～43）。ただし、延納及び物納は、金銭納付を困難とする事由があることのほか、一定の要件に該当する場合に限って認められる。納付方法の選択について、基本的な考え方は、次図のとおりである。

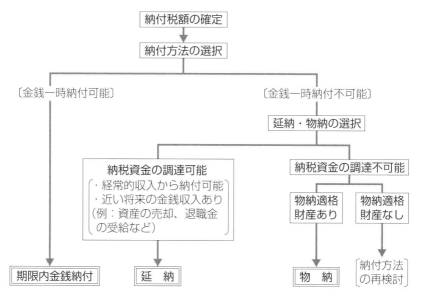

Ⅲ　相続税のしくみと申告手続についての説明と確認　43

上記のような基本的な考え方をもとに具体的な納付方法を検討することになるが、次のような点を考慮する必要がある。

① 　金融機関からの借入金による金銭一時納付と延納との比較検討
　——借入れ金利と延納に要する利子税の比較、借入金の返済期間と延納期間との比較、借入金の返済方法と延納年割額の比較（元利均等返済と元本均等返済）

② 　資産の譲渡による納付の場合の譲渡所得課税の有無と納税資金の調達の可否

③ 　延納又は物納を選択するとした場合の要件の該当性

④ 　延納又は物納の申請が却下された場合の延滞税の負担

⑤ 　延納を選択する場合の担保の有無と担保価値

⑥ 　物納申請予定財産の譲渡可能性と譲渡価額の予測（物納財産の収納価額が相続税評価額であるのに対し、任意譲渡の場合の譲渡価額はその時の経済状況等に左右される）

⑦ 　物納を申請する場合の費用負担（測量費、道路査定、境界確認等の費用の予測）

◼️**2** 延納又は物納の選択と実務上の留意点

　相続税について、延納又は物納による場合のそれぞれの要件等は別途に確認する必要があるが、その選択に際しては、次のような点に留意する必要がある。

① 　延納と物納のいずれによるとしても、法定の申請期限までにその申請を行うことが絶対条件であり、申請の期限について宥恕規定はない（相法39①、42①）。

② 　延納は法定の「延納可能限度額」の範囲で認められ（相法38①）、物納も法定の「物納可能限度額」の範囲でのみ認められる（相法41①）。

③ 　延納による場合には、担保として提供するものが必要となるが、この場合の担保は、相続財産以外のものであっても、また、延納申請者の所有財産でなくてもよい。

④ 　物納による場合には、相続財産のうちに物納可能限度額に見合うものがない場合には、原則としてその申請ができない。また、物納

44 ▎第1章　相続税業務の受任に当たっての税理士の留意事項

財産としての適格性が求められる（相法41②）。

⑤　物納申請財産は、相続財産に限られるため、物納申請者の固有財産をもって物納申請することはできない。

⑥　延納の場合には、申請が許可されたとしても利子税の負担は免れない（相法52）。

⑦　物納による場合であっても、物納手続関係書類の提出が物納申請期限より遅れるときや物納申請財産に瑕疵があるため収納のための措置・整備が直ちに行えないときは、利子税の負担が生じる（相法53）。

⑧　延納の許可を受けた場合であっても、相続税の法定申告期限から10年以内であれば、一定の要件の下に延納から物納への変更（特定物納の申請）ができる（相法48の2）。これに対し、物納から延納への変更申請は、延納により金銭で納付することを困難とする事由がないことによって物納申請が却下された場合に限られる（相法44①）。

相続税の納付方法の選択に当たっては、納税者の状況に応じて的確な判断を行う必要があるとともに、延納及び物納の要件等を詳細に説明し、その判断材料を提供しなければならない。

■3 非上場株式等に係る相続税の納税猶予制度

相続税の納付方法に関しては、同族会社の経営者等に相続があった場合の非上場株式等に係る納税猶予制度も選択肢の一つである（措法70の7の2）。その要件や手続等についての詳細は割愛するが、次のような点について説明し、納税者の意向を確認する必要がある。

①　納税猶予制度のしくみ

②　納税猶予制度の適用対象になる会社（認定承継会社）の要件

③　被相続人と相続人（経営承継相続人等）の要件

④　納税猶予の対象となる非上場株式等の範囲

⑤　納税猶予になる税額と期限内納付を要する税額

⑥　納税猶予の確定（納税猶予の取消し）となる事由

⑦　納税猶予が確定した場合の利子税の負担

⑧　納税猶予税額が免除になる事由

Ⅲ　相続税のしくみと申告手続についての説明と確認　45

⑨　納税猶予の適用を受けるための手続（経済産業大臣の認定と税務手続）

⑩　納税猶予の適用を受けるための担保とその提供方法

　なお、この納税猶予制度の適用を受けるためには、相続財産となった非上場株式等を相続税の申告期限までに分割することが絶対条件になる。その申告期限後に分割を確定させても、この制度の適用を受けることができないことに留意する必要がある。

　このほか、同族会社の経営者等の相続開始前の場合には、非上場株式等に係る贈与税の納税猶予制度についても検討する必要がある（第3章182頁）。

6 所得税・消費税の準確定申告

1 所得税の準確定申告

　相続に伴う税務は相続税に限られない。被相続人が個人事業者であった場合には、所得税についてのいわゆる準確定申告を行う必要があり、その申告期限は、相続人が相続の開始を知った日の翌日から4か月以内である（所法124①、125①）。

　注意したいのは、準確定申告における所得計算や所得控除の取扱いについて、通常の確定申告と異なる場合があることである（第5章292頁、295頁）。

　また、これに関連して、被相続人の事業を承継した者に係るさまざまな税務手続があることにも留意する必要がある（第5章300頁）。

2 消費税の準確定申告

　被相続人が消費税の課税事業者であり、その納税義務がある場合には、相続の開始を知った日の翌日から4か月以内に消費税について、相続人が準確定申告を行うこととされている（消法45②）。

　また、この場合に相続人が被相続人の事業を承継したときは、簡易課税制度の選択の届出などの手続を失念しないことが重要である（第5章308頁）。

46　第1章　相続税業務の受任に当たっての税理士の留意事項

第2章

相続税法で注意したい
トラブル事項と防止策

Ⅰ 民法の相続制度と課税問題の留意点

1 代償分割を行う場合の留意点

トラブル事例

　被相続人の相続人は、長男Ａと二男Ｂの２人である。相続財産は、被相続人の居住用の宅地と家屋で、その相続税評価額は3,000万円である（被相続人に同居の親族はなく、また、Ａ及びＢとも自己所有の居住用財産があるため、相続財産となった宅地に小規模宅地等の特例の適用はない）。このほかの相続財産としては、預貯金が300万円あるのみである。

　一方、被相続人が保険料を負担し、同人を被保険者とする生命保険契約があり、同人の死亡により8,000万円の生命保険金をＡが取得した。

　そこで、相続人ＡとＢは協議の上、次のように分割することを決定した。

① 被相続人の居住用の宅地と家屋及び預貯金の全部（合計3,300万円）はＢが取得する。

② Ａは、生命保険金8,000万円を取得したことにかんがみ、事実上の相続放棄をして、被相続人の遺産は取得しない。

③ Ａの取得額がＢの取得遺産額を上回るため、Ａの取得した生命保険金を原資として、Ｂに対し2,000万円の代償金を支払う。

　この分割協議に基づき、相続税の申告に関与した税理士は、相続税の課税価格を次のように算定した。

　　Ａ……6,000万円（＝生命保険金8,000万円－代償金2,000万円）
　　Ｂ……5,300万円（＝宅地・家屋3,000万円＋預貯金300万円＋
　　　　　代償金2,000万円）

　この計算について、ＡからＢに支払う代償金2,000万円については、贈与税の課税対象になるのではないかとの疑義が生じた。

48 第2章 相続税法で注意したいトラブル事項と防止策

トラブルの原因と分析

■1 遺産分割の方法と代償分割

　相続財産の分割の方法としては、一般的に「現物分割」、「代償分割」及び「換価分割」の3つがあるとされている。相続実務では、現物分割が最も多くみられるが、相続財産の全部又は大部分を特定の相続人が取得し、その相続人が他の相続人に金銭等を交付して相続分を調整する代償分割も多く採用されている。

　事例における分割方法は、当事者の意向とすれば代償分割の方法によったものと考えられる。

　代償分割が行われた場合の相続税の課税価格の計算については、次のように算定することとされている（相基通11-2の9）。

① 代償財産の交付を受けた者（事例の相続人B）……

$$課税価格 = \begin{bmatrix} 相続又は遺贈により \\ 取得した財産の価額 \end{bmatrix} + \begin{bmatrix} 代償財産 \\ の価額 \end{bmatrix}$$

② 代償財産の交付をした者（事例の相続人A）……

$$課税価格 = \begin{bmatrix} 相続又は遺贈により \\ 取得した財産の価額 \end{bmatrix} - \begin{bmatrix} 代償財産 \\ の価額 \end{bmatrix}$$

　したがって、事例におけるA及びBの相続税の課税価格の計算は、この取扱いに合致しており、特段の問題はないように思われる。

■2 取得遺産額を超える額の代償金を交付した場合の課税問題

　問題は、事例における相続人Aが事実上の相続放棄をして被相続人の遺産を取得していないこと、また、Aの取得した生命保険金は、受取人の固有財産であり、民法上の遺産ではないことである。

　この点に関して、取得した遺産額を超える額の代償金の支払いがあった場合には、その超える部分に相当する額の贈与があったものとする、という裁判例がある（平成11年2月25日東京地裁判決・税務訴訟資料240号902頁）。その判決要旨は、次のとおりである。

　「代償分割に係る代償金として、代償債務者である相続人からその者が取得した積極財産の価額を超える代償金を受領した場合には、

Ⅰ　民法の相続制度と課税問題の留意点　49

その積極財産の価額を超える部分は、現物をもってする分割に代える代償債務に該当せず、代償債務者から他方相続人に新たな経済的利益を無償にて移転する趣旨でされたものというべきである。したがって、代償債務のうちの他方相続人が取得する積極財産を超える部分については、代償債務者の相続税の課税価格の算定に当たって、消極財産として控除すべきでなく、他方相続人が取得した同部分に相当する代償債権の額は、代償債務者からの贈与により取得したものというべきである。」

この判決にいう「積極財産」に生命保険金が含まれるとすれば、事例の遺産分割について贈与税の課税問題は生じない。しかし、民法上の遺産を「積極財産」と解するとすれば、生命保険金はこれに当たらず、事例のような疑義が生じることになる。

トラブルの防止策

上記の疑義について、現行の法令等からは判断することが困難であり、早計に結論付けることはできないと考えられる。

したがって、上記の判決における「積極財産」には生命保険金や死亡退職金などの取得者の固有財産と考えられるものは含まれないものとし、代償債務者が取得した民法上の遺産額の範囲で代償債務の額を決定する方法が無難である。

2 遺贈の放棄手続と遺産分割協議の効果

トラブル事例

被相続人甲の親族関係は、次のとおりであり、相続人は配偶者乙、長男A及び二男Bの3人である。

甲は、公正証書による遺言をしており、同証書には、「孫Cに対してX社株式（上場株式）2,000株を遺贈する」旨が記載されており、また、弟丙には「遺産の10分の1を遺贈する」との記載があった。

甲の相続開始後6か月を経た時点で、Cは甲からのX社株式の遺贈については放棄することとし、同様に丙も10分の1の遺贈について放棄することを決断し、その旨を共同相続人に対して書面により通知した。

相続税の相談を受けた税理士は、C及び丙が遺贈の放棄をしたことにより遺贈はなかったものとなり、その目的財産は共同相続人の遺産になるとの見解を示した。その上で、甲のすべての遺産について乙、A及びBの3人で協議分割を行うよう指導し、分割協議書を作成して3人が署名押印をするよう指示した。

その後、相続不動産の相続登記について司法書士に相談をしたところ、丙に対する遺贈の放棄は認められないから、遺産分割協議書に署名押印するのは、乙、A、B及び丙の4人になるのではないかとの疑義が提示された。

トラブルの原因と分析

1 遺贈の放棄と効果

上記の事例は、税務に関する問題ではないが、相続の法務について税理士が相談を受け関与するケースが多いことから留意すべき事項として取り上げるものである。

I 民法の相続制度と課税問題の留意点 | 51

民法は、遺贈について「遺言者は、包括又は特定の名義で、その財産の全部又は一部を処分することができる。」と定めている（民法964）。このうち「包括遺贈」とは、遺産に対する割合を示してする遺贈であり、上記の事例では、10分の1の遺贈を受けた甲の弟丙が「包括受遺者」となる。一方、「特定遺贈」は、遺産の中の特定のものを具体的に示してする遺贈であり、Ｘ社株式の遺贈を受けた孫Ｃが「特定受遺者」となる。

　もっとも、遺贈は遺言者の単独行為であり、財産的利益を享受するといっても、受遺者に遺贈を強制することは適切ではない。このため、民法は「受遺者は、遺言者の死亡後、いつでも、遺贈の放棄をすることができる。」とし、「遺贈の放棄は、遺言者の死亡の時にさかのぼってその効力を生ずる。」こととしている（民法986）。

　したがって、遺贈の放棄があれば、その目的となった財産は共同相続人間の分割対象となり、結果として、遺言の内容と異なる遺産分割が可能になる。また、相続税の課税もその分割に基づいて行われることになるため、遺贈の放棄をしたことによる受遺者と相続人の間に贈与の問題は生じない。

■2 包括受遺者の地位と遺贈の放棄

　上記の事例で問題が生じたのは、被相続人甲の弟丙に対する包括遺贈とその放棄の手続である。

　民法は「包括受遺者は、相続人と同一の権利義務を有する。」と定めている（民法990）。このため、遺贈の放棄も相続人による相続放棄と同様の手続によるものと解されている。

　相続人の相続放棄は、相続の開始があったことを知った時から3か月以内に行わなければならず、その旨を家庭裁判所に申述して行うこととされている（民法915、938）。

　包括受遺者が相続人と同一の地位にあり、相続人と同様に扱われるとすれば、包括遺贈の放棄は相続の放棄と同様に、相続の開始があったことを知った時から3か月以内に家庭裁判所に申述して行わなければならないことになる。

52　第2章　相続税法で注意したいトラブル事項と防止策

上記の事例において司法書士が指摘したのは、この点にあるものと考えられる。事例における丙は、相続の開始の時から3か月以内に放棄の手続をしていない。したがって、法的には遺贈の放棄をしたことにはならず、他の共同相続人と同一の立場に置かれているから、遺産分割協議に参画するとともに、その遺産分割協議書には、丙も署名押印することが求められるということである。

　もちろん、その分割協議において丙が相続遺産を取得しないとすることは可能であり、そのことによる課税問題が生じることはない。いずれにして、上記の事例は、課税をめぐるトラブルではなく、遺産分割の手続上の問題である。

トラブルの防止策

　税務に関する問題ではないとしても、税理士の指導誤りは避けなければならない。相続の法務について疑義が生じた場合には、関係法令等を確認するか、弁護士等のアドバイスを求めることがトラブルの防止策になる。

I　民法の相続制度と課税問題の留意点　53

3 共有物の共有者の1人が死亡した場合の共有持分の移転

トラブル事例

被相続人甲の親族関係は次図のとおりであり、甲に相続人はいない。

甲の相続財産の中に、甲の持分を2分の1、叔父乙の持分を2分の1とする共有の土地が含まれていた。なお、この土地はもともと甲の父と叔父乙の共有であったが、父の死亡時にその持分2分の1を甲が相続により取得したものである。

甲の関係者から相続税の相談を受けた税理士は、甲には相続人がいないことから、すべての相続財産は相続財産法人となり、相続人の捜索等の手続を経て、特別縁故者があれば財産分与が行われ、なお残余の財産があれば国庫に帰属することになるとの見解を示した。その上で、その手続等については弁護士等に依頼したほうがよい旨を伝えたが、当面は税務に関する問題はないことを説明した。

その後、担当した弁護士から、その土地に係る甲の共有持分は共有者である乙が取得したことになるため、課税問題が生じるのではないかとの問い合わせがあった。

トラブルの原因と分析

1 共有財産の相続性

共有とは、一つの物件を2人以上で持ち合うことをいい、各共有者の持分が定められている。被相続人と他の者が財産を共有していた場合の被相続人の持分は、通常の場合には、相続財産となり、共同相続人間での遺産分割の対象になる。

もっとも、上記の事例の場合は、被相続人に相続人がいないため、通常の相続とは異なる手続等を要する。

2 相続人がいない場合の相続手続

被相続人に相続人がいない場合（戸籍からみて相続人が存在しない場合と、戸籍上は相続人が存在するが、その相続人の相続放棄、相続欠格、相続廃除によって相続人がいない場合とがある）には、相続財産は法人とされる（民法951）。これは、相続財産の所有主が不存在となることを防止するための法技術的な措置であると考えられる。

被相続人に相続人がいることが明らかであれば、その相続人が相続の開始を知ったか否かにかかわらず、相続財産は被相続人の死亡と同時に相続人の所有となる。しかし、相続人がいない場合に何らの法的手当がないとすれば、相続財産は無主物となってしまう。このような、いわば真空状態を回避するために、民法はその財産を相続財産法人としたものと解される。

相続財産法人となった場合には、おおむね次のような手続を経ることになる。

① 相続人の存在が明らかでない場合は相続財産法人となり、家庭裁判所は相続財産の管理人を選任し、その旨を公告する（民法952）。

② その後2か月以内に相続人があることが明らかにならなかった場合には、相続財産管理人は最低2か月の期間を定めて相続債権者及び受遺者に対し、その請求の申出をすべき旨を公告する（民法957）。

③ 上記②の期間の満了後、なお相続人があることが明らかでないときは、家庭裁判所は、最低6か月の期間を定めて相続人捜索の公告をする（民法958）。

④ 上記③の期間の満了後3か月以内に家庭裁判所は、特別縁故者からの請求に基づき、その者に対して相続財産の全部又は一部を与えることができる（民法958の3）。

⑤ 特別縁故者への財産分与を行った後に残余財産があれば、最終的にその財産は国庫に帰属する。

上記の事例における税理士の見解・指導は、被相続人に相続人がいない場合の一般論を説明したものであり、それ自体は誤ったものではない。

Ⅰ　民法の相続制度と課税問題の留意点　**55**

❸ 共有財産の共有者死亡の場合の取扱い

ところで、民法は「共有者の一人が、その持分を放棄したとき、又は死亡して相続人がいないときは、その持分は、他の共有者に帰属する。」と定めている（民法255）。

この規定は、相続財産の承継に関する基本的な考え方とはやや異質なものであるが、財産の共有状態を回避して、単独の所有権とすることが望ましいとする民法の考え方に由来するものと解することができる。

いずれにしても、上記の事例における被相続人甲とその叔父乙との共有土地は、上記の民法規定における「共有者の一人が死亡して相続人がいないとき」に該当することになり、甲の共有持分は、他の共有者である乙に帰属することになる。

これを受けて、相続税法基本通達は、共有者の一人が死亡した場合において、その者の相続人がないときは、その者に係る持分は他の共有者が遺贈により取得したものとして取り扱うこととしている（相基通9-12）。

したがって、甲の共有持分に応ずる土地の価額が3,000万円（法定相続人がいない場合の相続税の基礎控除額）を超える場合には、乙において相続税の申告と納税を要することになる。

上記の事例は、関与税理士が上記の民法規定を理解していなかったことに基因するトラブルであるが、少なくとも相続税の通達の取扱いを看過したことは問題である。

トラブルの防止策

上記の事例は、被相続人に相続人がいないというやや特殊なケースであるが、それだけに民法その他の関係法令を十分に調査する必要がある。また、相続法務に関する事柄でもあり、法務の専門家に確認するなどの対応をすることがトラブルの防止策になる。

ところで、事例には取り上げていないが、相続財産法人とされた後の手続を経て、被相続人の特別縁故者に財産分与があった場合には、その特別縁故者は被相続人から遺贈によりその財産を取得したものと

56 第2章 相続税法で注意したいトラブル事項と防止策

みなされる（相法4）。

　事例において、乙が遺贈により取得したものとされた共有土地の持分の評価額と特別縁故者が分与された財産の価額の合計額が相続税の基礎控除額を超えるときは、乙とその特別縁故者とが共同して相続税の申告をしなければならないことに留意する必要がある。この場合の特別縁故者は、その段階で初めて申告義務が生じたことになるから、通常の期限内申告（財産分与を受けた日の翌日から10か月以内の申告）となるが、乙の手続は、次のようになる（これらの手続を行わなかった場合には、税務署長による決定又は更正処分がある）。

①　乙が当初の共有持分の取得について、その価額が基礎控除額以下であるため、申告書を提出していない場合において、特別縁故者への財産分与があったため、新たに申告義務が生じたとき……その財産分与があったことを知った日の翌日から10か月以内に申告書を提出する（相法29①）。

②　乙が当初の共有持分の取得について既に相続税の申告書を提出していた場合において、特別縁故者への財産分与があったため、既に確定した相続税額に不足が生じた場合……その財産分与があったことを知った日の翌日から10か月以内に修正申告書を提出する（相法31②）。

　このうち②の場合の修正申告について延滞税はなく（相法51②ハ）、また、加算税も課せられない（通則法65④。平成12年7月3日課資2−264ほか「相続税、贈与税の過少申告加算税及び無申告加算税の取扱いについて（事務運営指針）」の第1の1）。

　なお、相続財産法人からの財産分与に係る特別縁故者に対する相続税課税では、次のように取り扱うこととされている。

①　分与を受けた財産の価額は、相続開始時ではなく、分与を受けた時の価額で評価する。

②　相続税の課税上の基礎控除額や税率等は、相続開始時から分与の時までの間に税法改正があっても、相続開始時に施行されていた法令の規定を適用する。

Ⅰ　民法の相続制度と課税問題の留意点　　57

II 課税財産の範囲

1 相続開始前の債権放棄と課税関係

ト・ラ・ブ・ル 事・例

　被相続人は、自らが主宰する同族会社の代表者であったが、同社に対し、生前に多額の貸付金を有していた。その状態で相続が開始した場合には、その貸付金が相続財産となることを心配し、関与税理士と相談の上、債権放棄をするとともに、会社において貸付金相当額の債務免除益を計上した。

　その後、被相続人に相続が開始したが、相続税の申告後の税務調査において、他の株主に対するみなし贈与の問題を指摘された。

トラブルの原因と分析

1 同族会社に対する債権放棄とみなし贈与の問題

　同族会社に対して、株主等から債権放棄、資産の無償又は低額譲受け等があったことにより、その会社の株式又は出資の価額が増加した場合には、債権放棄等を行った者から他の株主に、その株式の価額の増加分に相当する利益の供与があったものとして、みなし贈与課税の問題が生じることになる（相法9、相基通9-2）。

　したがって、事例のような債権放棄によって相続税の軽減を図る場合には、相続税のみならず、受贈益に対する法人税課税のほか、他の株主に対する贈与税や所得税の課税関係について、あらかじめ確認をする必要がある。

2 会社が資力喪失している場合の取扱い

　上記 1 に関して、その同族会社の役員等が、資力を喪失した会社に対し、債務免除や私財の提供等があった場合においては、その行為

58 ┃ 第2章　相続税法で注意したいトラブル事項と防止策

によりその会社が受けた利益に相当する金額のうち、その会社の債務超過額に相当する部分の金額については、みなし贈与の規定を適用しないことに取り扱われている（相基通9-3）。

これは、債務超過の会社に債務免除等があっても、マイナスの資産が減少したにすぎず、そのことによって株式の価額が増加したことにならないことが考慮されたものと解される。

もっとも、この取扱いは、法令に基づく会社更生や再生計画認可の決定等があった場合に適用することとされており、単に一時的な債務超過である場合には、これに当たらず、上記のような課税問題が生じることに留意する必要がある。

3 株式の価額の増加分に対する課税関係

なお、事例においては、債権放棄をした者と株式の価額増加による利益を受けた者との関係により次のようになる。

○債権放棄者と利益を受けた者が同族関係にある場合……利益を受けた者に贈与税課税

○債権放棄者と利益を受けた者が同族関係にない場合……利益を受けた者に所得税課税（一時所得）

トラブルの防止策

同族会社の経営者による相続開始前の債権放棄については、「同族会社の行為又は計算の否認等」（相法64）の適用の有無についても事前にチェックしておくことが望まれる。

この点に関して、同族会社A社の経営者であった被相続人が、相続開始前に同社に対する貸付金債権を放棄し、A社が債務免除益を計上したところ、税務当局は、相続税法64条を適用し、その債務免除を否認するとともに、被相続人の貸付金債権を相続税の課税価格に算入する更正処分を行ったため争われた事案がある。

この事案について、昭和56年2月25日浦和地裁判決（税務訴訟資料116号294頁）は、「相続税法64条1項にいう『同族会社の行為』とは、その文理上、自己あるいは第三者に対する関係において法律的効果を

Ⅱ 課税財産の範囲 **59**

伴うところのその同族会社が行う行為を指すものと解される。そうだとすると、同族会社以外の者が行う単独行為は、その第三者が行う契約や合同行為とは異なり、同族会社の法律行為が介在する余地のないものである以上、『同族会社の行為』とは相容れない概念であると言わざるを得ない。」として、税務当局の主張を斥けている。

　したがって、事例の債権放棄について、同族会社の行為又は計算の否認規定が適用されることはないと解される。ただ、上記の浦和地裁判決は、その債権放棄が「単独行為」であると認定した上で判断したものであり、債権者個人と同族会社の間に「契約」が成立している場合には、同規定が問題になると考えられる。実務的には、債権放棄に関する書面の作成に際し、「単独行為」であることを明らかにしておくことが得策である。

　なお、被相続人が同族会社に対する貸付金債権を放棄せずに相続が開始した場合には、その貸付金が相続税の課税財産となるが、債務者である会社が業績不振等のため、その事業を廃止し又は6か月以上休業しているときは、その貸付金について相続税を課税しないとする取扱いがある（評基通205）。

　相続財産として貸付金がある場合には、この取扱いも十分に検討する必要がある。

2 みなし相続財産となる生命保険金の範囲

トラブル事例

被相続人の死亡により、その遺産9,000万円について、共同相続人であるAとBは、遺産分割協議を行い、Aが5,000万円、Bが4,000万円を取得することとした。

これとは別に、被相続人の死亡を保険事故として、AとBは、被相続人が保険料を負担していた生命保険契約に係る保険金を次のとおり取得した。

A……保険金600万円（ただし、被相続人に契約者貸付金100万円があったため、Aが実際に取得した金額は500万円である。）

B……保険金400万円（このほか生命保険契約に係る剰余金10万円があり、Bが実際に取得した金額は410万円である。）

なお、被相続人の法定相続人は、AとBの2人であり、生命保険金に係る非課税金額は、1,000万円である。

被相続人の相続税の申告依頼を受けた税理士は、次のような処理を行った。

① AとBが取得した保険金の合計額は1,000万円（＝600万円＋400万円）であり、非課税限度額1,000万円と同額である。したがって、保険金について相続税の課税価格に算入される金額はない。

② 保険会社の契約者貸付金100万円は、被相続人の生前の借入金債務であり、Aの相続税の課税価格の計算において債務控除を適用する。

③ Bが取得した保険契約に係る剰余金10万円は、本来は被相続人に支払われるべき配当金であり、被相続人の所得税の準確定申告において収入金額とする。

この結果、AとBの相続税の課税価格は、次頁の表のようになるものとして相続税の申告が行われた。

この申告について、所轄税務署から、契約者貸付金と剰余金の処理が誤っており、過少申告であるとの指摘を受けた。

Ⅱ　課税財産の範囲 **61**

	相続人A	相続人B	合　計
相続財産	5,000万円	4,000万円	9,000万円
債務控除	△100万円	—	△100万円
課税価格	4,900万円	4,000万円	8,900万円

トラブルの原因と分析

❶契約者貸付金がある場合の取扱い

　生命保険契約の契約者は、その保険契約の解約返戻金の範囲内で保険会社から金銭の貸付けを受けることができる。これを契約者貸付金といい、その保険契約に係る保険事故が発生したときは、保険約款に基づき保険金受取人が受け取るべき保険金から控除されることになる。

　これについて、生命保険金に対する相続税の課税上は、次のように取り扱うこととされている (相基通3-9)。

① 　被相続人が保険契約者である場合……保険金受取人は、その契約者貸付金の額を控除した金額に相当する保険金を取得したものとし、その控除された契約者貸付金の額に相当する保険金及びその契約者貸付金の額に相当する債務は、いずれもなかったものとする。

② 　被相続人以外の者が契約者である場合……保険金受取人は、その契約者貸付金の額を控除した金額に相当する保険金を取得したものとし、その契約者貸付金の額に相当する部分は、保険契約者がその相当する部分の保険金を取得したものとする。

　事例の場合は、上記①に該当することから、相続人Aが相続により取得したとみなされる保険金の額は、契約者貸付金の額を控除した500万円となり、その金額を基に非課税金額を計算しなければならない。したがって、この取扱いを看過したところに申告上の間違いがあったことになる。

62　第2章　相続税法で注意したいトラブル事項と防止策

2 保険金等とともに支払いを受ける剰余金等の取扱い

生命保険契約に係る保険事故が発生した場合において、保険金受取人が保険金とともに剰余金（通常、社員配当金又は契約者配当金とよばれるもの）や前納保険料を取得することがあるが、これらは、みなし相続財産としての生命保険金に含めることとされている（相基通3-8）。

したがって、事例の場合には、相続人Bが相続により取得したとみなされる保険金の額は、剰余金10万円を含めて410万円としなければならず、これを基に非課税金額を計算しなければならない。この点も相続税の取扱いを看過したところに申告上の間違いがあったことになる。

3 事例における課税価格の計算

事例について、上記**1**及び**2**の取扱いによれば、相続により取得したとみなされる生命保険金の額は、Aにつき500万円、Bにつき410万円となり、その合計額である910万円は、非課税限度額を下回ることになる。

したがって、保険金について課税対象になる金額はゼロとなるが、課税価格は、本来の相続財産の価額のみとなり、Aにつき5,000万円、Bにつき4,000万円、合計額9,000万円として相続税の申告をしなければならなかったことになる。

トラブルの防止策

相続税の課税財産は、本来の相続財産（民法上の遺産）と相続税法が規定するみなし相続財産に大別できる。

このうち、前者については、財産価額の評価に注意すれば特段の問題は生じないが、後者については、法令や通達等に詳細な定めや取扱いがある。相続税の申告に当たっては、関係法令や通達等をひととおり確認することが重要である。

Ⅱ　課税財産の範囲　63

3 生命保険の契約形態と生命保険契約に関する権利の課税

トラブル事例

　被相続人甲は、生前に配偶者乙及び長男Aを受取人とする生命保険契約を締結し、その保険料を負担していた。甲の死亡を保険事故として、それぞれの受取人に生命保険金が支払われたため、相続税の課税財産として相続税の申告を行った。

　ところが、次のような生命保険契約があることが判明したが、これらについては、保険金の支払いがなかったため、相続税の申告には反映されていなかった。なお、いずれについても保険料は、いわゆる掛捨てのものではない。

保険契約者	保険料の負担者	被保険者	保険契約上の受取人	保険金額	払込保険料の額
配偶者乙	被相続人甲	配偶者乙	長男A	3,000万円	500万円
被相続人甲	被相続人甲	二男B	Bの子C	2,000万円	200万円

トラブルの原因と分析

■1 生命保険契約に関する権利の課税要件

　被相続人の死亡を保険事故として保険金の支払いを受けた場合には、実際に金銭的収入があるため、相続税の課税対象になることが理解しやすいし、そのことを納税者の多くも承知しているところである。

　一方、相続税の申告に際して失念しがちなのは「生命保険契約に関する権利」である。相続税法では、次の3要件に該当する場合に、保険契約者が相続又は遺贈により取得したものとして課税することとしている（相法3①三）。

① いわゆる掛捨ての保険以外のもので、相続開始時にまだ保険事故が発生していないものであること。

② 被相続人がその契約に係る保険料を負担していること。

③ 被相続人以外の者が契約者であること。

64　第2章　相続税法で注意したいトラブル事項と防止策

したがって、事例の配偶者乙が契約者となっているものは、乙が生命保険契約に関する権利を取得したものとみなされることになる。

２ 本来の相続財産となる生命保険契約に関する権利

もっとも、事例の被相続人甲が契約者（被保険者は二男 B）となっているものについては、相続税法に特段の規定はない。これは、上記③の「被相続人以外の者が契約者であること」の要件に該当しないことから、いわゆるみなし相続財産とはされていないためである。ただし、これについては、民法上の本来の遺産とされることから、生命保険契約に関する権利として相続財産を構成することになる。

なお、上記 １ の生命保険契約に関する権利は、相続税法上のみなし相続財産であるため、遺産分割の対象にはならない（契約者の固有財産となる）。これに対し、本来の相続財産となる場合には、その保険契約上の地位を誰が承継するかを決定しなければならず、遺産分割の対象財産に加えることを忘れてはならない。

３ 生命保険契約に関する権利の評価

生命保険契約に関する権利の価額は、相続開始時における解約返戻金相当額とされているが（評基通214）、実務的には保険者（保険会社）にその価額の算定を依頼することになると考えられる。

トラブルの防止策

相続税の申告に当たっては、被相続人のみならず、相続人その他の者が契約者となっているすべての保険契約及びその保険料の負担者を確認する必要がある。

なお、相続税法は、みなし相続財産となる生命保険契約に関する権利について規定を設けているが、損害保険契約に関する権利については特別の規定を置いていない。ただし、解約返戻金のある損害保険契約の場合には、上記と同様に相続税の課税財産となる。したがって、貸家等を共済目的とする建物更生共済契約は、通常の場合、相続財産となることに留意する必要がある。

Ⅱ　課税財産の範囲　65

4 死亡退職金の課税方法と非課税規定の適用関係

トラブル事例

被相続人は、Ａ社の役員であるとともに、Ｂ社の役員にも就任していた。Ａ社においては相続開始時まで役員であったが、Ｂ社は相続開始の2か月前に役員を退任している。

被相続人が死亡したことに伴い、Ａ社はその相続開始の3か月後に死亡退職金として1,500万円を支給することを決議し、Ｂ社は相続開始の4か月後に1,000万円の死亡退職金の支給を決定した。

これらは、いずれも被相続人の配偶者が取得した。なお、被相続人の法定相続人は4人である。

被相続人の死亡退職金について、相続税の申告を依頼された税理士は、次のような処理をした。

① Ａ社からの死亡退職金1,500万円は、相続税法上のみなし相続財産となるが、被相続人の法定相続人が4人であるため、2,000万円まで非課税となる。したがって、Ａ社からの死亡退職金について課税される金額はない。

② Ｂ社からの死亡退職金は、被相続人が生前に退職しているため、みなし相続財産には該当せず、相続開始時における未収入金（未収退職金）として民法上の遺産を構成する。したがって、1,000万円の全額が相続税の課税対象になる。

この点について、相続税の申告後に相続人から、Ｂ社からの死亡退職金の一部も非課税の適用を受けられたのではないか、という疑問が提示された。

トラブルの原因と分析

1 死亡退職金の範囲と非課税規定の適用関係

被相続人の死亡により相続人その他の者が、その被相続人に支給されるべきであった死亡退職金等で、相続開始後3年以内に支給が確定したものの支給を受けた場合には、みなし相続財産として課税対象になるが（相法3①二）、その取得者が相続人である場合には、法定相続人1人当たり500万円で計算した金額が非課税として控除される（相

66　第2章　相続税法で注意したいトラブル事項と防止策

法12①六)。

相続開始＝退職	退職金額の確定	退職金の支払い
▼	▼	▼

→

みなし相続財産に該当・非課税規定の適用

■2 生前退職の場合の退職金の取扱い

　ところで、死亡退職金がみなし相続財産となり、かつ、非課税控除が適用されるのは、原則として「死亡退職」の場合である。したがって、被相続人が生前に退職し、支給額が確定した退職金を相続開始後に支給を受けた場合には、みなし相続財産ではなく、相続開始時の未収の退職金として本来の相続財産となる。この場合には、死亡退職金の非課税規定の適用はない。

退職	退職金額の確定	相続開始	退職金の支払い
▼	▼	▼	▼

→

本来の相続財産に該当・非課税規定の不適用

　ただし、通達の取扱いとして、被相続人の生前退職による退職金であっても、その支給額が被相続人の生前に確定しなかったもので、その死亡後3年以内に確定したものについては、みなし相続財産に該当することとされている（相基通3−31）。したがって、この場合の退職金については非課税の規定が適用できる。

退職	相続開始	退職金額の確定	退職金の支払い
▼	▼	▼	▼

→

みなし相続財産に該当・非課税規定の適用

　事例におけるB社からの死亡退職金は、この通達が適用されるのであるが、税理士がその取扱いを看過したことによる誤りである。

　したがって、事例の配偶者が取得した死亡退職金についての課税価格算入額は、次のようになる。

〔1,500万円（A社）＋1,000万円（B社）〕−2,000万円（非課税限度額）＝500

Ⅱ　課税財産の範囲　67

万円

　なお、事例における相続税の申告は、通達の取扱いとは異なる処理をしたことによる過大申告である。したがって、国税通則法23条1項1号に規定する「当該申告書に記載した課税標準等若しくは税額等の計算が国税に関する法律の規定に従っていなかったこと」に該当し、更正の請求の対象になると考えられる。

トラブルの防止策

　死亡退職金も相続税法が規定する代表的なみなし相続財産であり、実務に際しては、法令や通達等を十分に確認する必要がある。
　死亡退職金に関しては、次の取扱いが特に重要になると考えられる。
①　相基通3-18（退職手当金等の取扱い）……みなし相続財産となる退職手当金等は、支給の名義にかかわらず実質で判断する。
②　相基通3-20（弔慰金等の取扱い）……弔慰金、花輪代、葬祭料等の名義で支給されるものは、被相続人の死亡が業務上の死亡であるか否かにより、形式基準によって課税対象となる金額と非課税とされる金額を区分する。
③　相基通3-23（退職手当金等に該当しないもの）……いわゆる労災保険における遺族給付その他一定範囲のものは、退職手当金等に該当せず、非課税となる。
④　相基通3-25（退職手当金等の支給を受けた者）……退職給与規定等により支給を受けるものが定められているか否かにより、その支給を受けた者（課税対象者）を判定する。
⑤　相基通3-32（被相続人の死亡後確定した賞与）……被相続人の死亡後に確定した賞与は、退職手当金等に該当せず、本来の相続財産となる。
⑥　相基通3-33（支給期の到来していない給与）……相続開始時において支給期の到来していない給与等は、退職手当金等に該当せず、本来の相続財産となる。
　これらのうち、⑤と⑥に関しては、その賞与及び給与等は、共同相続人間での遺産分割協議の対象になるとともに、死亡退職金の非課税

68　第2章　相続税法で注意したいトラブル事項と防止策

規定は適用されない。

　なお、死亡退職金が年金形式（分割払い）で支給される場合には、支給総額について定期金として評価し（相法24）、その評価後の金額を基に非課税額を計算することに留意する必要がある。

　上記の各取扱いについて、若干の付言しておくと、次のとおりである。

　まず、上記①の退職手当金等を支給の名義にかかわらず「実質で判断する」の部分について、支給者に退職給与規程等がある場合には、その規程等を基準として判断することができる。

　その判断が困難なのは、退職給与規程等がない場合であるが、これについては「当該被相続人の地位、功労等を考慮し、当該被相続人の雇用主等が営む事業と類似する事業における当該被相続人と同様な地位にある者が受け、又は受けると認められる額等を勘案して判定するものとする。」という取扱いがある（相基通3-19）。

　この取扱いは、要するに法人税における役員退職給与の額が不相当に高額かどうかの判定と平仄を合わせたものと考えられる。

　また、上記②の弔慰金等の取扱いにおける「形式基準」は、次のとおりである（相基通3-20）。

　(イ)　被相続人の死亡が業務上の死亡であるとき……被相続人の死亡時における賞与以外の普通給与の3年分に相当する額を弔慰金等とする。

　(ロ)　被相続人の死亡が業務上の死亡でないとき……被相続人の死亡時における賞与以外の普通給与の半年分に相当する額を弔慰金等とする。

　したがって、(イ)及び(ロ)による弔慰金等の額を超える部分は死亡退職金等として課税対象になる。

　なお、この取扱いにおける「業務上の死亡」とは、直接業務に起因する死亡又は業務と相当因果関係があると認められる死亡をいうものとされているが（相基通3-22）、一般的には、労働者災害補償保険法におけるいわゆる労災認定の有無により判断してもよいと考えられる。

Ⅱ　課税財産の範囲　**69**

Ⅲ 相続税の課税価格と税額計算における留意点

1 代償分割が行われた場合の課税価格の計算

トラブル事例

　被相続人甲の相続人は、配偶者乙と子Ａの２人であり、その相続財産は、事業の用に供されていた５億円（相続税評価額）の宅地がほとんどすべてであり、他にめぼしい財産はない。

　相続人である子Ａは、被相続人の事業の承継者であり、相続財産となった宅地の全部を相続した。なお、この宅地は「特定事業用宅地等」に該当するため、いわゆる小規模宅地等の特例が適用され、その課税価格算入額は１億円（相続税評価額である５億円について、80％減額した価額）となる。

　この結果、子Ａが相続財産のほとんど全部を取得することになり、配偶者乙の取得財産はない。このため、配偶者の税額軽減規定の適用を受けられないこととなる。そこで、子Ａは、配偶者乙に対し、１億円の金銭を支払うとする代償分割の方法によることとした。

　相続人が行った相続税の課税価格の計算は、次のとおりである。この結果、配偶者乙の課税価格は、税額軽減措置の最低保障額である１億6,000万円以下のため、納税額はなく、また、子Ａの納付税額もゼロとなった。

〔課税価格〕

　○配偶者乙……１億円（代償分割により取得した金銭の額）

　○子Ａ……５億円（宅地の相続税評価額）－４億円（小規模宅地等の特例による減額）－１億円（代償分割により交付した金銭の額）＝ゼロ

　この申告について、所轄税務署は、代償分割の基となった宅地の時価は６億円であり、各相続人の課税価格は、次のように計算すべきである旨を指摘した。この結果、子Ａについて納付税額が算出されることとなった。

70　第２章　相続税法で注意したいトラブル事項と防止策

○代償財産の価額……

1億円（代償金の額）× $\dfrac{5\text{億円（宅地の相続税評価額）}}{6\text{億円（宅地の代償分割時の時価）}}$

≒ 8,333万円

○課税価格……

配偶者乙： 8,333万円

子Ａ　　： 5億円－4億円－8,333万円≒1,667万円

トラブルの原因と分析

■1 代償分割が行われた場合の課税価格の計算

　代償分割とは、相続財産の全部又は大部分を特定の相続人が取得し、その相続人が他の共同相続人に対し、金銭等の交付を行うことで相続分を調整する遺産分割方法をいう。これは、審判による分割において特別の事情があるときは、家庭裁判所は、遺産分割の方法として現物分割に代えて代償分割の方法を採用することができるとする家事事件手続法195条の定めによるものであるが、通常の協議分割においても広く活用されている。

　代償分割の方法により分割が行われた場合の相続税の課税価格には、次のように計算することとされている（相基通11の2-9）。

① 代償財産の交付を受けた者……

$$\text{課税価格} = \begin{pmatrix}\text{相続又は遺贈により}\\\text{取得した財産の価額}\end{pmatrix} + \begin{pmatrix}\text{代償財産}\\\text{の価額}\end{pmatrix}$$

② 代償財産の交付をした者……

$$\text{課税価格} = \begin{pmatrix}\text{相続又は遺贈により}\\\text{取得した財産の価額}\end{pmatrix} - \begin{pmatrix}\text{代償財産}\\\text{の価額}\end{pmatrix}$$

　この計算は、現物分割により取得した財産の価額に代償財産の価額をプラス又はマイナスするという単純なものである。事例における課税価格の計算も同様に行われており、この限りでは、申告方法に特段の問題はないように思われる。

　なお、上記の算式における「代償財産の価額」は、代償債務の額の相続開始時の金額によることとされている（相基通11の2-10）。これは、

Ⅲ　相続税の課税価格と税額計算における留意点　71

代償分割により交付する資産が金銭ではなく、土地などの現物である場合には、遺産分割時ではなく相続開始時の価額で「代償財産の価額」を算定するという意味である。例えば、相続人Aが相続人Bに、A所有の土地をもって代償する場合において、土地の評価額が相続開始時で1億円、遺産分割時で1億2,000万円とすれば、上記算式の「代償財産の価額」を1億円とするということである。ただ、実務においては、土地等の現物ではなく、金銭をもって代償する例がほとんどであり、この取扱いにさほどの意味はない。

■2 代償財産の価額の算定方法 ■

問題は、次に掲げる場合に該当するときは、「代償財産の価額」は、次によるとする取扱いである（相基通11の2-10ただし書）。

① 共同相続人の全員の協議に基づいて代償財産の額を次の②の算式に準じて又は合理的と認められる方法によって計算して申告があった場合……その申告があった金額

② ①以外で、代償債務の額が、代償分割の対象となった財産が特定され、かつ、その財産の代償分割の時における通常の取引価額を基として決定されているとき……次の算式で計算した金額

$$
代償債務の額 \times \frac{代償分割の対象になった財産の相続開始時の価額（評価基本通達の定めにより評価した価額）}{代償債務の額の決定の基となった代償分割の対象となった財産の代償分割の時における価額}
$$

このうち②の算式は、代償分割の意義と代償財産の価額の算定における「時価」と「相続税評価額」との開差に関する取扱いである。遺産分割は、相続財産の「時価」をベースに行うというのが基本的な考え方であり、代償分割においても同様である。例えば、土地の時価が2億円（相続税評価額1億円）で、相続人がAとBの2人（相続分は各2分の1)であるとし、Aが土地の全部を取得し、AからBに8,000万円の代償金を交付するという場合、代償債務の額は、Bが本来取得できる相続財産（2億円の土地の2分の1）の価額に基づいて評価することが合理的であるという考え方もできる。

72 ┃ 第2章 相続税法で注意したいトラブル事項と防止策

そこで、このような場合には、代償財産の価額の算定において、

8,000万円（代償債務の額）× $\dfrac{1億円（土地の相続税評価額）}{2億円（土地の代償分割時の時価）}$

＝4,000万円

と改訂し、Aの課税価格を6,000万円（＝1億円－4,000万円）、Bの課税価格を4,000万円とするということである。

　もっとも、上記①の取扱いでは、代償財産の価額及び代償債務の額を納税者が任意に決定して申告することも認めることとされている。これは、代償財産の価額をどのように算定しても、相続税の総額は変わらないためであると考えられる。

　なお、上記②の算式における分子の価額は、相続税評価額であるが、小規模宅地等の特例が適用される土地等の場合には、特例を適用する前の金額となる。

　注意したいのは、上記①における「合理的と認められる方法」である。これは、代償財産の価額を不合理な方法で算定し、配偶者の税額軽減規定を利用して相続税を不当に回避するといった例では、納税者の申告を認めず、上記②によって代償財産の価額を算定するということである。上記の取扱いは、②が原則であることに留意する必要がある。

　このような取扱いからみれば、事例における相続税の申告方法は、否認の対象になってもやむを得ないと考えられる。

トラブルの防止策

　代償財産の価額を上記の②の方法で算定する場合には、「代償債務の額が、代償分割の対象となった財産が特定され、かつ、その財産の代償分割の時における通常の取引価額を基として決定されているとき」に該当するかどうかが問題になることもあり得る。

　この点について、次のような場合には、適正に算定されているものとするという課税当局の解説がある（野原誠編『平成27年版相続税法基本通達逐条解説』219頁（大蔵財務協会））。

①　不動産鑑定士に依頼するなどして適正な価額を求めている場合

Ⅲ　相続税の課税価格と税額計算における留意点　73

② 審判又は調停により代償債務の額が決定された場合

③ 代償分割の対象となった財産の通常取引される価額を基に、その財産を現物で取得する者が将来譲渡する場合の所得税負担等を考慮した上で代償分割対象財産を評価し代償債務の額が決定されている場合

これら以外の方法のよることも差し支えないと考えられるが、その「適正な価額」については、あらかじめ算定の根拠を明らかにしておくべきである。

なお、上記②について、課税当局の解説には、次のような注書が付されているので、参考のために掲記しておくこととする。

「審判又は調停においては、当事者間の公平な遺産分割の実現のために、家庭裁判所が後見的にあるいは主体的に関与した結果代償債務の額が決定される。そして、審判による分割の場合には、代償分割の対象となった財産の分割時の通常の取引価額が家庭裁判所において認定されるものであるからその認定された価額により、また、調停による分割の場合には、代償分割の対象となった財産の分割時の通常の取引価額について当事者が合意しているときはその価額、当事者双方の主張額に隔たりがありながら分割が成立しているときは当事者の歩み寄りの結果と評価できるから、その主張額の平均額によるのが相当である。」

要するに、調停又は審判により代償分割が行われた場合には、家庭裁判所が関与しているため、そこで決定された価額は、「適正な価額」として税務上も容認するということである。

74　第2章　相続税法で注意したいトラブル事項と防止策

2 生前贈与財産価額の相続税の課税価格加算の適用

トラブル事例

　被相続人の相続税の申告を依頼された税理士が、依頼者に確認したところ、次の事実が判明した。

①　被相続人は、相続開始の5年前に長男に対し1,500万円の株式を贈与し、長男は、相続時精算課税制度の適用を受けて贈与税の申告をした。

②　被相続人は、長女に対し、相続開始の10年前から相続開始の前年まで、毎年100万円ないし110万円の現金の贈与をしていた。ただし、各年の贈与額は、いずれも贈与税の基礎控除額以下であったため、贈与税の申告はしていない。

③　被相続人は、その配偶者に対し、相続開始の年に2,000万円（相続税評価額）の居住用の宅地と建物を贈与した。配偶者は、翌年に贈与税の配偶者控除の適用を受けるための贈与税の申告をするつもりであったが、贈与を受けた年に贈与者である被相続人に相続が開始した。

　これらの事実を基に相続税の申告において、税理士は次のような処理をした。

①　長男に対する1,500万円の相続時精算課税に係る贈与財産の価額は、長男の相続税の課税価格に加算する。

②　長女に対する100万円ないし110万円の生前贈与は、贈与税の基礎控除額以下であるため、相続税の申告においては、課税価格への加算は行わない。

③　配偶者に対する居住用の宅地と建物の贈与は、相続開始前3年以内贈与であるが、相続開始の年の贈与であり、また、贈与税の配偶者控除の限度額（2,000万円）以下であるため、相続税の申告には関係させない。

　相続税の申告後に税務調査が行われ、調査官から、長女に対する生前贈与のうち、相続開始前3年以内の分が相続税の課税価格に加算されていない旨が指摘された。また、配偶者に対する居住用の宅地と建物の贈与については、贈与税の申告書が提出されていないので、早急に提出するよう指導された。

Ⅲ　相続税の課税価格と税額計算における留意点　75

トラブルの原因と分析

■1 生前贈与財産価額の相続税の課税価格加算の規定

相続又は遺贈により財産を取得した者が、その相続の開始前3年以内に、その相続に係る被相続人から贈与により財産を取得したことがある場合には、その贈与財産の価額は、その者の相続税の課税価格に加算される（相法19①）。

また、被相続人からの生前贈与財産について、受贈者が相続時精算課税の適用を受けた場合には、贈与の時期にかかわらず、その贈与財産の贈与時の価額が受贈者の相続税の課税価格に算入される（相法21の15①）。

したがって、事例において、相続時精算課税の適用を受けた長男に対する被相続人からの生前贈与財産の価額をその長男の相続税の課税価格に加算した処理は、正当であり、問題はない。

■2 相続税の課税価格に加算される生前贈与財産の範囲

相続税法19条1項の規定により相続税の課税価格に加算される相続開始前3年以内の贈与財産とは、「第21条の2第1項から第3項まで、第21条の3及び第21条の4の規定により当該取得の日の属する年分の贈与税の課税価格の計算の基礎に算入されるもの（特定贈与財産を除く。）に限る。」とされている（相法19①かっこ書）。

この規定は、要するに、贈与税の非課税財産については、3年以内の贈与財産価額の加算規定は適用しないということである。上記の事例における長女の場合には、毎年100万円ないし110万円の現金の贈与を受けていたものであるが、その贈与額が贈与税の基礎控除額以下であるとしても、「現金」は贈与税の非課税財産ではない。

したがって、長女に対する生前贈与財産のうち相続開始前3年以内のものには、相続税法19条1項の規定が適用されることになる。事例における税理士の処理は、同項のかっこ書を看過したことによる誤りである。

76 第2章 相続税法で注意したいトラブル事項と防止策

3 生前贈与財産の課税価格加算の規定と贈与税の配偶者控除

　相続税法19条1項の規定の適用に関しては、贈与税の配偶者控除（相法21の6）の規定との関係にも注意を要する。すなわち、被相続人からの財産の贈与で、相続開始前3年以内のものであっても、次のものは「特定贈与財産」として相続税の課税価格加算の規定は適用されない（相法19②）。

① 　居住用不動産等の贈与が相続開始の年の前年以前にされた場合で、受贈者が贈与税の配偶者控除の適用を受けているとき……その適用を受けた配偶者控除額に相当する部分

② 　居住用不動産等の贈与が相続開始の年にされた場合で、受贈者が既に配偶者控除の適用を受けた者でないとき……配偶者控除の適用があるものとした場合の控除額に相当する部分

　要するに、相続開始の年の贈与を含めて配偶者控除額に相当する金額（最高2,000万円）には、相続税の課税価格加算の規定は適用されないということである。居住用不動産の価額を2,500万円として、この規定を図示すると、次のようになる。

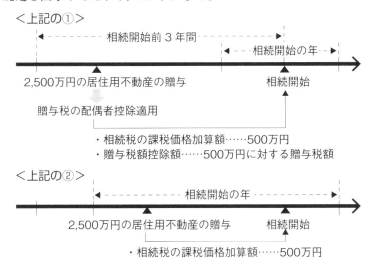

　この規定によれば、事例の配偶者に対する居住用不動産の贈与について、相続税の申告時の処理は、正当であって誤りはない。
　ただし、注意したいのは贈与税の申告手続である。上図の①の場合

Ⅲ　相続税の課税価格と税額計算における留意点

には、その贈与年分の贈与税の申告が行われているはずであるが、②の場合にも贈与税の申告を要する。これは、相続税法19条1項と21条の2第4項との関係である。

相続税法19条1項は、相続開始前3年以内の贈与を相続税の課税価格に取り込む規定であり、相続開始の年の被相続人からの贈与も当然に3年以内の贈与である。ただし、その対象になる範囲について同項のかっこ書は、前記したとおり「第21条の2第1項から第3項まで、第21条の3及び第21条の4の規定により当該取得の日の属する年分の贈与税の課税価格の計算の基礎に算入されるもの（特定贈与財産を除く）に限る。」としており、「相続税法21の2第4項」は含まれていない。同項は、相続開始の年の被相続人からの贈与で、相続税法19条1項の適用があるものは、贈与税を課税しないとする規定であるが、この規定を上記のかっこ書から除外しているということは、贈与税の課税対象とする、換言すれば、その贈与については贈与税の申告を要するということになる。

したがって、事例における被相続人からの配偶者に対する居住用不動産の贈与で、相続開始年分のものについては、贈与税の申告を行う必要がある。

トラブルの防止策

被相続人からの相続人等に対する生前贈与に関して、相続税の申告の依頼者から正確な事実関係について情報が得られない場合がある。その場合には、相続税法49条に規定されている開示請求制度を利用するのも一法である（次頁の「相続税法第49条第1項の規定に基づく開示請求書」参照）。

なお、この開示請求は、被相続人の相続開始の日の属する年の3月16日以後にしなければならいこととされており（相令27③）、同日以後はいつでも請求することができるが、税務署長による開示は、請求後2か月以内とされている（相法49②）。これらを勘案し、相続税の申告に間に合うように請求する必要がある。

相続税法第49条第1項の規定に基づく開示請求書

＿＿＿＿税務署長 　　　　　　　　　　　　　　　　　　　　　　　平成　　年　　月　　日

【代理人記入欄】

住　所

氏　名　　　　　　　　　　　　㊞

連絡先

開示請求者	住所又は居所（所在地）	〒　　　　　　　　Tel（　－　　－　）
	フリガナ	
	氏名又は名称	㊞
	生 年 月 日	被相続人との続柄

　私は、相続税法第49条第1項の規定に基づき、下記1の開示対象者が平成15年1月1日以後に下記2の被相続人からの贈与により取得した財産で、当該相続の開始前3年以内に取得したもの又は同法第21条の9第3項の規定を受けたものに係る贈与税の課税価格の合計額について開示の請求をします。

1　開示対象者に関する事項

住所又は居所	
（所在地）	
過去の住所等	
フリガナ	
氏名又は名称（旧姓）	
生 年 月 日	
被相続人との続柄	

2　被相続人に関する事項

住所又は居所	
過去の住所等	
フリガナ	
氏　名	
生 年 月 日	
相続開始年月日	平成　　年　　月　　日

3　承継された者(相続時精算課税選択届出者)に関する事項

住所又は居所	
フリガナ	
氏　名	
生 年 月 日	
相続開始年月日	平成　　年　　月　　日
精算課税適用者である旨の記載	上記の者は、相続時精算課税選択届出書を＿＿＿＿署へ提出しています。

4　開示の請求をする理由（該当する□に✓印を記入してください。）

相続税の　□ 期限内申告　□ 期限後申告　□ 修正申告　□ 更正の請求　に必要なため

5　遺産分割に関する事項（該当する□に✓印を記入してください。）

□ 相続財産の全部について分割済（遺産分割協議書又は遺言書の写しを添付してください。）
□ 相続財産の一部について分割済（遺産分割協議書又は遺言書の写しを添付してください。）
□ 相続財産の全部について未分割

6　添付書類等（添付した書類又は該当項目の全ての□に✓印を記入してください。）

□ 遺産分割協議書の写し　　□ 戸籍の謄(抄)本　　□ 遺言書の写し　　□ 住民票の写し
□ その他（　　　　　　　　　　　　　　　　　　　　　　　　　　　　　　　　　　　　）
□ 私は、相続時精算課税選択届出書を＿＿＿＿署へ提出しています。

7　開示書の受領方法（希望される□に✓印を記入してください。）

□ 直接受領（交付時に請求者又は代理人であることを確認するものが必要となります。）　□ 送付受領（請求時に返信用切手、封筒及び住民票の写し等が必要となります。）

※　税務署整理欄（記入しないでください。）

本 人（代理人）	□ 運転免許証	□ パスポート	□健康保険証	確認者
確 認 方 法	□ その他（　　　　　　　　　　　　　　　）			
委任の確認	開示請求者への確認	（　・　・　）		
	委任状の有無	□ 有　□ 無（　　　）		

Ⅲ　相続税の課税価格と税額計算における留意点　79

3 相続税の総額の計算における法定相続人の意義

トラブル事例

被相続人の相続関係は、次図のとおりであり、その遺産額（課税価格の合計額）は4億円であった。なお、被相続人の配偶者は、被相続人の亡父及び亡母と養子縁組をし、その後に被相続人と婚姻したものである。

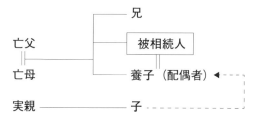

相続税の申告を依頼された税理士は、法定相続人を被相続人の兄と養子（配偶者）の2人とした上で、その相続分について、養子（配偶者）は、被相続人の兄弟姉妹としての相続分と配偶者としての相続分の双方を有すると判断し、次のように算定した。
○養子（配偶者）……3/4＋(1/4×1/2)＝7/8
○兄………………………1/4×1/2＝1/8

これを基に、相続税の総額を次のように計算して相続税の申告を行った。
① 課税価格の合計額……4億円
② 遺産に係る基礎控除額……3,000万円＋(600万円×2人)
　　　　　　　　　　　　　＝4,200万円
③ 課税遺産価額……4億円－4,200万円＝3億5,800万円
④ 法定相続分に応ずる取得金額……
　養子（配偶者）：3億5,800万円×7/8＝3億1,325万円
　兄：3億5,800万円×1/8＝4,475万円
⑤ 税率適用金額（速算表による計算）…
　養子（配偶者）：3億1,325万円×50％－4,200万円
　　　　　　　　＝114,625,000円
　兄……4,475万円×20％－200万円＝6,950,000円

⑥ 相続税の総額……114,625,000 円＋ 6,950,000 円
= 121,575,000 円
相続税の申告後に、相続人からそれぞれの相続分が誤っているのではないかとの疑問が提示された。

トラブルの原因と分析

１ 身分が重畳する場合の相続分の算定

養子縁組は人為的に親子関係を創設することであるが、そのことによって同一人について2つの異なった身分が生じることがある。その場合の法定相続人の数やその相続分の算定を誤ると、当然のことながら正当な相続税の計算ができなくなる。したがって、事例のような場合には、相続税の申告に際して十分な検討を行う必要ある。

戸籍先例では、次図のように被相続人の孫が養子となっている場合において、その親が被相続人の死亡前に死亡しているときは、養子（孫）は養子としての相続分と親の代襲相続人としての相続分を合わせて取得するとされている（昭和26.9.18 民事甲第1881号 民事局長回答）。

一方、事例のように被相続人の父母と養子縁組をした者が被相続人の配偶者となった場合のその養子（配偶者）は、配偶者としての相続分のみを取得し、兄弟姉妹としての相続分は有しないこととしている（昭和23.8.9 民事甲第2371号 民事局長回答）。

２ 事例における相続税の計算

上記のとおり事例における養子（配偶者）は、配偶者としての相続分のみを有することから、その割合を3/4とし、相続人である兄の相続分は1/4として相続税の計算を行うことになる。したがって、事例における相続税の総額は、次のようになる。

○ 課税価格の合計額から課税遺産額までの計算は、事例における①から③までと同じ。

○ 法定相続分に応ずる取得金額……

養子（配偶者）……3億5,800万円×3/4＝2億6,850万円

兄……3億5,800万円×1/4＝8,950万円

○ 税率適用金額（速算表による計算）…

養子（配偶者）……2億6,850万円×45％−2,700万円

＝93,825,000円

兄……8,950万円×30％−700万円＝19,850,000円

○ 相続税の総額……93,825,000円＋19,850,000円

＝113,675,000円

トラブルの防止策

　事例のような、やや特殊なケースについて、対応が難しいのは、その考え方や取扱いに対立する意見や学説があり、必ずしも一義的に解することが困難なケースが少なくないことである。

　一般的又は基本的な考え方は、2つの身分が両立しえないような場合は、一方の身分のみとするということである。例えば、実親が非嫡出子を養子としたような場合には、そのことによって非嫡出子としての身分は消滅するので、養子としての相続分のみを有するとするものである。

　他方で、事例のような場合に、前述の戸籍先例があるにもかかわらず、養子としての相続分と配偶者としての相続人の双方を取得するという学説もある。

　相続税の実務に当たっては、過去の判例や学説又は登記先例などを検証する必要があるが、その取扱いが確立していない事例については、税理士が十分な検討を行った上で、あらかじめ所轄税務署等との間で確認を行う必要があると考えられる。

　なお、事例における相続税の申告については、国税通則法23条1項1号に規定に該当するものとして、更正の請求ができると考えられる。

4 養子の人数制限の取扱い

トラブル事例

　被相続人の相続関係は、次図のとおりである。相続税法では、基礎控除額の計算において、養子がある場合には、法定相続人の数を1人又は2人に制限するという規定があるため、次図の例において、法定相続人の数を2人（弟と養子のうちの1人）として相続税の計算をして申告した。

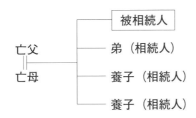

　相続税の申告後に、所轄税務署から法定相続人の数に誤りがあるとの連絡を受けた。

トラブルの原因と分析

1 相続税法における養子に関する規定

　被相続人の養子は、養子縁組の日から嫡出子としての身分を取得し、民法上は、当然に相続人となる（民法809）。ただし、養子を利用した租税回避行為に対処するため、相続税法は、被相続人に養子がある場合には、法定相続人の数に算入する人数を次のように制限している（相法15②）。

① 被相続人に実子がある場合又は被相続人に実子がなく、養子の数が1人である場合……1人
② 被相続人に実子がなく、養子の数が2人以上である場合……2人

　注意したいのは、この養子の人数制限が適用されるのは、「被相続人に養子がある場合」と規定されていることである。したがって、事例のように相続人が被相続人の兄弟姉妹である場合には、その兄弟姉

Ⅲ　相続税の課税価格と税額計算における留意点 | 83

妹の中に被相続人の親と養子縁組をしたことにより相続人になる者がいても、その養子は人数制限の対象にはならないことになる（相基通15−5）。

事例における相続税の申告は、明らかに法令を読み間違っており、かつ、通達の取扱いも看過していることになる。したがって、国税通則法23条1項1号に規定に該当するものとして、更正の請求が可能である。

■❷ 養子の人数制限が適用される規定

事例の場合には、養子の人数制限規定に対する誤解により、遺産に係る基礎控除額の算定に誤りがあったものであるが、このほかに次の規定の適用に際しても養子の人数制限規定が関係することに留意する必要がある。

① 生命保険金等に対する非課税規定（相法12①五）

② 死亡退職金等に対する非課税規定（相法12①六）

これらは、いずれも法定相続人の数が関係し、養子の人数制限規定が適用される場合には、その制限された法定相続人の数を基に非課税限度額（法定相続人1人につき500万円）を計算することになる。

トラブルの防止策

相続税法における養子の人数制限は、租税回避を目的としないものには適用がない。このため、次のような養子については、人数制限の対象にはならず、実子とみなすこととされている（相法15③、相令3の2）。トラブルの防止のためにも確認しておきたい。

① 特別養子縁組（民法817の2①）による養子

② 被相続人の配偶者の実子でその被相続人の養子となった者（いわゆる連れ子が養子となった場合）

③ 被相続人とその被相続人の配偶者との婚姻前に、その被相続人の配偶者の特別養子となった者で、その婚姻後にその被相続人の養子となった者

④ 実子、養子又はその直系卑属が相続開始以前に死亡し、又は相続

権を失ったため、（代襲相続により）法定相続人となったその者の直系卑属

これらのうち②は、被相続人とその配偶者との婚姻期間（婚姻関係が終了するまでの期間）において被相続人の養子となった者をいい、③の「婚姻後にその被相続人の養子となった者」とは、その被相続人と配偶者との婚姻期間中において被相続人の養子となった者をいうこととされている（相基通15-6）。したがって、被相続人と配偶者との婚姻前に被相続人と養子縁組をしても、その者は実子とみなされ、養子の人数制限の対象にはならない。

なお、養子の人数制限に関しては、前述した1人又は2人という制限内の養子であっても、その養子を法定相続人の数に算入することが相続税の負担を不当に減少させる結果となると認められる場合には、これを否認することとされていることにも留意する必要がある（相法63）。

この規定では「不当に」の意義・態様がポイントになるが、その判断は事実認定の問題であり、類型的に示すことは困難である。その例としては、意思能力を欠いた被相続人が相続開始直前に形式的に養子縁組を行い、その養子に相続放棄をさせるなど、単に法定相続人数を増加させて相続税の軽減を行うといったことが考えられる。

5 算出相続税額の計算における「あん分割合」の端数処理

トラブル事例

　被相続人の相続関係と遺言及び遺産分割協議により取得した財産に基づく各人の課税価格と相続税の総額は、次のようになった。

　なお、納付税額の計算上、孫のＡとＢは被相続人の一親等の血族ではないため、いわゆる２割加算の適用がある。

```
被相続人    ┬（相続人）長　男 ── （受遺者）孫　A
亡・配偶者   ┴（相続人）長　女 ── （受遺者）孫　B
```

〔各人の課税価格〕

- ・長　男……2 億　　240 万円
- ・長　女……1 億 7,590 万円
- ・孫　Ａ……　　6,355 万円
- ・孫　Ｂ……　　5,815 万円
- 合　計　　　　　5 億円

〔相続税の総額〕　1 億 5,210 万円

　これに基づき、相続税の申告を担当した税理士は、各人の納付税額を次のように計算して、申告を行った。

〔各人のあん分割合〕

- ・長　男……2 億　　240 万円 ÷ 5 億円 = 0.4048 → 0.40
- ・長　女……1 億 7,590 万円 ÷ 5 億円 = 0.3518 → 0.35
- ・孫　Ａ……　　6,355 万円 ÷ 5 億円 = 0.1271 → 0.13
- ・孫　Ｂ……　　5,815 万円 ÷ 5 億円 = 0.1163 → 0.12
- 合　計　　　　　　　　　　　　　　　　　　1.00

〔各人の納付税額〕

- ・長　男……1 億 5,210 万円 × 0.40 = 　　60,840,000 円
- ・長　女……1 億 5,210 万円 × 0.35 = 　　53,235,000 円
- ・孫　Ａ……1 億 5,210 万円 × 0.13 × 1.2 = 23,727,600 円
- ・孫　Ｂ……1 億 5,210 万円 × 0.12 × 1.2 = 21,902,400 円
- 合　計　　　　　　　　　　　　　　　　159,705,000 円

　このような申告が行われた後、相続人から税理士に対し、あん分割合の調整方法によっては、全体の納付税額がもう少し軽減されたのではないかという質問があった。

トラブルの原因と分析

■1 各相続人等のあん分割合と算出税額の計算方法

　現行の相続税法は、相続又は遺贈により財産を取得した者に係る相続税の総額を計算した上で、各相続人等の相続税額は、各相続人等の課税価格がすべての者に係る課税価格の合計額のうちに占める割合（あん分割合）を乗じて算出することとしている（相法17）。

　このような算出税額の計算における「あん分割合」について、分数とするときはともかく、小数とすると、通常の場合、小数点以下の数値が連続することになる。

　このため、実務の取扱いでは、その割合に小数点以下2位未満の端数がある場合において、その財産の取得者全員が選択した方法により、各取得者の割合の合計値が1になるよう調整して、各取得者の相続税額を計算することを認めている（相基通17-1）。

　このような取扱いの下、相続税の申告事例の多くは、小数点以下第3位の数値を四捨五入する方法よっている。したがって、この限りでは、事例におけるあん分割合の処理は、誤ったものとはいえず、税務当局との関係においては特段の問題はない。

■2 あん分割合と2割加算の関係

　ところで、上記の通達の取扱いは、あん分割合について「小数点以下2位未満の端数がある場合において、その財産の取得者全員が選択した方法により、各取得者の割合の合計値が1になるよう調整して」算出税額を計算できるとされており、必ずしも小数点以下第3位の数値を四捨五入する方法による必要はない。

　事例における納税者からの申告後の指摘は、この点についてであり、2割加算の適用者がある場合には、その者のあん分割合は、小数点第2位未満の端数を切り捨てた方が納税者全体からみて有利になるのではないかというものである。ちなみに、事例における2割加算の対象者である孫のAとBのあん分割合について、小数点第2位未満を切り捨てて計算すると、次のようになる。

Ⅲ　相続税の課税価格と税額計算における留意点　**87**

〔各人のあん分割合〕

・長　男……2億　240万円÷5億円＝ 0.4048 → 0.41

・長　女……1億7,590万円÷5億円＝ 0.3518 → 0.36

・孫　Ａ……　　6,355万円÷5億円＝ 0.1271 → 0.12

・孫　Ｂ……　　5,815万円÷5億円＝ 0.1163 → 0.11

合　計　　　　　　　　　　　　　　　　1.00

〔各人の納付税額〕

・長　男……1億5,210万円× 0.41 ＝　　　62,361,000円

・長　女……1億5,210万円× 0.36 ＝　　　54,756,000円

・孫　Ａ……1億5,210万円× 0.12 × 1.2 ＝ 21,902,400円

・孫　Ｂ……1億5,210万円× 0.11 × 1.2 ＝ 20,077,200円

合　計　　　　　　　　　　　　159,096,600円

　この計算による納付税額の合計は、事例の申告の場合と比べておよそ60万円の差異であるが、納税者の認識からすれば、過大な申告と納付であったとされてもやむを得ないと考えられる。

　なお、いったん申告が行われると、あん分割合の端数調整の誤りを理由とした更正の請求は認められないものと考えられる。

トラブルの防止策

　算出相続税額を計算する際のあん分割合の処理については、共同相続人の相互の関係に留意して行う必要がある。相続人相互の関係が良好であればよいが、対立関係にある場合においては、その端数を切上げ処理された納税者は不満を持つことになりかねない。

　したがって、共同相続人の関係からみて些細な紛争が生じると予想されるときは、各相続人間の平等を期すために、あん分割合の端数処理をしない（分数のまま算出税額を計算する）ことも考慮しておく必要がある。もちろん、納税者全員の算出税額の合計は、相続税の総額に一致しなければならない。

6 相続税額の2割加算の適用者の判定

トラブル事例

　被相続人の相続関係は、次図のとおりであり、相続により財産を取得した者は、配偶者、子C、養子（孫）D及び養子Eである。
　また、被相続人より先に死亡した子Aの子（被相続人の孫）Bは、生前に被相続人から多額の贈与を受けていたため、相続放棄の手続をしたが、Bを受取人とし、被相続人が保険料を負担していた生命保険契約に係る保険金2,000万円を取得した。

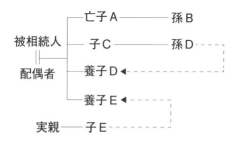

　相続税の申告において、養子DとEは被相続人の一親等の血族であることから、また、孫Bは、子Aの代襲相続人であることから、いずれも相続税額の2割加算の規定は適用されないものとした。
　相続税の申告後に、所轄税務署から配偶者と養子E以外の財産取得者は、2割加算が適用されるから、修正申告書を提出されたい旨の連絡があった。

トラブルの原因と分析

1 相続税額の2割加算の適用対象者

　相続又は遺贈により財産を取得した者が、次に掲げる者以外の者である場合には、いわゆる2割加算の規定が適用される（相法18①）。

① 被相続人の一親等の血族（その被相続人の直系血族が相続開始以前に死亡し、又は相続権を失ったため、代襲して相続人となったその被相続人の直系卑属を含む）

Ⅲ　相続税の課税価格と税額計算における留意点　89

②　被相続人の配偶者

　この規定は、①と②以外の者を対象とするものであり、①のかっこ書は、要するに代襲相続人となった孫のことである。孫は被相続人の二親等の血族であるが、代襲相続の場合には、一親等の血族に含めて2割加算の規定は適用しないこととしている。

　ただし、上記①の「一親等の血族」には、被相続人の直系卑属でその被相続人の養子となっている者は含まれない（相法18②）。したがって、被相続人が孫を養子とした場合のその孫は一親等の血族であるが、代襲相続人でない限り、その養子となった孫には2割加算の規定が適用されることになる。このため、次図の孫Xには2割加算はないが、養子（孫）Yが財産を取得し、相続税が課せられるときは2割加算の規定が適用される。

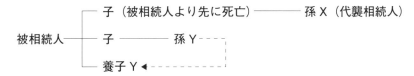

2 事例における2割加算の適用関係

　上記の規定を踏まえて事例をみると、まず養子Eは被相続人の一親等の血族であり、はじめから2割加算の問題はないが、養子Dは、まさに相続税法18条2項に該当する者であり、法令を確認すれば、2割加算不適用という間違いは生じないはずである。

　法令からみてやや分かりにくいのは、孫Bについての適用関係であるが、前記した相続税法18条1項のかっこ書は、「被相続人の直系血族が相続開始以前に死亡し、又は相続権を失ったため、代襲して相続人となったその被相続人の直系卑属」とされており、被相続人の子が代襲相続人となった場合を定めたものである。事例のBは、相続放棄をしたために相続権がなくなり、「代襲して相続人となったその被相続人の直系卑属」ではない。したがって、2割加算の規定が適用されることになる。

トラブルの防止策

相続人が配偶者と子という一般的な相続の場合には、2割加算の規定を意識する必要はないが、そうでない相続パターンの場合には、十分に注意する必要がある。

とりわけ養子あるいは養子の連れ子があるような特殊なケースについては、その適用関係を正確に確認しなければならない。養子は、養子縁組の日から養親との間で血族関係が生じることとなる（民法727）。次図の関係において、養子Aの子が被相続人とAの養子縁組後に生まれた者であれば、被相続人の法定血族であり、養子Aが被相続人より先に死亡した場合には、その代襲相続人となる。したがって、被相続人からの財産取得に係る相続税について2割加算はない。

ただし、Aの子が被相続人とAとの間の養子縁組前に生まれた者（養子の連れ子）であるとすると、その子と被相続人との間に血族関係は生じない。したがって、被相続人の直系卑属には当たらず、Aが被相続人より先に死亡していたとしても、Aの代襲相続人にはならない。この場合、被相続人がAの子に財産を遺贈することもあり得るが、被相続人と血族関係にない以上、その者の相続税については、2割加算が適用されることになる。

いずれにしても、2割加算の規定に関しては、「一親等の血族」、「直系卑属」等の用語の意義に注意して、その適用関係を判断する必要がある。

7 遺産の一部分割と生命保険金に対する配偶者の税額軽減の適用

トラブル事例

　被相続人の相続財産は５億円であり、そのうち２億円の宅地は、被相続人及びその配偶者が居住の用に供していたものである。

　被相続人の共同相続人間で、いわゆる相続争いが生じたため、相続税の申告期限までに遺産分割協議は整わなかったが、被相続人の居住用の宅地については、配偶者が取得することで暗黙の了解が成立していた。

　また、遺産のほかに被相続人の配偶者を受取人とする生命保険契約があり、相続開始後に保険会社から5,000万円の保険金が配偶者の預金口座に振り込まれた。

　この相続に関与した税理士は、生命保険金を含め被相続人の財産のすべてが未分割であるとして、配偶者の税額軽減規定を適用せずに相続税の申告書を作成するとともに、「申告期限後３年以内の分割見込書」を申告書に添付して申告した。

　なお、税理士は納税者に対し、申告後に未分割遺産が分割された場合には、更正の請求により配偶者の税額軽減規定の適用ができる旨の説明をしていた。

　相続税の申告後に納税者から税理士に対し、次の２点について疑問が提示された。

① 　配偶者の税額軽減額はゼロであるという申告がされているが、配偶者を受取人とする生命保険金は、税額軽減規定の対象になるのではないか。

② 　被相続人と配偶者の居住用宅地については、配偶者が相続する予定である旨を説明していたところであり、その宅地のみ配偶者が遺産分割で取得したという書類を作成すれば、税額軽減規定を適用できたと思われるが、そのようなアドバイスがなかったのは、なぜか。

トラブルの原因と分析

■1 配偶者の税額軽減の対象となる財産の範囲

　配偶者の税額軽減規定は、配偶者の生活を保障する趣旨で措置され

第２章　相続税法で注意したいトラブル事項と防止策

ているものであり、配偶者が実際に取得した財産を対象として適用することとされ、未分割財産はその対象にはならない（相法19の2②）。

この点について、軽減の基礎となる財産の範囲について、次のものが該当する旨の留意的な取扱いが明らかにされている（相基通19の2-4）。

① 相続税の申告期限までに分割により取得した財産
② 被相続人の相続人がその配偶者のみで、包括受遺者がいない場合におけるその相続により取得した財産
③ 被相続人の包括受遺者がその配偶者のみで、他の相続人がいない場合におけるその包括遺贈により取得した財産
④ 被相続人から特定遺贈により取得した財産
⑤ 相続開始前3年以内の被相続人からの贈与財産の価額が相続税の課税価格に加算された場合におけるその財産
⑥ 相続税法の規定により相続又は遺贈により取得したものとみなされる財産
⑦ 相続税の申告期限から3年以内（その期間が経過するまでに財産が分割されなかったことにつきやむを得ない事情がある場合において、税務署長の承認を受けたときは、その財産につき分割できることとなった日の翌日から4か月以内）に分割された場合におけるその分割により取得した財産

事例において配偶者が取得した生命保険金は、上記⑥に該当するものであり、そもそも受取人の固有財産として遺産分割協議の対象になるものではない。事例における税理士の処理は、生命保険金も未分割であるとの誤解に基づくものであり、また、上記の通達による取扱いも未確認であったことによる誤りである。

■2 遺産の一部分割と配偶者の税額軽減規定の適用

配偶者の税額軽減規定は、配偶者が取得する財産を確定させれば、当然に軽減の対象になる。したがって、共同相続人間で相続財産の全部の分割を行う必要はなく、いわゆる一部分割であっても軽減規定の適用を受けることができる。

Ⅲ 相続税の課税価格と税額計算における留意点 93

事例における税理士の対応は、生命保険金の処理に関する部分を除き、法令的には誤った処理ではなく、また、相続税の申告期限から3年以内等に分割ができれば、その時点で更正の請求により軽減規定が適用されることを勘案すれば、必ずしも納税者にとって不利益となるものでもない。

　しかしながら、配偶者の取得財産のみを確定させる一部分割の方法によれば、当初の納税額が減少できたことを考慮すれば、税理士のアドバイスが不足していたという非難は免れないと考えられる。

　なお、いわゆる小規模宅地等の特例の適用においても、その対象となる宅地等の取得者のみを確定させる一部分割を行えば、当初申告の時点でその特例を適用することができる。

トラブルの防止策

　相続税の場合には、他の税目と異なり、とりわけ納税資金の調達が困難なケースが多い。そのために延納や物納のほか、農地や非上場株式等に係る納税猶予制度が設けられているのであるが、これらの適用の有無にかかわらず、納税者の財産内容等を精査して、納税が容易に可能かどうかを見極める必要がある。

　また、納税に充てられる金融資産の分割方法によっても、納税の難易度に影響が生じることになり、事例のような場合に一部分割を行って配偶者の税額軽減規定や小規模宅地等の特例を適用すれば、その分だけ納税資金の調達をしないで済むことになる。いずれにしても、納税の問題まで十分に勘案してアドバイスすることが税理士の職務であると考えられる。

　なお、事例における相続税の申告については、配偶者が取得した生命保険金についてのみ軽減規定が適用できるため、その部分に限り、国税通則法23条1項1号に規定に該当するものとして、更正の請求が可能である（相法19の2③）。

94 ┃ 第2章　相続税法で注意したいトラブル事項と防止策

8 | 相次相続と配偶者の税額軽減の活用

トラブル事例

　被相続人甲は、平成27年1月に死亡した（第1次相続）。また、同年5月に甲の配偶者乙が死亡した（第2次相続）。相続関係は、次図のとおりであるが、乙が死亡した時点で第1次相続に係る遺産分割は未了であった。

　（第1次相続の被相続人）　　（第2次相続の被相続人）
　　甲（平成27年1月死亡）━━ 配偶者乙（平成27年5月死亡）

　　　　　　長男A　　　　　　　二男B

　被相続人の遺産は、次のとおりである。
○甲の遺産……有価証券6億円、預金3億円
○乙の遺産……預金7,000万円
　これらの遺産について、AとBは、第1次相続と第2次相続の全体を通して、次のように分割取得することで合意した。
○甲の遺産である有価証券（6億円）は、すべてAが取得する。
○甲及び乙の遺産である預金（合計3億7,000万円）は、すべてBが取得する。
　以上について、AとBは、相続税の申告を税理士に依頼し、遺産分割手続及び相続税の申告をどのように行うかは、税理士に1任することとした。
　これを受けた税理士は、次のように遺産分割を行い、第1次相続と第2次相続に係る相続税の申告を行った。
① 第1次相続において、乙は甲の相続人であり、その相続分は2分の1であるから、甲の遺産（有価証券6億円と預金3億円）の2分の1相当（有価証券3億円と預金1億5,000万円）を取得したものとする。
② 第2次相続においては、第1次相続で乙が取得した有価証券（3億円）をAが取得し、同じく乙が第1次相続で取得した預金（1億5,000万円）と乙の預金（7,000万円）をBが取得する。
　この結果、第1次相続と第2次相続の相続税の申告内容は、次のようになった。

Ⅲ　相続税の課税価格と税額計算における留意点　┃　95

（単位：円）

○ 第1次相続

	合　　　計	配偶者乙	長　男　A	二　男　B
有 価 証 券	600,000,000	300,000,000	300,000,000	
預　　　　金	300,000,000	150,000,000		150,000,000
課 税 価 格	900,000,000	450,000,000	300,000,000	150,000,000
基 礎 控 除 額	48,000,000			
相続税の総額	308,700,000			
（あん分割合）	（1.00）	（0.50）	（0.33）	（0.17）
算 出 税 額	308,700,000	154,350,000	101,871,000	52,479,000
配偶者の軽減	154,350,000	154,350,000		
納 付 税 額	154,350,000	0	101,871,000	52,479,000

○ 第2次相続

	合　　　計	（配偶者乙）	長　男　A	二　男　B
有 価 証 券	300,000,000		300,000,000	
預　　　　金（1次相続分）	150,000,000			150,000,000
預　　　　金（2次相続分）	70,000,000			70,000,000
課 税 価 格	520,000,000		300,000,000	220,000,000
基 礎 控 除 額	42,000,000			
相続税の総額	161,100,000			
（あん分割合）	（1.00）		（0.58）	（0.42）
算 出 税 額	161,100,000		93,438,000	67,662,000
納 付 税 額	161,100,000		93,438,000	67,662,000
第1次相続と第2次相続の合計納付税額	315,450,000	0	195,309,000	120,141,000

すべての申告が終了した後、第1次相続で配偶者乙が取得したものとする財産は、AとBが任意に決められるのであるから、全体としての納付税額をさらに軽減できる方法があったのではないか、という疑問が納税者から提示された。

トラブルの原因と分析

■1 相次相続の場合の遺産分割の方法

　第1次相続の遺産分割が未了の間に第2次相続が開始するというケースがあるが、事例における甲の配偶者乙は、第1次相続における相続人であるから、乙の取得した遺産は、第2次相続の遺産を構成し、遺産分割の対象になる。したがって、第1次相続の遺産分割を確定させないと第2次相続の遺産分割を行うことはできない。

　もっとも、第1次相続の遺産分割を行う際には、相続人である乙は既に死亡しており、当然のことながら分割協議に参画することはできない。この場合には、第1次相続と第2次相続の相続人である長男Aと2男Bにおいて、第1次相続で乙が取得する財産を決定することになる。

　事例における乙は、第1次相続における相続人であり、その相続分は2分の1であるから、事例のような遺産分割の方法は、合理的であり、その限りでは税理士の判断と相続税の申告方法に特段の問題はないようにみえる。

■2 遺産分割前に配偶者が死亡している場合の軽減措置の取扱い

　配偶者に対する税額軽減の規定は、配偶者が実際に取得した財産について適用し、未分割財産は軽減規定の対象にはならない（相法19の2②）。

　この規定の適用について、相次相続の場合に配偶者が第1次相続に係る遺産分割が行われる前に死亡すると、実質的には配偶者が分割により取得した財産がないこととなり、第1次相続に係る相続税について、配偶者の税額軽減措置は適用できないことになる。

Ⅲ　相続税の課税価格と税額計算における留意点　97

このように取り扱うとすれば、遺産分割が確定した後に配偶者が死亡した場合との間で、税負担に著しい差異が生じることになる。このため、実務の取扱いとして、第1次相続に係る財産について、その相続に係る配偶者以外の共同相続人によって分割され、その分割により配偶者の取得した財産として確定させたものがあるときは、その財産について配偶者の税額軽減規定を適用することとされている（相基通19の2-5）。

事例における第1次相続に係る相続税の申告では、この取扱いによって配偶者の税額軽減規定を適用しており、税理士の行った申告に特段の問題はない。

3 遺産分割の方法と相続税への影響

上記 1 と 2 を踏まえて、事例における遺産分割の方法と相続税を検討すると、「第1次相続では、長男Aと2男は相続財産をいっさい取得せず、被相続人甲の財産の全部（有価証券6億円と預金3億円）を配偶者が相続により取得したものとする」という方法もあり得る（この場合には、第2次相続において、有価証券6億円はAが、第1次相続における3億円と第2次相続の乙の財産である7,000万円の預金はBがそれぞれ取得することになる）。

この方法に基づいて相続税額を試算すると、下表のようになる。最終的な納付税額をみると、前記した事例の方法では、第1次相続と第2次相続の合計額で3億1,545万円であるが、下表では、約3億282万円となり、その差額は、およそ1,260万円である。納税者が指摘したのはこの点である。

○ 第1次相続				
	合　　　計	配偶者乙	長　男　A	二　男　B
有 価 証 券	600,000,000	600,000,000		
預　　　　金	300,000,000	300,000,000		
課 税 価 格	900,000,000	900,000,000		

98 ┃ 第2章　相続税法で注意したいトラブル事項と防止策

基礎控除額	48,000,000			
相続税の総額	308,700,000			
（あん分割合）	（1.00）	（1.00）		
算出税額	308,700,000	308,700,000		
配偶者の軽減	154,350,000	154,350,000		
納付税額	154,350,000	154,350,000		

○ 第2次相続

	合　　計	（配偶者乙）	長　男　A	二　男　B
有価証券	600,000,000		600,000,000	
預　金（1次相続分）	300,000,000			300,000,000
預　金（2次相続分）	70,000,000			70,000,000
債務控除	154,350,000		154,350,000	
課税価格	815,650,000		445,650,000	370,000,000
基礎控除額	42,000,000			
相続税の総額	302,825,000			
（あん分割合）	（1.00）		（0.55）	（0.45）
算出税額	302,825,000		166,553,750	136,271,250
相次相続控除	154,350,000		84,332,836	70,017,164
納付税額	148,474,900		82,220,900	66,254,000
第1次相続と第2次相続の合計納付税額	302,824,900	154,350,000	82,220,900	66,254,000

（注1）　第1次相続における配偶者の納付税額は、第2次相続時には未納であり、債務控除の適用がある。この試算では、その全額を長男Aの課税価格から控除している。

（注2）　第1次相続と第2次相続の間が1年以内であるため、第1次相続において配偶者に課せられた相続税額は、その全額が相次相続控除の対象になる。上記の試算では、控除総額について、第2次相続の相続人であるAとBの課税価格の比であん分した金額で控除している。

トラブルの防止策

　事例のような相次相続の場合には、第1次相続においてどのような遺産分割を行うか、とりわけ被相続人の配偶者の取得財産をいくらにするかによって、相続税に大きな影響が生じる場合がある。さまざまなパターンを設定し、それぞれについて相続税額を試算した上で最も有利になる方法を納税者に提示する必要がある。

　なお、事例は典型的な相次相続であるが、第1次相続から数年以上経過した後に第2次相続が開始するという一般的な場合であっても、第1次相続での遺産分割の方法が第2次相続時の相続税に影響が及ぶことになる。税理士には、第1次相続の時点で第2次相続を見据えたアドバイスが求められることが多い。

(注)　次のようなケースについて、第1次相続に係る遺産分割が未了の間に第2次相続が開始したという場合において、第1次相続の遺産に不動産があるときには、中間の相続登記を省略（甲から丙に直接移転したとする登記）することはできず、その不動産をいったん第1次相続に係る相続人の法定相続分により取得したものとして相続登記を行うべきであるとする裁判例がある（東京地方裁判所平成26年3月13日判決）。

> 甲（第1次相続の被相続人）
> ‖————————————————丙
> 乙（第2次相続の被相続人）

　この裁判例は、甲及び乙の間の子が丙1人という事案であり、第1次相続の遺産分割を行う時には、相続人である乙が死亡しているため、丙は遺産分割協議を行う相手方がいないことになる。したがって、相続登記を申請する際の登記原因証明情報として遺産分割協議書を添付できないという問題がある。このため、第1次相続の遺産である不動産は、いったん法定相続分に従って登記すべきであるというのが判旨である。

　この場合に、前記の事例のように甲及び乙の間の子が2人以上であれば、第1次相続に係る遺産分割協議が可能であり、前述したとおり乙の取得財産を子2人よって決定することができると解される。ただ

100　第2章　相続税法で注意したいトラブル事項と防止策

し、今後、上記の東京地裁の判決に従った登記実務が行われるとすれば、事例において第1次相続の遺産中に不動産が含まれているときのその不動産の全部を配偶者が取得したものとする方法は、実際には採り得ないことになる。

　ところで、前記のトラブル事例における当初の申告方法は、「第1次相続において配偶者乙は、被相続人甲の遺産の法定相続分（2分の1）相当を取得したものとする」としたのに対し、上記 **3**「遺産分割の方法と相続税への影響」では、「第1次相続で配偶者は被相続人の遺産の全部を取得したものとする」として相続税額を計算したものである。

　この2つの方法のうち、後者の場合には、第2次相続に係る相続税の計算において、第1相続に係る配偶者の納付すべき税額（事例では1億5,435万円）を債務控除の対象とし、また、同額について相次相続控除を適用している。

　この点に関し、債務控除の規定では「被相続人が相続により取得した財産に対する相続税額」を控除することとし（相令3二）、相次相続控除の規定では「当該相続により財産を取得したことがあるとき」（かっこ書省略）に適用することとしている（相法20）。

　これらの規定の適用上は、被相続人（事例の配偶者乙）が「相続により財産を取得」していなければならないところ、事例の配偶者は、第1次相続の遺産分割時には死亡していない。したがって、その配偶者は、実際には相続により財産を取得しておらず（長男Aと2男Bが、配偶者が財産を取得したものと決めたにすぎない）、債務控除と相次相続控除の適用に疑義がないとはいえない。

　ただし、事例の配偶者は第1次相続の相続人であり、その取得財産は第2次相続の分割対象財産になることからみれば、配偶者が第1次相続で「財産を取得した」としても問題はなく、第2次相続においては債務控除と相次相続控除の適用があるものと考えられる。

Ⅲ　相続税の課税価格と税額計算における留意点　**101**

9 相次相続控除の適用要件

トラブル事例

甲は、本年6月に死亡し（第2次相続）、その相続人は、配偶者と子2人である。甲は、4年前に死亡した兄の相続（第1次相続）において、相続人ではなかったが、同人から遺贈により財産を取得し、相続税の申告と納税をしている。

〔第1次相続の相続関係〕

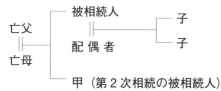

※ 甲は、被相続人（甲の兄）から遺贈により財産を取得した。

〔第2次相続の相続関係〕

相続税に申告に当たり、税理士は、第1次相続から第2次相続までの間が10年以内のため、今回の第2次相続において相次相続控除を適用して申告したが、その後の税務調査により、その適用が否認された。

トラブルの原因と分析

1 相次相続控除の趣旨と計算方法

相続税は、世代交代に伴って課税が生じるものであり、親の死亡に伴う相続税課税と子の死亡に対する課税の間は30年程度になるのが一般的である。このため、第1次相続と第2次相続が短期間のうちに開始すると、課税財産に対し重畳的に課税が生じ、通常の相続に比して相対的に税負担が重くなる。

そこで、相続税法は、第1次相続から10年以内に第2次相続が開

始した場合には、第2次相続の被相続人が第1次相続で取得した財産に課せられた相続税額の一部を控除することとしている。

相次相続控除額は、次の算式で計算することとされている（相法20、相基通20-2、20-3）。

$$相次相続控除額＝A \times \frac{C}{B-A} \times \frac{D}{C} \times \frac{10-E}{10}$$

※ 算式中の $\frac{C}{B-A}$ が $\frac{100}{100}$ を超えるときは $\frac{100}{100}$ とする。

この算式における符号は、次のとおりである。

A＝第2次相続の被相続人が第1次相続で取得した財産に課せられた相続税額

B＝第2次相続の被相続人が第1次相続で取得した財産の価額（債務控除後の金額）

C＝第2次相続の相続人及び受遺者の全員が取得した財産の価額の合計額（債務控除後の金額）

D＝第2次相続における相次相続控除の適用対象者が第2次相続で取得した財産の価額（債務控除後の金額）

E＝第1次相続から第2次相続までの経過年数（1年未満の端数は切捨て）

この算式は、第2次相続の被相続人が第1次相続で負担した相続税額（算式の符号A）について、第1次相続からの経過年数1年につき10％ずつ減額（算式の $\frac{10-E}{10}$ ）した金額を控除総額とし、これを第2次相続の相続人が取得した財産価額の比（算式の $\frac{D}{C}$ ）であん分して、各相続人の控除額を計算するということである。

■2 相次相続控除の適用要件と適用対象者

相次相続控除を定めた相続税法20条は、その適用要件を次のように規定している。

「相続（被相続人からの相続人に対する遺贈を含む。以下この条に

Ⅲ　相続税の課税価格と税額計算における留意点　103

おいて同じ。）により財産を取得した場合において、当該相続（以下本条において「第2次相続」という。）に係る被相続人が第2次相続の開始前10年以内に開始した相続（以下この条において「第1次相続」という。）により財産（当該第1次相続に係る被相続人からの贈与により取得した第21の9第3項の規定の適用を受けた財産を含む。）を取得したことがあるときは、…」

　これを要約すれば、第2次相続に係る被相続人（事例の甲）が第1次相続により財産を取得したときに、第2次相続において相次相続控除を適用するということである。

　注意したいのは、この場合の「相続」の意義である。上記の条文の冒頭にあるように、「相続（被相続人からの相続人に対する遺贈を含む。）」とされていることから、第1次相続においては「相続人」として財産を取得することが相次相続控除の前提になるのである。

　これを事例についてみれば、被相続人甲は、第1次相続で財産を取得しているが、その相続では「相続人」ではない（このため、甲は第1次相続では遺贈により財産を取得している）。

　したがって、事例の場合には、相次相続控除の前提条件を欠いていることになる。相続税の申告に関与した税理士は、この点について理解が及んでいなかったことになる。

　なお、第2次相続において相次相続控除が適用される者も「相続人」に限られる。したがって、仮に第2次相続において被相続人甲が孫に財産を遺贈し、その孫に相続税が課されたとしても相次相続控除は適用されないことになる。

トラブルの防止策

　相続税の税額控除項目の中では、相次相続控除は比較的その適用例が少ない。このため、適用要件を満たしている場合でも、その適用を見逃すこともあり得ることである。

　相続税に関与した税理士は、相続人から過去の相続についての情報を得ることを忘れてはならない。

104　第2章　相続税法で注意したいトラブル事項と防止策

10 債務控除の対象となる債務の範囲

トラブル事例

　被相続人は、相続が開始する3年前から自らが関わった交通事故をめぐって訴えを起こされ、損害賠償等について相手方と争っていた。被相続人が死亡したため、相続人が訴訟を継続し、相続開始から6か月後に相手方との間で和解が成立した。これに基づき、相続人は和解金2,000万円を支払うとともに、訴訟に関する弁護士報酬として300万円を支払った。

　相続税の申告に際し、本件和解は相続開始時には当事者間でほぼ合意に達していたものであり、かつ、訴訟の基因となった交通事故は、被相続人の責めに帰す部分が多いと判断されることから、和解金2,000万円と弁護士報酬300万円を相続税の課税価格の計算上、被相続人の債務として債務控除を適用した。

　その後の税務調査において、これらの和解金と弁護士報酬は、相続開始時において確定していた債務とはいえないとして否認する旨の指摘を受けた。

トラブルの原因と分析

■1 債務控除の適用要件

　相続税の課税価格の計算において債務控除が適用されるのは、被相続人の債務として相続開始時の際に現に存するもので、かつ、確実と認められるものに限るとされている（相法13①、14①）。

　事例のような訴訟上の和解については、当事者間で和解金の額が決定し、和解調書が作成された時にその支払債務が確定したものと解することができる。

　したがって、相続開始の時において、このような状況に至っていない限り、事例の和解金についての債務控除は適用できないと考えられる。また、弁護士報酬についても、和解内容が確定しない段階では、その額が確定しないのが一般的であり、被相続人が生前にその報酬の額を確約していたような場合を除き、債務控除は適用できないと考え

Ⅲ　相続税の課税価格と税額計算における留意点　105

られる。

■2 債務の確実性の判断

　債務控除の対象になる「確実と認められる債務」かどうかは、事実認定に属する問題でもあり、その判断が難しいケースも少なくない。一般的な考え方とすれば、相続開始時において債務が存在することが明らかであり、債権者による請求その他により債務の履行が義務付けられていること、と解することができる。

　この点に関して、次のように取り扱うとする通達がある（相基通14－1）。

① 　債務が確実であるかどうかについては、必ずしも書面の証拠があることを必要としない。

② 　債務の金額が確定していなくても当該債務の存在が確実と認められるものについては、相続開始当時の現況によって確実と認められる範囲の金額だけを控除する。

　このうち②は、財産評価の原則規定である相続税法22条が「当該財産の価額から控除すべき債務の金額は、その時の現況による。」と定めていることを受けたものと解される。

　このような法令や通達からみると、事例における和解金と弁護士報酬は、相続開始時においてその支払いがほぼ確実とみることもできるから、債務控除の対象になると考える余地もある。問題は、これらの債務が「相続開始時に現に存していた」といえるかどうかである。前述したとおり、和解が成立した時にその支払債務が発生するとすれば、債務控除を適用することは困難であると考えられる。

トラブルの防止策

　上記の14-1通達では、債務が確実であるかどうかについて、必ずしも書面による証拠は必要ないこととされているが、実際問題とすると、書面等がまったく存在しない場合に債務の確実性とその額を立証するのは、相当に困難である。債務控除の適用に当たっては、具体的な証拠資料に基づくことがトラブル回避のためには有効である。

11 賃貸不動産に係る敷金の債務控除と預け金に対する課税

ト ラ ブ ル 事 例

被相続人は、賃貸マンションを2棟所有し、不動産賃貸業を営んでいた。

そのマンションは、不動産管理会社であるA社に一括して管理を委任し、家賃等の回収は同社が行い、また、賃借人から収受した敷金（合計2,000万円）もA社が預かり、管理していた。

相続税の申告に当たり、敷金の合計額2,000万円について債務控除を適用したが、その後の税務調査において、A社が管理している敷金は預け金であり、2,000万円が申告漏れであるとして修正申告を求められた。

トラブルの原因と分析

1 預かり敷金の債務控除

賃貸物件について賃貸人が賃借人から受け入れる敷金は、賃借人の債務不履行を担保するためのものであるが、一般的には、賃貸借契約が終了し、賃借人が退去する時に未払賃料や修繕費等と相殺し、残額は賃借人に返還するとされているものが多い。

したがって、賃貸人である被相続人が収受した敷金は、相続開始時の確定した債務であり、その全額が債務控除の対象になる。その限りでは、事例における債務控除の適用に誤りはない。

2 預け金に対する相続税課税

一方、事例における敷金は、不動産管理会社において管理しているものであるが、賃貸人からみれば単なる預け金である。したがって、その敷金の額と同額の預け金を相続財産として申告しなければならない。

事例における相続税の申告は、いわば単純なミスであるが、債務控除を適用する場合には、その債務に対応する財産の有無を常に確認す

Ⅲ　相続税の課税価格と税額計算における留意点　107

る必要がある。

トラブルの防止策

賃貸不動産に係る敷金等を債務控除の対象にする場合には、その金額等について賃貸借契約書により確認することがトラブルの防止策である。

なお、店舗や事務所として賃貸する場合には、保証金等の名目で金銭を受け入れることがあるが、契約期間に応じた償却条項が定められているケースが多い。その契約内容を精査し、相続開始時に返還すべき保証金等の額を確認した上で債務控除を適用すべきである。

また、定期借地権を設定した場合の保証金のように、長期間にわたり無利息で受け入れているものについては、その間の経済的利益を勘案して控除すべき債務の額を算定しなければならない場合がある。控除すべき債務の金額は、その時の現況によるとされているところ（相法22）、この点に関し「無利息で預託されている金銭債務の場合、これを承継した相続人は、弁済期到来までの間、通常の利率による利息相当額の経済的利益を享受することになる。したがって、その金銭債務については、元本の額から通常の利率と弁済期までの年数から求められる複利現価率を用いて相続開始時現在の経済的利益相当額を控除するのが相当である。」とする裁決例がある（平成12年3月28日・裁決事例集No.59－242頁）。賃貸借期間が長期で、かつ、保証金等が多額の場合には留意すべきである。

12 葬式費用の債務控除の適用者

トラブル事例

　被相続人は、配偶者が死亡した後、10年にわたり内縁の妻と同居していた。死亡した配偶者との間に2人の子があり、被相続人の相続人である。

　被相続人の相続財産は、約1億円であり、子2人が相続することとなったが、内縁の妻を受取人とする生命保険契約があり、同人は3,000万円の保険金を取得した。

　被相続人の葬儀は、同人と子2人が感情的に疎遠となっていたため、内縁の妻が喪主となり、その費用300万円も同人が負担した。

　相続税の申告に当たり、税理士は、内縁の妻が負担した葬式費用について債務控除を適用したが、申告後に所轄税務署から、内縁の妻についての葬式費用の控除は認められない旨の通知を受けた。

トラブルの原因と分析

1 債務控除の適用対象者

　相続又は遺贈により財産を取得した者が、いわゆる無制限納税義務者である場合には、被相続人の債務のほか、被相続人に係る葬式費用についても債務控除を適用することとされているが、債務控除の適用対象者は、相続人と包括受遺者である（相法13①）。

　したがって、相続放棄をした者やもともと相続権のなかった者については債務控除の適用はない。もっとも、相続放棄とは、財産と債務の承継をしないという法的手続であり、また、相続権のない者が被相続人の債務を承継することはあり得ないから、これらの者に債務控除の規定を適用しないこととしたのは、当然のことである。

　事例における内縁の妻は、相続権者でないことは明らかであり、はじめから債務控除の適用はないことになる。

2 葬式費用を負担した場合の例外的取扱い

　債務控除に関して、葬式費用については例外的な取扱いがある。葬

Ⅲ　相続税の課税価格と税額計算における留意点　109

式費用は、相続後に支出するものであり、被相続人の民法上の債務ではないから、相続人が相続の放棄をしても、葬式費用についてまで放棄の法的効果は及ばない。このため、相続の放棄をした者であっても、遺族の一人として道義的に葬式費用を負担することがあり得る。

そこで、相続放棄者は原則として債務控除の適用はないのであるが、実務の取扱いとして、葬式費用を実際に負担した場合には、その費用の額を遺贈により取得した財産の価額から控除することが認められている（相基通13-1）。

事例における税理士は、この取扱いを根拠に内縁の妻が負担した葬式費用について債務控除を適用して申告したものと推測できるが、これは、相続の放棄をした者に関する取扱いである。内縁関係にある者にはもともと相続権はなく、相続放棄ということもあり得ない。したがって、事例の申告は、法令及び通達の読み間違いに基因した問題であると考えられる。

トラブルの防止策

葬儀の方法や形式は、地域や慣習あるいは宗教などによってかなり異なるのが実態である。このため、葬式費用の内容も様々であり、どのような費用が葬式費用として債務控除の対象になるか、その判断が困難なものも少なくない。実務的には、次頁の表のような通達による取扱いを拠りどころとして判断せざるを得ないと考えられる（相基通13-4、13-5）。

ただ、これらを形式的にあてはめるのではなく、実質的な見地から検討する必要がある。例えば、通達の取扱いでは、法会に要した費用は葬式費用に該当しないこととしているが、地域によっては、遠隔地からの参会者に配慮して、本葬式の当日に初七日法要を執り行うという慣行がある。形式的には初七日法要に要する費用は、葬式費用ではないが、その地域の慣習からみれば、「葬式の前後に要した費用で通常葬式に伴うものと認められるもの」として控除対象になる葬式費用と解することもできる。

なお、いわゆる制限納税義務者については、控除対象となる債務の

	費 用 の 内 容
葬式費用とされるもの （相基通 13−4）	① 葬式若しくは葬送に際し、又はこれらの前において、埋葬、火葬その他に要した費用（仮葬式と本葬式を行うものは、その双方の費用） ② 葬式に際して施与した金品で、被相続人の職業、財産その他の事情に照らして相当程度と認められるもの ③ ①又は②のほか、葬式の前後に要した費用で通常葬式に伴うと認められるもの ④ 死体の捜索又は死体若しくは遺骨の運搬に要した費用
葬式費用とされないもの （相基通 13−5）	① 香典返戻費用 ② 墓碑及び墓地の買入費並びに墓地の借入料 ③ 法会に要した費用 ④ 医学上又は裁判上の特別の処置に要した費用

範囲が限定されているとともに、葬式費用の控除が認められていないことに留意する必要がある（相法 13 ②）。

Ⅲ　相続税の課税価格と税額計算における留意点　111

Ⅳ 遺産未分割の場合の申告手続の留意点

1 未分割遺産がある場合の相続税の計算方法

トラブル事例

　被相続人の遺産は2億円であり、相続人は子Aと子Bの2人である。両人の間で紛争が生じ、相続税の申告期限までに分割協議が整わなかった。

　そこで、相続税の申告依頼を受けた税理士は、遺産が未分割である場合には、各相続人が法定相続分に従って財産を取得したものとして相続税額を計算し、法定期限までに申告と納税を行うこと、申告期限後に分割が確定した場合には、その時点で各相続人の相続税額を調整することを説明した上で、AとBの相続税の課税価格を各1億円（相続税の総額3,340万円、納付すべき相続税額は各人とも1,670万円）として、相続税の申告書を作成し、法定申告期限までに申告した。

　その後、相続人Aは、相続開始の20年前に2,000万円の財産を被相続人から贈与されており、これを勘案すれば、納付した相続税は過大だったのではないか、という疑問がAから提起された。

トラブルの原因と分析

1 未分割遺産に対する相続税の課税方法

　未分割遺産がある場合の相続税の課税価格については、その未分割遺産を共同相続人が民法900条（法定相続分）から同法903条（特別受益者の相続分）までの規定による相続分に応じて取得したものとして計算することとされている（相法55、相基通55−1）。

　要するに、相続財産が未分割である場合には、特別受益を考慮した民法の相続分に従って財産を取得したものとして課税価格と相続税額を計算するということである。

　事例における相続人Aの指摘は、特別受益である2,000万円の生前

112　第2章　相続税法で注意したいトラブル事項と防止策

贈与を考慮せずに課税価格の計算をして申告したものであり、本来は次のようになるというものである。

〔課税価格〕

2億円+2,000万円（特別受益の額）＝2億2,000万円

相続人A…2億2,000万円×1/2−2,000万円＝9,000万円（あん分割合0.45）

相続人B…2億2,000万円×1/2＝1億1,000万円（あん分割合0.55）

〔納付税額〕

相続人A……3,340万円（相続税の総額）×0.45＝1,503万円

相続人B……3,340万円（相続税の総額）×0.55＝1,837万円

❷ 特別受益の意義と範囲

上記のような計算を行うとしても、特別受益の意義ないし範囲が明らかでないと、実務上は対応が困難である。

民法は、「遺贈」と「婚姻、養子縁組のため若しくは生計の資本としての贈与」を特別受益としており（民法903①）、遺贈があれば特別受益となることは明らかである（もっとも、遺贈財産は相続開始時の遺産に含まれているから、贈与財産のように遺産の額に加算して計算する必要はない）。

実務上、疑義が多いのは特別受益となる生前贈与の範囲である。一般的な説明としては、婚姻・養子縁組のための贈与とは、いわゆる結納金、持参金、支度金などが該当し、生計の資本としての贈与とは、子が独立するための住宅取得資金や営業資金の贈与などが該当するとされている。また、教育のための費用は、親が子にすべき扶養の範囲内のものは特別受益に当たらず、これを超えた不相応の学費があれば特別受益に含まれるとされている。

いずれにしても、特別受益の範囲について民法は、一義的な規定を置いていない。実務に際しては、過去の判例等に当たって確認する必要がある。

なお、生命保険金が特別受益に当たるかどうかについても肯定説と否定説があるが、最高裁は「死亡保険金請求権は、民法903条に規定する特別受益には当たらないが、保険金の額、遺産総額に対する比率、

Ⅳ　遺産未分割の場合の申告手続の留意点　113

受取人である相続人及び他の共同相続人と被相続人の関係、各相続人の生活実態等の諸般の事情を総合的に考慮して、受取人と他の共同相続人との間の不公平が、民法 903 条の趣旨に照らして是認できないほど著しいものであると評価すべき特段の事情がある場合には、同条の類推適用により、特別受益に準じて持戻しの対象になる」としている（平成 16 年 10 月 29 日最高裁判所決定・民事判例集 58 巻 7 号 1979 頁）。

トラブルの防止策

　遺産が未分割の場合の相続税の申告において、特別受益の持戻しをして課税価格の計算を行っている例は、それほど多くはないと推測される。

　これは、特別受益の持戻し計算をしてもしなくても課税価格の合計額及び相続税の総額は変わらないこと、したがって、課税価格をどのように算定しても、税務当局との関係では問題が生じないこと、また、遺産分割が確定するまでの間の暫定的な方法であり、その確定時に税額の精算が可能であること、といった認識があることによるものと考えられる。

　ただし、共同相続人の関係が良好でないときは、当初申告における自らの納税額に敏感になる傾向があり、事例のような疑義が生じないとも限らない。したがって、相続人間の不要な紛争を拡大させないためには、特別受益を考慮した対応が必要になる場合がある。

　もっとも、前述したとおり特別受益に当たるかどうかの判断は容易ではない。したがって、過去の判例等を確認することが必要になるケースもあるが、相続人の認識により左右される面もある。

　税理士としては、生前贈与があったことを確認し、当事者に民法及び相続税法の規定を説明した上で、その認識や意向を確認する必要がある。

2 未分割遺産の相続税申告における提出書類

トラブル事例

　相続税の申告に際し、共同相続人間で遺産の全部が未分割であったため、申告書とともに「申告後3年以内の分割見込書」を提出した。

　その後、共同相続人間で分割協議が行われ、相続税の申告期限から3年4か月を経過した時点で分割が確定した。そこで、相続人は、「遺産が未分割であることについてやむを得ない事由がある旨の承認申請書」を作成し、その承認申請書を配偶者の税額軽減と小規模宅地等の特例の適用を受けるための相続税の更正の請求書とともに、所轄税務署長に提出した。

　これに対し、所轄税務署長は、相続人に対し、その承認申請を却下するとともに、更正の請求について、更正すべき理由がない旨の通知をした。

トラブルの原因と分析

■1 未分割遺産に係る相続税申告と「申告後3年以内の分割見込書」の提出

　相続財産が申告書の提出期限までに分割されていない場合には、配偶者に対する税額軽減の規定は適用されないが、申告期限から3年以内に分割された場合には、更正の請求により同規定の適用を受けることができる（相法19の2②ただし書、32①八）。

　ただし、遺産の分割時に軽減規定を受けるためには、118頁の「申告後3年以内の分割見込書」を提出することとされている（相法19の2③、相規1の6③二）。また、小規模宅地等の特例の適用に関しても同様である（措法69の4④ただし書、⑤、⑥、措規23の2⑧六）。

　したがって、事例における期限内申告書の提出時の処理は、適法であり、何らの問題もない。

　なお、「申告後3年以内の分割見込書」の提出要件については、いわゆる宥恕規定がある（相法19の2④、措法69の4⑦）。

Ⅳ　遺産未分割の場合の申告手続の留意点　115

■■2 分割期限の延長と承認申請手続

　配偶者に対する税額軽減規定と小規模宅地等の特例は、相続税の申告期限から3年以内に分割を行うことが適用要件であるが、その期限において分割できないやむを得ない事情がある場合には、申告期限後3年を経過する日の翌日から2か月以内に、119頁の「遺産が未分割であることについてやむを得ない事由がある旨の承認申請書」を提出し、所轄税務署長の承認を得て、分割期限を伸長することができる（相法19の2②かっこ書、相令4の2①、②、相基通19の2-15、措法69の4④かっこ書、措令40の2⑯、⑱、措規23の2⑨）。

　注意したいのは、分割期限を伸長するための承認申請書の提出に関しては、いわゆる宥恕規定がないことである。したがって、事例のように「申告期限後3年を経過する日の翌日から2か月以内」に承認申請書を提出しなかったときは、更正の請求書を提出しても、配偶者の税額軽減や小規模宅地等の特例の適用を受けることはできないことになる。

　なお、事例と同様に、承認申請書の提出が期限後となった事案について、配偶者の軽減規定の適用の可否が争われた裁判例として、東京地方裁判所平成13年8月24日判決（税務訴訟資料251号順号8961頁）がある。同判決は、「相続税法19条の2第4項の規定は、配偶者に対する相続税額の軽減規定の適用上必要とされる同法27条1項に規定する申告書の提出がなかった場合又は同項に規定する記載事項の記載のない申告書や同項に規定する書類の添付がない申告書を提出した場合について、やむを得ない事情があると認めるときは、必要とされる書類が提出された場合に限り、配偶者に対する相続税額の軽減規定を適用できることを定めたものであり、その適用の範囲は、文言上明確であり、これらの場合と承認申請書の提出がされなかった場合との間に、上記規定の準用ないし類推適用すべきような実質的に共通する基礎的な事情を見出すことは困難である。本来、法令の規定によって負担すべきものとされる租税債務の軽減等に関し、当事者の手続上の懈怠について定められた宥恕の規定は、原則に対する例外を定めたものであり、宥恕を認める場合には、手続における恣意的運用を排除した

公平な取扱いを行う意味からも、法規に明文をもって規定されるのが通例であり、それ故、明文の規定の有無によって、宥恕の取扱いを異にするのは当然であって、このような取扱いが税務行政の公平を欠くとは到底いえない。」とし、期限徒過の承認申請書の提出であっても配偶者の税額軽減規定の適用がある旨を主張した納税者の請求を棄却している。

トラブル防止策

相続税の申告後は、税理士と納税者の間の連絡が途絶えがちになるが、未分割遺産の申告を行った場合には、その後の分割協議の状況等を逐次把握できるよう、連絡を密にしておく必要がある。税理士は、納税者にそのことを十分に説明し、手続的な過誤を防止する以外に方法はない。

なお、遺産分割が確定した場合の申告であっても、その後に、遺留分減殺請求や新たな遺産の発見など、相続財産の異動が生じた場合には、事後的な手続を要することに留意する必要がある。

通信日付印の年月日	確認印		番　　号	
年　　月　　日				

被相続人の氏名　_____

申告期限後3年以内の分割見込書

　相続税の申告書「第11表（相続税がかかる財産の明細書）」に記載されている財産のうち、まだ分割されていない財産については、申告書の提出期限後3年以内に分割する見込みです。

　なお、分割されていない理由及び分割の見込みの詳細は、次のとおりです。

　　1　分割されていない理由

　　2　分割の見込みの詳細

　　3　適用を受けようとする特例等

　　　⑴　配偶者に対する相続税額の軽減（相続税法第19条の2第1項）
　　　⑵　小規模宅地等についての相続税の課税価格の計算の特例
　　　　　（租税特別措置法第69条の4第1項）
　　　⑶　特定計画山林についての相続税の課税価格の計算の特例
　　　　　（租税特別措置法第69条の5第1項）
　　　⑷　特定事業用資産についての相続税の課税価格の計算の特例
　　　　　（所得税法等の一部を改正する法律（平成21年法律第13号）による
　　　　　改正前の租税特別措置法第69条の5第1項）

遺産が未分割であることについてやむを得ない事由がある旨の承認申請書

名簿番号 _____

税務署
受付印

_____年____月____日提出

〒

_____税務署長

住　所
（居所）_____

申請者　氏　名_____㊞　電話_____

遺産の分割後、
・配偶者に対する相続税額の軽減（相続税法第19条の2第1項）
・小規模宅地等についての相続税の課税価格の計算の特例
　　　　　　　　　　（租税特別措置法第69条の4第1項）
・特定計画山林についての相続税の課税価格の計算の特例
　　　　　　　　　　（租税特別措置法第69条の5第1項）
・特定事業用資産についての相続税の課税価格の計算の特例
　（所得税法等の一部を改正する法律（平成21年法律第13号）による改正前の租税特別措置法第69条の5第1項）
の適用を受けたいので、遺

産が未分割であることについて、
・相続税法施行令第4条の2第2項
・租税特別措置法施行令第40条の2第16項又は第18項
・租税特別措置法施行令第40条の2第8項又は第10項
・租税特別措置法施行令等の一部を改正する政令（平成21年政令第108号）による改正前の租税特別措置法施行令第40条の2第19項又は第22項
に規定するやむを

得ない事由がある旨の承認申請をいたします。

1　被相続人の住所・氏名　住　所_____ 氏　名_____

2　被相続人の相続開始の日　　平成____年____月____日

3　相続税の申告書を提出した日　平成____年____月____日

4　遺産が未分割であることについてのやむを得ない事由

_____

_____

（注）やむを得ない事由に応じてこの申請書に添付すべき書類
① 相続又は遺贈に関し訴えの提起がなされていることを証する書類
② 相続又は遺贈に関し和解、調停又は審判の申立てがされていることを証する書類
③ 相続又は遺贈に関し遺産分割の禁止、相続の承認若しくは放棄の期間が伸長されていることを証する書類
④ ①から③までの書類以外の書類で財産の分割がされなかった場合におけるその事情の明細を記載した書類

○　相続人等申請者の住所・氏名

住　所　（　居　所　）	氏　名	続　柄
	印	
	印	
	印	
	印	

○　相続人等の代表者の指定　　　代表者の氏名_____

関与税理士		印	電話番号	

Ⅳ　遺産未分割の場合の申告手続の留意点　119

V 相続時精算課税制度の選択とアドバイス

1 相続時精算課税の選択の得失

トラブル事例

甲の所有財産は相続税評価額で2億円であり、推定相続人は子2人である。

甲から相続税の相談を受けた税理士は、仮に甲に相続が開始した場合の相続税額は、財産の価額が現状のままであるとして3,340万円であると試算した。

その際に、生前の財産贈与について相続時精算課税制度を利用することになり、甲は子2人に対し、それぞれ2,500万円の贈与を行い、税理士が贈与税の申告を受任した。

その後、10年が経過して甲に相続が開始し、その税理士が相続税の申告相談を受けた。ところが、相続人である子から、生前贈与の方法として相続時精算課税を選択したことが結果として税負担が過重になり不利が生じたのではないかと詰問された。

トラブルの原因と分析

1 相続時精算課税の概要

現行の贈与税の課税方法は、いわゆる暦年課税と相続時精算課税に二分されるが、後者の制度について、概要をまとめると次表のとおりである。

	相続時精算課税制度の概要
贈与者（特定贈与者）	○贈与をした日において60歳以上の者（相法21の9①）。 　ただし、住宅取得等資金の贈与に係る相続時精算課税の特例の場合には年齢要件はない（措法70の3①）。

受贈者	○特定贈与者の推定相続人で、その年1月1日において20歳以上の直系卑属である者及び特定贈与者の孫で、同日において20歳以上である者（相法21の9①、措法70の2の6①）。
贈与税額の計算方法	○特定贈与者から取得した贈与財産については、他の贈与財産と区分し、特定贈与者ごとに贈与税額を計算する（相法21の10）。 ○特定贈与者ごとの贈与税の課税価格から累積で2,500万円の特別控除を適用し、その控除後の課税価格に20％（一律）の税率を乗じて贈与税額を計算する（相法21の12①、21の13）。
贈与税の申告	○相続時精算課税適用者は、特定贈与者からの贈与について、受贈財産の価額にかかわらず贈与税の申告を要する（相法28①）。
相続時の精算課税	○特定贈与者から相続又は遺贈により財産を取得した相続時精算課税適用者は、その特定贈与者からの贈与財産の価額を相続税の課税価格に加算して相続税額を計算し（相法21の14、21の15①）、既に納付した相続時精算課税に係る贈与税額相当額を相続税額から控除する（相法21の15③）。 ○特定贈与者から相続又は遺贈により財産を取得しなかった者については、その特定贈与者からの相続時精算課税に係る贈与財産の価額を相続税の課税価格とみなして相続税額を計算する（相法21の16①）。 ○相続時精算課税適用者の相続税の課税価格に加算する特定贈与者からの贈与財産の価額は、贈与時の価額とする（相法21の16③）。 ○相続時精算課税適用者について、相続税額から控除しきれなかった贈与税額相当額がある場合には、相続税の申告をすることにより、その控除しきれなかった贈与税額相当額の還付を受けることができる（相法27③）。
適用手続	○相続時精算課税の適用を受けようとする者は、贈与により財産を取得した年の翌年2月1日から3月15日までに、「相続時精算課税選択届出書」を納税地の所轄税務署長に提出しなければならない（相法21の9②、相令5、相規10）。 ○相続時精算課税は、特定贈与者の相続開始時まで適用され、相続時精算課税適用者は、その届出書を撤回することができない（相法21の9⑥）。

V　相続時精算課税制度の選択とアドバイス

■2 相続時精算課税と暦年課税との差異

　一方、暦年課税（基礎控除額110万円、超過累進税率の適用）と相続税との関係は、被相続人からの相続開始前3年以内の贈与財産の価額をその受贈者の課税価格に加算して相続税額を算出し、その贈与に係る贈与税相当額は、その者の相続税額から控除することとされている（相法19①）。

　このように、被相続人からの生前贈与財産についての相続時の取扱いに差異があるが、相続時精算課税と暦年課税との大きな違いは、次の点である。

①　相続時精算課税の特別控除額（上限2,500万円）は、贈与の時に贈与税の課税がないというにすぎず、特定贈与者の相続開始時においては、特別控除額を含めた贈与財産価額の全額が相続税の課税に取り込まれる。

②　暦年課税における基礎控除額（年110万円）は、贈与税が課税されない範囲であるだけでなく、被相続人からの相続開始前3年以内の贈与を除き、贈与税はもとより相続税の課税にも関係しない。

■3 贈与方法の違いによる税負担の差異

　これらを勘案すると、一定額以上の財産があり、その者の相続開始時に相続税課税が行われる場合には、生前贈与について相続時精算課税の適用を受けることは、結果として税負担の面で納税者に不利に作用することが多い。

　ちなみに、事例の場合に特定贈与者（被相続人）の財産が2億円で、子2人にそれぞれ2,500万円ずつ合計5,000万円の贈与をし、相続時精算課税を選択したとしても、相続財産1億5,000万円（＝2億円－5,000万円）に5,000万円が加算されて相続税の計算が行われるため、相続税額は、贈与を行わなかった場合の3,340万円と変わりはない。

　一方、生前贈与について暦年課税によることとし、仮に子2人に毎年500万円（子2人分で1,000万円）ずつ10年間にわたり贈与を行ったとすると、次のようになる。

①　各年の贈与税額……48.5万円（500万円に対する暦年課税の税額）×

122　第2章　相続税法で注意したいトラブル事項と防止策

２人（受贈者数）＝ 97 万円

② 贈与期間 10 年間の贈与税の累積額……97 万円× 10 年＝ 970 万円

③ 贈与期間 10 年間の贈与額の累積額……1,000 万円× 10 年＝ 1 億円

④ 相続税の課税価格……2 億円－ 1 億円＋ 1,000 万円× 3 年（相続開始前 3 年以内の贈与財産価額の加算）＝ 1 億 3,000 万円

⑤ 相続税額……1,360 万円（課税価格 1 億 3,000 万円に対する相続税額）－ 97 万円× 3 年（贈与税額控除額）＝ 1,069 万円

⑥ 贈与税と相続税の合計額……970 万円＋ 1,069 万円＝ 2,039 万円

　この結果、相続時精算課税を選択した場合の税額（3,340 万円）と暦年課税による場合の税額（2,039 万円）と差異は、約 1,300 万円になる。事例における納税者の指摘はこの点にあるものと思われる。

トラブルの防止策

　上記の試算は、被相続人の生前におけるある時点（贈与を開始する時点）の財産の内容や価額が相続開始時まで変わらないことを前提としたものであり、現実にはそのようなケースは稀である。

　このため、生前贈与について、相続時精算課税と暦年課税のいずれによることが有利になるかを正確に判断することは、事実上不可能である。したがって、納税者に対するアドバイスに当たっては、前提条件を明確に提示し、その者の理解を得た上で課税方式の選択をする必要がある。

2 相続税の課税がないと見込まれる場合の相続時精算課税の選択

トラブル事例

　個人甲は、Ｓ生命保険会社との間で、死亡保険金及び満期保険金の受取人を長男Ａとする生命保険契約を締結し、その保険料を負担してきた。

　今般、Ａは満期保険金1,000万円を取得したため、その税務を税理士に依頼した。税理士は、このようなケースには受取人に贈与税が課税されることを説明し、暦年課税方式により贈与税額を計算し、その申告書を作成して所轄税務署に提出するとともに、Ａに納税を行わせた。

　その後、Ａから税理士に対し、次のような質問があった。

　「甲の推定相続人は配偶者を含めて４人であり、その所有財産は約4,000万円である。満期保険金の受取時の贈与税について、相続時精算課税に関する説明を受けなかったが、同制度を選択適用すれば納税額はなく、その方が有利ではなかったのか。」

トラブルの原因と分析

■**1** 相続時精算課税の選択の得失

　相続時精算課税制度の概要は前述したとおりであるが、そのしくみからみて、配偶者を除く推定相続人に対する贈与について、贈与者（被相続人）の相続開始時に相続税課税がないことが明らかである場合には、相続時精算課税を選択することが有利になることが多い。

　事例の場合には、贈与者の所有財産が約4,000万円であり、その推定相続人が４人（相続税の基礎控除額は5,400万円）であるため、相続財産の価額（約4,000万円）に満期保険金の額（1,000万円）を加算しても相続税課税はない。したがって、1,000万円の満期保険金の受取時に相続時精算課税を選択適用すれば、贈与税はもとより、相続税課税もないから、その選択をすべきであったのではないかというのが納税者の指摘である。

124 第2章　相続税法で注意したいトラブル事項と防止策

■2 課税方式の選択とアドバイス

　事例の場合に税理士の責任がどの程度になるかは必ずしも明らかではないが、贈与税の課税方式について、暦年課税と相続時精算課税があることは納税者に説明すべきであり、その意味では税理士のアドバイスが不足していたことは否めない。

　贈与税については、暦年課税と相続時精算課税の2通りの課税方式があることを念頭において実務に対応する必要がある。

トラブルの防止策

　贈与税について暦年課税と相続時精算課税があることを前提として納税者に対応すべきことは上述のとおりである。もっとも、後者の方法については、相続税との関係において、贈与時から相続開始時までの期間が不明であること、相続開始時の財産価額を正確に算定することは不可能であること、したがって、相続時精算課税の得失をその時点で判断することは実際問題として困難である。

　したがって、そのアドバイスに当たっては、前述したとおり、一定の条件を設定・提示して対応する必要があり、その前提条件等を納税者に十分に説明することが重要である。

Ⅴ　相続時精算課税制度の選択とアドバイス　125

3 相続時精算課税に係る贈与の申告漏れと課税方法

トラブル事例

　個人甲は、事業用資金が必要となった長男Ａを援助するに際し、税理士と相談の上、Ａに2,000万円の現金を贈与し、Ａは相続時精算課税を選択して贈与税の申告を行った。

　その後3年が経過したが、突然にＡから税理士に連絡があった。その主旨は、「甲から昨年中に300万円の資金の追加贈与を受けたが、3月15日までに贈与税の申告等の手続をしないままになっている。今からでも何らかの手続をした方がよいか」との相談である。

　これに対し税理士は、「Ａは相続時精算課税を選択し、3年前の当初の2,000万円の贈与時にその適用を受ける旨の手続を行っている。相続時精算課税には、2,500万円の特別控除があるから、その後に300万円の贈与を受けても特別控除額の範囲内であるから、課税問題はない」との回答をした。

　その後、所轄税務署の確認があり、300万円の贈与に対して、その20％分の60万円の贈与税を納付することとなった。

トラブルの原因と分析

1 相続時精算課税における特別控除の適用要件

　相続時精算課税の適用を受けるためには、一定の書類を添付した選択届出書を提出する必要があるが（相法21の9②）、その届出書の撤回はできないこととされている（相法21の9⑥）。したがって、いったん同制度を選択すると、その特定贈与者からの相続時精算課税適用者に対するその後の贈与については、すべて同制度が強制適用されることになる。

　一方、相続時精算課税における特別控除（累積で2,500万円）は、期限内申告書にその控除を受ける金額及び既に控除を受けた金額その他の事項の記載がある場合に限って適用することとされている（相法21の12②）。

　要するに、特別控除は期限内申告書の提出がない場合には適用され

126　第2章　相続税法で注意したいトラブル事項と防止策

ないということである。また、その提出がなかった場合の宥恕規定は設けられていない（相基通21の12-1）。したがって、事例の場合に、300万円の贈与について、仮に期限後申告書を提出したとしても、特別控除は適用されないことになる。

この結果、事例の300万円の贈与については、特別控除を適用しないところの相続時精算課税となるから、その受贈額に対して20%の税率による贈与税課税となるのである。

なお、税務署長は、特別控除額に関する記載のない期限内申告書の提出があった場合において、その記載がなかったことについてやむを得ない事情があると認めるときは、その記載をした書類の提出があった場合に限り、特別控除の規定を適用することができる、とする規定があるが（相法21の12③）、これは、あくまで期限内申告書の提出を前提とした宥恕規定であり、その提出がない場合には特別控除を適用する余地はない。

これらの規定からみれば、事例における税理士の回答は不適切であるといわざるを得ない。

◤**2** 修正申告における特別控除の適用◢

事例のケースとは異なるが、次のような場合に修正申告書を提出するときの相続時精算課税の特別控除の適用について、確認しておくこととする。

① 相続時精算課税を選択した後の年分の贈与について申告漏れがあった場合（相続時精算課税適用者が特定贈与者から300万円と200万円の財産を同一年中に贈与を受け、300万円についてのみ期限内申告書を提出した場合）

② 相続時精算課税を選択した後の年分の贈与について期限内申告書を提出したが、その贈与財産について評価の誤り（過小評価）があった場合

これらの場合に修正申告書を提出したとしても、上記①では特別控除は適用されない（300万円の贈与に係る期限内申告書は提出しているため、特別控除は適用されるが、200万円の申告漏れの贈与には特

Ⅴ　相続時精算課税制度の選択とアドバイス ▎**127**

別控除の適用はなく、その20%相当額が納付税額となる）。

　これに対し、上記の②の場合には、期限内申告書に特別控除に関する記載があったが、評価誤りにより正当な控除額の記載がなかったことになる。この場合には、その記載がなかったことについてやむを得ない事情があるときに該当するため（相法21の12③）、修正申告書を提出すれば、正当な額の特別控除の適用を受けることができる。

トラブルの防止策

　事例における税理士の対応は、納税者に対する回答に不正確な点があるが、納税者から300万円の贈与事実が知らされていないとすれば、責任を問われるものではないと考えられる。仮にその贈与について期限後申告を行ったとしても、60万円の贈与税の納付は免れないからである。

　上記のような相続時精算課税のしくみを踏まえれば、重要なことは、相続時精算課税適用者には、その後の贈与の有無を定期的に連絡するよう指導と助言をしておくことである。同制度の適用に関与した場合には、特定贈与者の相続時までフォローすることが求められる。

　なお、相続時精算課税を選択した後は、特定贈与者からの贈与が少額であっても贈与税の申告を要することに留意する必要がある。

128 第2章　相続税法で注意したいトラブル事項と防止策

4 相続時精算課税適用者が特定贈与者より先に死亡した場合のリスク

トラブル事例

個人甲の所有財産は4億円であり、同人の推定相続人は、長男Aと二男Bの2人である。

甲は、Aの個人的な事情と他の相続人との関係から、Aに3,000万円を贈与し、相続時の課税のいかんにかかわらず、Aは相続時精算課税の適用を受けることとした。

なお、甲は適法な遺言により、Aに対する3,000万円の贈与はいわゆる特別受益としないこと、また、相続財産は法定相続人が法定相続分に従って分割することを指示している。

ところが、甲からAに贈与があった年の翌年にAが急死し、その相続財産は1億円であった。さらに、その翌年に甲に相続が開始した。

甲からAに対する贈与についての相続時精算課税の申告と手続、Aの相続に係る相続税の申告及び甲の相続に係る相続税の申告は、同一の税理士が関与した。

その後、関係当事者から甲のAに対する贈与財産である3,000万円は、実質的にAの相続財産である1億円に含まれており、Aの相続に係る相続税と甲の相続に係る相続税において、3,000万円部分は二重に課税されているのではないか、また、そうであるとすれば、Aが相続時精算課税の適用を受ける際に、Aが先に死亡した場合には二重課税になることについて、税理士からは何の説明もなかった、との非難めいた質問があった。

V 相続時精算課税制度の選択とアドバイス　129

トラブルの原因と分析

1 相続時精算課税適用者が特定贈与者より先に死亡した場合の精算課税

　事例は、相続時精算課税の適用を受けた者（長男A）が特定贈与者（父甲）より先に死亡したというケースであるが、この場合でも特定贈与者の相続開始時に「精算課税」が行われる。

　この点について、相続税法は、その相続時精算課税適用者が有していた相続時精算課税の適用を受けていたことに伴う納税に係る権利又は義務は、その相続時精算課税適用者の相続人（事例の場合は、Aの配偶者X及び子（甲の孫）Y）に承継することとしている（相法21の17①）。

　要するに、相続時精算課税適用者（子）が特定贈与者（親）よりも先に死亡した場合には、特定贈与者の相続開始時に精算課税を行い、その相続時精算課税適用者の相続人が納税するということである。

　この場合において、相続時精算課税適用者の相続人が2人以上あるときは、遺産分割等による財産の取得額と関係なく、各相続人（相続人のうちに特定贈与者がいる場合には、その特定贈与者を除く）が民法900条から902条までの相続分（相続人のうちに特定贈与者がいる場合には、その特定贈与者がいないものとして計算した相続分）によってあん分した額の権利及び義務を承継することになる（相法21の17③、相令5の5）。

　① 　父から子に財産の贈与

　　　　　　⇩

　② 　子が相続時精算課税を適用

　　　　　　⇩

　③ 　子が死亡

　　　　　　⇩

　④ 　父が死亡 ⇨ 父の相続税課税（①の贈与に係る精算課税）

　　　　　　　　　　　　　　　　　　　　⇩

　　　　　　子の相続人の相続分に応じて精算課税

■2 事例における精算課税の計算

事例のケースについて、上記の精算課税の方法を示すと次のようになる。

○ H_0 年……甲から A に 3,000 万円を贈与（A は相続時精算課税に係る 100 万円の贈与税を納付）

○ H_1 年……相続時精算課税適用者である A 死亡（A の相続人は、配偶者 X と子 Y の 2 人）

○ H_2 年……甲死亡（相続財産 3 億 7,000 万円※、法定相続人である二男 B と孫（A の子）Y が法定相続分である各 2 分の 1 を取得）

※ 4 億円（甲の贈与前の所有財産価額）− 3,000 万円（A に対する贈与額）= 3 億 7,000 万円

この場合には、H_2 年の甲の相続開始時において、既に死亡している相続時精算課税適用者である A の相続税について、次のように計算し、A の相続人である配偶者と子は、法定相続分に従ってそれぞれ 2 分の 1 の税額を納付することになる。

この取扱いを事例のケースにあてはめると、次のように計算される。

〈相続税の課税価格〉

	二男 B	孫 Y	亡 A	合 計
相続による取得財産	円 185,000,000	円 185,000,000	円	円 370,000,000
精算課税に係る贈与財産			30,000,000	30,000,000
課税価格	185,000,000	185,000,000	30,000,000	400,000,000

〔相続税の総額〕

400,000,000 円 − 42,000,000 円（基礎控除額）= 358,000,000 円

358,000,000 円 × 1/2 = 179,000,000 円

179,000,000 円 × 40% − 17,000,000 円 = 54,600,000 円

54,600,000 円 × 2 人 = 109,200,000 円

Ⅴ　相続時精算課税制度の選択とアドバイス　131

〈納付税額〉

	二男B	孫 Y	亡 A	合 計
あん分割合	0.4625	0.4625	0.0750	1.00
算出税額	円 50,505,000	円 50,505,000	円 8,190,000	円 109,200,000
精算課税に係る贈与税額控除			1,000,000	1,000,000
納付税額	50,505,000	50,505,000	7,190,000	108,200,000

〔死亡した相続時精算課税適用者Aの納税義務の承継〕

・Aの配偶者……7,190,000円× 1/2 ＝ 3,595,000円

・Aの子Y………7,190,000円× 1/2 ＝ 3,595,000円

　※Aの子（甲の孫）Yは、甲の相続人としての相続税（50,505,000円）とAの納税義務の承継額（3,595,000円）の合計額54,100,000円を納付する。

■3■ 相続時精算課税の適用を受けた財産に対する二重課税の有無

　ところで、上記は被相続人を甲とする相続に係る相続税であるが、Aを被相続人とする相続税の課税がある。事例に示したようにその相続財産は1億円、法定相続人はその配偶者Xと子Yの2人であり、仮に相続財産を法定相続分に従って分割したとすると、次のようになる。

〔相続税の課税価格〕

・配偶者X……1億円× 1/2 ＝ 5,000万円

・子　　　Y……1億円× 1/2 ＝ 5,000万円

〔相続税の総額〕

　1億円（課税価格の合計額）－4,200万円（基礎控除額）＝ 5,800万円

　5,800万円× 1/2 ＝ 2,900万円

　2,900万円× 15％－50万円＝ 385万円

　385万円× 2人＝ 770万円

〔納付税額〕

・配偶者X……770万円× 0.5（あん分割合）－385万円（配偶者の税額軽減）＝ゼロ

・子　　　Y……770万円× 0.5（あん分割合）＝ 385万円

この結果、事例における2つの相続を通してみると、甲の相続に係る相続税額1億820万円とAの相続に係る相続税額385万円との合計額1億1,205万円が負担税額になる。

一方、事例において、当事者は「3,000万円の贈与財産に対して二重課税が生じているのではないか」と指摘している。そこで、仮に3,000万円の贈与がない（したがって、相続時精算課税の適用もない）ものとすると、甲の相続財産は4億円（贈与前の所有財産）、その法定相続人は二男Bと孫Yの2人であり、上記 **2** の計算によって相続税額は1億920万円と計算される（相続時精算課税の贈与がないため、贈与税額控除もない）。

また、Aの相続財産は、3,000万円の贈与がないものものとすると、上記の1億円ではなく、7,000万円であったと推定される。この仮定に基づいて納付すべき相続税額を計算すると、配偶者の税額軽減後で160万円になる。したがって、甲の相続に係る相続税額1億920万円との合計額で1億1,080万円となる。

事例における納税者の疑義は、上記の1億1,205万円と1億1,080万円との差額125万円のことであり、要は、3,000万円の贈与財産に対して二重課税となっているためにその差異が生じたものではないかという指摘であると考えられる。

トラブルの防止策

上記の計算を仔細にみれば、相続時精算課税適用者が特定贈与者より先に死亡した場合には、一種の二重課税が生じていることは否めない。その限りでは、納税者の疑義にはそれなりに理由があるといえるかもしれない。

ただし、親の相続が先に発生するというのが一般的であることからみれば、税理士に対し、事例のような問題についてまで事前の説明を求めることは、やや無理があると考えられる。

もっとも、上記のようなトラブルを防止するためには、税理士は、あらゆる事態を想定し、関連する法令や通達等を確認し、事前に納税者に説明と了承を得ておくに越したことはない。

V　相続時精算課税制度の選択とアドバイス　**133**

第 3 章

租税特別措置法（課税の特例）で注意したいトラブル事例と防止策

Ⅰ 小規模宅地等の特例の適用要件等

1 特例の対象となる宅地等の範囲

トラブル事例

　被相続人の相続財産には、A宅地（200㎡・相続税評価額4,000万円）とB宅地（150㎡・相続税評価額4,500万円）がある。A宅地は、被相続人とその配偶者が居住の用に供していたものであり、また、B宅地は、被相続人と生計を一にしていた長男が居住の用に供していたものである。これらの宅地は、いずれも被相続人の配偶者が相続により取得した。

　相続税の申告に際し、関与税理士は、小規模宅地等の特例は、被相続人の居住の用又は事業の用に供されていた宅地等に適用される旨を相続人に説明し、A宅地を選択特例対象宅地等として申告した。

　相続税の申告後に、相続人から被相続人と生計を一にしていた長男が居住していたB宅地についても特例が適用されるのではないか、という疑問が提起された。

トラブルの原因と分析

1 小規模宅地等の特例の前提条件

　いわゆる小規模宅地等の特例の対象となる宅地等（宅地及び宅地の上に存する権利をいう）とは、次の①から③までのすべての要件を満たすものをいう（措法69の4①、措令40の2①～③、措規23の2①～③）。

① 次の(イ)と(ロ)のいずれかに該当する宅地等であること。

　(イ) 被相続人等の事業用宅地等（相続開始の直前において、被相続人等の事業の用に供されていた宅地等で、一定の建物又は構築物の敷地の用に供されていたもの）

　(ロ) 被相続人等の居住用宅地等（相続開始の直前において、被相続人等の居住の用に供されていた宅地等で、一定の建物又は構築物

の敷地の用に供されていたもの）

② 棚卸資産又はこれに準ずるものとされる雑所得の基因となる宅地
等に該当しないもの。

③ 被相続人から相続又は遺贈により財産を取得したすべての個人が
取得した上記①に該当する宅地等のうち、限度面積要件を満たす部
分として、その個人が一定の方法により選択した宅地等であること。

このうち、①における「被相続人等」とは、「被相続人若しくは被
相続人と生計を一にしていた被相続人の親族」のことであり（措法69
の4①）、被相続人のみならず、被相続人と生計を一にしていた親族の
事業の用又は居住の用に供されていた宅地等についても小規模宅地等
の特例の適用を受けることができる。したがって、事例の場合には、
A宅地はもとより、B宅地を選択特例対象宅地等とすることができる。

上記の事例は、この特例の前提条件に関するものであり、事例にお
ける相続税の申告に当たっての税理士の判断は、基本的な事項につい
ての理解を欠いたものである。

■2「被相続人と生計を一にしていた」の判断

上記のとおり、被相続人と生計を一にしていた親族の事業用又は居
住用宅地等も特例の対象になるのであるが、実務上は「生計を一にし
ていた」かどうかの判断も求められる。

ただ、相続税の法令通達等には、この点に関する規定や取扱いはな
い。このため、一般的には所得税の取扱いに準じて判断せざるを得な
いと考えられている。所得税基本通達2−47は、おおむね次のように
取り扱うこととしている。

① 「生計を一にする」とは、必ずしも同一の家屋に起居しているこ
とをいうものではない。

② 勤務、修学、療養等の都合上他の親族と日常の起居を共にしてい
ない親族がいる場合であっても、次のような場合には、これらの親
族は生計を一にするものとして取り扱う。

　(イ) 当該他の親族と日常の起居を共にしていない親族が、勤務、修
学等の余暇には当該他の親族のもとで起居を共にすることを常例

Ⅰ　小規模宅地等の特例の適用要件等 **137**

としている場合

㈵　これらの親族間において、常に生活費、学資金、療養費等の送金が行われている場合

③　親族が同一の家屋に起居している場合には、明らかに互いに独立した生活を営んでいる場合を除き、これらの親族は生計を一にするものとして取り扱う。

　実務的には同一の家屋に居住していない場合の判断が難しいところであるが、上記②の取扱いからみれば、少なくとも生活費等の授受が行われていることが生計一の要件になるものと考えられる。

　いずれにしても、小規模宅地等の特例に適用に当たって、被相続人と生計を一にしていた親族の事業用又は居住用の宅地等を選択特例対象宅地等とするときは、生計一かどうかを慎重に判断する必要がある。

トラブルの防止策

　小規模宅地等の特例は、制度そのものが複雑難解なものであり、さまざまな要件があるが、基本的な事項についての判断ミスは税理士の責任問題になる可能性が高い。

　例えば、家屋の所有者との関係である。この特例は、宅地等に対するものであるが、家屋の所有者との関係によって適用が左右されることがある。居住用宅地等についていえば、特例の対象となるのは、その宅地等の上の家屋が被相続人又は被相続人の親族（被相続人と生計を一にする親族どうかは問わない）が所有している場合に限られる（措通69の4-7）。したがって、被相続人等が居住していた家屋が被相続人の親族以外の者である場合には、はじめから特例対象外になる。

　また、宅地等と家屋の所有者が異なる場合、あるいは家屋の所有者と居住していた者が異なる場合において、それぞれの者の間で地代又は家賃が授受されていたとすれば、宅地等の所有者又は家屋の所有者からみると、不動産の貸付けが行われていたことになり、居住用宅地等には該当しないことになる。参考までに、宅地等と家屋の所有者との間の貸借形態に応じて特例の適用関係をまとめると、次のようになる。

宅地等の所有者（①）	家屋の所有者（②）	居住していた者（③）	①と②の間の宅地等の貸借関係	②と③の間の家屋の貸借関係	減額割合
被相続人	被相続人	被相続人			80%
		被相続人と生計一の親族		有　償	50%
				無　償	80%
	被相続人と生計一の親族	被相続人	有　償	有　償	50%
				無　償	50%
			無　償	有　償	50%
				無　償	80%
		家屋の所有者である生計一の親族	有　償		50%
			無　償		80%
		家屋の所有者でない生計一の親族	有　償	有　償	50%
				無　償	50%
			無　償	有　償	50%
				無　償	80%
	被相続人と生計別の親族	被相続人	有　償	有　償	50%
				無　償	50%
			無　償	有　償	非適用
				無　償	80%
		被相続人と生計一の親族	有　償	有　償	50%
				無　償	50%
			無　償	有　償	非適用
				無　償	80%
	上記以外の者				非適用

（注）表中の説明は次のとおりである。

「有償」…… 相当の対価を得て継続的に行う貸付けをいう。

「無償」…… 相当の対価に至らない程度の対価の授受がある場合を含む。

「80%」…… 特定居住用宅地等の要件を満たす場合に適用される。

「50%」…… 貸付事業用宅地等の要件を満たす場合に適用される。

「非適用」… 小規模宅地等の特例の適用はない。

2 共有宅地等の限度面積

トラブル事例

被相続人が所有し、居住していた宅地及び家屋は、次図のように被相続人が4分の3、その子が4分の1の持分による共有であった。なお、被相続人と子は、生計を別にしている。

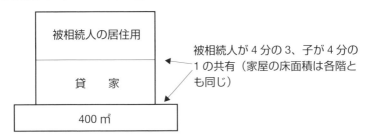

この宅地と家屋は、被相続人の配偶者が相続により取得した。そこで、相続税の申告において、宅地のうち2階に対応する2分の1部分（200㎡）を特定居住用宅地等として、また、残余の200㎡部分は貸家建付地として評価した上で被相続人の貸付事業用宅地等としてそれぞれについて小規模宅地等の特例を適用した。

ところが、その後の税務調査において、限度面積要件を満たしていないとして否認された。

トラブルの原因と分析

1 共有土地に係る特例の適用面積

この事例では、共有土地に対する考え方と小規模宅地等の特例における限度面積要件の両面で判断ミスがある。

まず、共有となっている土地に対する共有持分者の権利は、その土地の全部に均等に及ぶと考えられている。したがって、事例の宅地の場合には、被相続人の居住用宅地部分と貸家建付地部分がそれぞれ2分の1となり、さらに被相続人の居住用宅地等として特例の対象になるのは、その持分に相当する4分の3（敷地全体の8分の3）となる。

その結果、事例の宅地の場合には、次のように区分しなければなら

ない。

○被相続人の居住用宅地部分……

$$400㎡ × \frac{1}{2}（床面積あん分）× \frac{3}{4}（被相続人の持分）= 150㎡$$

⇒ 特定居住用宅地等に該当する場合に特例適用

○被相続人の貸家建付地部分……

$$400㎡ × \frac{1}{2}（床面積あん分）× \frac{3}{4}（被相続人の持分）= 150㎡$$

⇒ 貸付事業用宅地等に該当する場合に特例適用

◖■2 貸付事業用宅地等と他の宅地等を選択する場合の限度面積 ◗

小規模宅地等の特例の適用において、選択特例対象宅地等が貸付事業用宅地等である場合の限度面積要件は、次の算式によることとされている（措法69の4②三、措通69の4−10）。

$$A × \frac{200}{400} + B × \frac{200}{330} + C ≦ 200㎡$$

A……選択特例対象宅地等である特定事業用等宅地等の面積の合計
B……選択特例対象宅地等である特定居住用宅地等の面積の合計
C……選択特例対象宅地等である貸付事業用宅地等の面積の合計
（注）「特定事業用等宅地等」とは、特定事業用宅地等及び特定同族会社事業用宅地等をいう。

これを事例にあてはめると、特定居住用宅地等の面積（150㎡）を選択特例対象宅地等とした場合には、貸付事業用宅地等として特例の対象になるのは、次の算式により約109.09㎡となる。

$$150㎡（上記の算式のB）× \frac{200}{330} + 109.09㎡ ≦ 200㎡$$

したがって、事例における相続税の申告は、特例の適用面積が過大であることになる。

Ⅰ　小規模宅地等の特例の適用要件等　**141**

トラブルの防止策

　小規模宅地等の特例の適用において、共有宅地等がある場合の取扱いに注意を要することはもちろんであるが、貸付事業用宅地等がある場合の限度面積要件にも十分に留意する必要がある。

　上記の限度面積要件の算式は、それ自体は分かりやすいものとはいえないので、次のように書き直した算式による方が実務的である。

❶ 選択特例対象宅地等が特定事業用等宅地等と貸付事業用宅地等で、特定事業用等宅地等を優先して選択した場合の貸付事業用宅地等の適用面積

$$\text{貸付事業用宅地等の適用面積} = 200\text{㎡} - \left[\begin{array}{c} \text{選択特例対象宅地等とした} \\ \text{特定事業用等宅地等の面積} \end{array} \right] \times \frac{200}{400}$$

❷ 選択特例対象宅地等が特定居住用宅地等と貸付事業用宅地等で、特定居住用宅地等を優先して選択した場合の貸付事業用宅地等の適用面積

$$\text{貸付事業用宅地等の適用面積} = 200\text{㎡} - \left[\begin{array}{c} \text{選択特例対象宅地等とした} \\ \text{特定居住用宅地等の面積} \end{array} \right] \times \frac{200}{330}$$

　ちなみに、事例の場合は❷の算式をあてはめて、貸付事業用宅地等の適用面積を次のように求めることができる。

$$200\text{㎡} - \left[150\text{㎡} \times \frac{200}{330} \right] \fallingdotseq 109.09\text{㎡}$$

　なお、この計算における適用面積については端数処理を行わずに算定する（前記した限度面積要件を満たす部分の面積までは特例が適用される）ことにも留意する必要がある。

142　第3章　租税特別措置法（課税の特例）で注意したいトラブル事例と防止策

3 特定居住用宅地等における居住継続要件の判定

トラブル事例

　被相続人甲は、同人の所有する家屋に長男Ａとその配偶者Ｂ及びその子Ｃとともに居住していたが、本年９月に死亡した。その家屋と敷地である宅地はＡが相続により取得し、その後も継続して居住する予定であった。

　ところが、甲に係る相続税の申告期限の２か月前に、Ａは転勤命令を受けたため、単身赴任した。このため、相続税の申告期限においてその家屋に居住していた者は、ＢとＣの２人となった。

　被相続人の相続人はＡのみであるが、同人は、相続税の申告期限まで継続して居住していないため、その家屋の敷地について小規模宅地等の特例の適用はないものとして相続税の申告をした。

トラブルの原因と分析

■1 被相続人の居住用宅地等に対する特例の適用要件

　小規模宅地等の特例の適用上、特定居住用宅地等（限度面積 330㎡、減額割合 80%）に該当するかどうかは、「被相続人の居住用宅地等」と「被相続人と生計を一にしていた被相続人の親族の居住用宅地等」に区分して判定する必要がある。

　まず、被相続人の居住用宅地等について、特定居住用宅地等となるための要件をまとめると、次頁の表のようになる（措法69の4③二、措令40の2⑧、措規23の2④）。

　この表のように、宅地等の取得者が配偶者の場合には、何らの要件等はないが、配偶者以外の親族が取得した場合には、さまざま要件を満たさないと特定居住用宅地等には該当しない。

　事例は、次頁の表のうち「同居の親族」の場合であり、その取得した宅地等について、いわゆる居住継続要件がある。その要件については、法令や通達において例外的な規定や取扱いがないため、事例においては、居住継続要件を満たさないと判断したものと考えられる。法

Ⅰ　小規模宅地等の特例の適用要件等　**143**

宅地等の取得者		特例の適用要件
配偶者		（要件等なし）
配偶者以外の被相続人の親族	同居の親族	① 相続開始の直前において、その宅地等の上に存する被相続人の居住用家屋に居住していた者であり、かつ、相続税の申告期限までその家屋に居住していること。 ② その宅地等を相続税の申告期限まで所有していること。
	同居以外の親族	① 日本国内に居住しているか又は国外に居住している場合であっても日本国籍を有していること。 ② 相続開始前３年以内に、その者又はその者の配偶者が所有する家屋に居住したことがないこと。 ③ 被相続人に配偶者がいないこと。 ④ 相続開始の直前において、被相続人の居住用家屋に同居していた被相続人の法定相続人である親族がいないこと。 ⑤ その宅地等を相続税の申告期限まで所有していること。

令を文理解釈する限りにおいては、必ずしもその判断に誤りがあったとはいえない。

２ 国税庁の質疑応答事例の取扱い

　ただし、上記の居住継続要件について、国税庁の質疑応答事例では、次のように取り扱うこととしている。

単身赴任中の相続人が取得した被相続人の居住用宅地等についての小規模宅地等の特例

〔照会要旨〕

　被相続人甲は、自己の所有する家屋に、長男Ａ、その配偶者Ｂ及びその子Ｃと同居していました（甲の配偶者は既に死亡しています。）。平成○年にＡが転勤で大阪へ単身赴任となり、その後、この家屋には、甲、Ｂ及びＣが居住していましたが、平成○＋１年１月に死亡したため、Ａがこの家屋及びその敷地を相続により取得しました。

　なお、Ａは相続税の申告期限において引き続き単身赴任の状態にあります。この場合、Ａが取得した敷地は特定居住用宅地等である小規模宅地等に該当しますか。

〔回答要旨〕

　Ａの配偶者及び子の日常生活の状況、その家屋への入居目的、その家屋の構造及び設備の状況からみて、当該家屋がＡの生活の拠点といえる場合、すなわち、転勤という特殊事情が解消したときは、その相続人の配偶者等と起居をともにすることになると認められる家屋といえる場合については、甲に係る相続開始の直前から申告書の提出期限までＡの居住の用に供していた家屋に該当するものとみることができますから、Ａの取得した宅地は特定居住用宅地等である小規模宅地等に該当することとなります。

　この質疑応答事例は、被相続人の居住用宅地等を取得した相続人が相続開始前に転勤したため、相続開始の直前においては被相続人と同居していなかったというものである。この場合には、いわゆる単身赴任で、相続税の申告期限まで居住を継続していなかったとしても、その者の配偶者や子などがその宅地等に居住しているときは、その者について居住継続要件を満たすものとしている。

　ただし、事例の場合は、宅地等を取得した同居の親族が相続開始後に転勤したというものであり、上記の質疑応答事例とは異なるものである。したがって、質疑応答事例の回答を直ちに事例のケースに準用できるかどうかは必ずしも明らかではない。

　しかしながら、宅地等を取得した相続人が単身赴任であり、その者の配偶者や子などがその宅地等に居住しているという点では共通している。そうであれば、事例の場合に相続人が居住継続要件を満たすこととしても差し支えないはずである。

　事例の場合には、国税庁の質疑応答事例の回答に準じて、居住継続要件が満たされていると考えられる。

　なお、居住継続要件に関する質疑応答事例の取扱いは、宅地等を取得した者が「単身赴任」であることを前提としたものである。相続税の申告期限までの間に、その者とともに配偶者や子などが転居し、相続等により取得した家屋に居住していない場合には、居住継続要件を満たさないことになると考えられる。

Ⅰ　小規模宅地等の特例の適用要件等　145

トラブルの防止策

　事例及び上記の説明は、被相続人の居住用宅地等を取得した者が「同居の親族」の場合であるが、前記した特定居住用宅地等の適用要件について、「同居以外の親族」の場合には、居住継続要件はなく、相続税の申告期限までの「所有継続要件」を満たせばよいことに留意する必要がある。

　なお、「同居以外の親族」に特例を適用しようとする場合には、相続開始前3年以内にその者又はその者の配偶者の所有する家屋に居住したことがないこと、また、被相続人の配偶者がなく、被相続人と同居していた法定相続人である親族がいないこと、といった要件を十分にチェックする必要がある。

4 特定居住用宅地等における「生計一親族」の適用要件

トラブル事例

　被相続人とその相続人である長男は、下図のようないわゆる二世帯住宅に居住していた。この建物の敷地である宅地（200㎡）は、その全部が被相続人の所有であるが、建物の建築費は、被相続人と長男が相互に出資したものであり、その1階部分と2階部分は区分所有登記がされている。

　被相続人に相続が開始したため、被相続人の所有である宅地と建物の部分は、長男が相続により取得し、その後も居住と所有を継続している。
　なお、被相続人と長男は、相続開始の直前まで互いに生計を一にしていたことが明らかである。
　相続税の申告に当たり、宅地の全部を特定居住用宅地等として小規模宅地等の特例を適用した。
　相続税の申告後に、所轄税務署から、特例の適用面積が過大であるとの指摘を受けた。

トラブルの原因と分析

1 被相続人と生計を一にしていた者の居住用宅地等の特例の適用要件

　特定居住用宅地等として小規模宅地等の特例の対象になるのは、「被相続人の居住用宅地等」と「被相続人と生計を一にしていた親族の居住用宅地等」に二分することができる。このうち、前者については、前項の3（143頁）でまとめたところである。そこで、後者について、その適用要件等をまとめると、次のようになる（措法69の4②二）。

I　小規模宅地等の特例の適用要件等　147

宅地等の取得者	特例の適用要件等
配 偶 者	（要件等なし）
生計一の親族	①　その生計を一にしていた親族が、その宅地等を相続開始前から相続税の申告期限まで自己の居住の用に供していること。 ②　その宅地等を相続税の申告期限まで所有していること。

　この規定においても被相続人の配偶者については、特に要件はなく、配偶者が被相続人と生計を一にしていた親族の居住用宅地等を取得した場合には、直ちに特定居住用宅地等として特例の適用を受けることができる。
　一方、事例における長男は、被相続人の生計一の親族であり、相続開始前から二世帯住宅に居住し、相続開始後も居住と所有を継続している。したがって、事例の申告方法について特段の問題はないようにみえる。

2 「相続開始前から居住していた」の意義

　問題は、上記の規定における「相続開始前から自己の居住の用に供している」の意義である。例えば、次図のようなケースがあったとする。

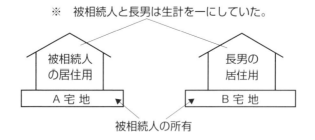

　このケースで、長男がB宅地を取得した場合には、「相続開始前から自己の居住の用に供している」宅地に該当し、居住継続要件を満たせば、特定居住用宅地等に該当することになる。
　ただし、長男がA宅地を取得しても、その宅地は長男が相続開始前から居住していたものではない（A宅地は被相続人が居住してい

たものである）ため、特定居住用宅地等には該当しないことになる。したがって、A宅地について長男は小規模宅地等の特例は適用されないことになる。

これを事例のケースにあてはめてみると、二世帯住宅の１階部分に対応する敷地は、そこに居住していた被相続人の居住用宅地であり、２階部分に対応する敷地が被相続人と生計を一にしていた長男の居住用宅地ということになる。

その結果、長男が「相続開始前から自己の居住の用に供している」宅地は、２階に対応する敷地部分ということになる。要するに、事例の場合には、その全部が特定居住用宅地等には該当せず、２階に対応する敷地部分についてのみ特例が適用されるということである。

トラブルの防止策

居住用宅地等についての特例の適用関係を判断するに際しては、その取得者が被相続人の配偶者である場合には、特に考慮すべき問題はない。ただし、被相続人の「同居の親族」が取得する場合と「生計一親族」が取得する場合においては、両者の適用要件を明確に区分して判断する必要がある。

ところで、事例のような二世帯住宅に関しては、同居親族に当たるかどうかについての「同居要件」が次のように規定されている（措法69の4③二イかっこ書、措令40の2⑩）。

①　被相続人の居住の用に供されていた一棟の建物が建物区分所有等に関する法律第１条に規定する建物である場合……その被相続人の居住の用に供されていた部分に居住していた者は「同居の親族」に当たる。

②　①以外の場合……被相続人又はその被相続人の親族の居住の用に供されていた部分に居住していた者を「同居の親族」とする。

このうち①の「建物区分所有等に関する法律第１条に規定する建物」とは、区分所有建物である旨が登記されている建物をいうことに取り扱われている（措通69の4-7の3）。

要するに、二世帯住宅が区分所有登記されている場合（事例の場合）

Ⅰ　小規模宅地等の特例の適用要件等

には、被相続人の居住していた部分（事例の1階部分）に居住していた親族を「同居の親族」として扱い、それ以外の部分（事例の2階部分）に居住していた者（事例の長男）は、「同居の親族」には該当しないということである。

一方、次図のように区分所有登記がされていない建物であれば、上記②により「被相続人の親族の居住の用に供されていた部分に居住していた者」（事例の長男）は「同居の親族」として扱われることになり、この場合には、建物の敷地全体が特定居住用宅地等に該当することになる。

なお、事例の長男が「同居の親族」に該当しないために前記のトラブルが生じたとも考えられるが、仮に、長男が「同居の親族」でかつ「生計一親族」である場合（トラブル事例の建物が区分所有登記されていない場合）には、敷地の全体が特定居住用宅地等に該当することになる。

いずれにしても、「同居の親族」の規定と「生計一親族」の規定を明確に区分し、それぞれの適用要件を判定することがトラブルの防止策になる。

5 | 特定事業用宅地等における事業継続要件の判定

トラブル事例

被相続人は、その所有する宅地で食品小売業を営んでいた。その相続人は、子Ａ、子Ｂ及び子Ｃの３人であり、いずれも他に職を有していた。

相続人のうちＡは、被相続人の事業を承継する意思を有していたが、相続税の申告期限までに共同相続人間で遺産の全部について分割協議が整わないため、被相続人の事業は相続開始とともに休業状態にある。

その後、相続税の申告期限から２年が経過した時点で遺産分割が行われ、Ａが被相続人の事業用宅地を分割により取得し、同人の行っていた食品小売業を再開し継続することとなった。

そこで、Ａは、未分割遺産として既に申告済みの相続税について、小規模宅地等の特例の適用を受ける旨の更正の請求をしたが、所轄税務署からは更正すべき理由がない旨の処分があった。

トラブルの原因と分析

■1 事業用宅地等に対する特例の適用要件

事例の問題を検討する前に、小規模宅地等の特例の対象になる「事業用宅地等」の前提となる要件を確認すると、まず、建物等（建物又は構築物をいう）の敷地の用に供されていることが最低条件になる。これを前提として、事業用宅地等とは、次のものをいうこととされている（措通69の4-4）。

① 他に貸し付けられていた宅地等（その貸付けが事業に該当する場合に限る）

② 被相続人等の事業の用に供されていた建物等で、被相続人等（被相続人又は被相続人と生計を一にしていた親族をいう）が所有していたもの又は被相続人の親族（被相続人と生計を一にしていた親族を除く）が所有していたもの（被相続人等がその建物等を無償で借り受けていた場合におけるその建物に限る）の敷地の用に供されていたもの

Ⅰ 小規模宅地等の特例の適用要件等 **151**

このうち①は、いわゆる貸宅地のことであり、その貸付けが「事業」（相当の対価を得て継続的に行われるもの）であれば、事業用宅地等として取り扱うということである（ただし、不動産の貸付けは「事業用宅地等」であっても「特定事業用宅地等」にはならない）。

　注意したいのは、上記の②で、特例の対象になる事業用宅地等に該当するためには、次の2つの要件を満たす必要があるということである。

　㈦　宅地等の上に存する事業用の「建物等」は、被相続人又はその親族（被相続人と生計を一にしているか否かは問わない）が所有するものであること。

　㈢　建物等の所有者が、事業を行っていた被相続人等（被相続人又は被相続人と生計を一にしていた親族をいう）でない場合には、被相続人等が建物等の所有者である親族からその建物等を無償で借り受けていたこと。

　事業用宅地等に対する小規模宅地等の特例は、被相続人又は被相続人と生計を一にしていた親族の事業の用に供されていた宅地等に適用されるが、建物等の敷地に対する特例という性格からみれば、建物等の所有者がその建物等をどのように利用していたかという観点から特例の適用要件を判断すべきことになる。

　被相続人と生計を別にしていた親族の事業の用に供されていた宅地等は特例の対象外であるが、建物の所有者が生計別の親族であっても、被相続人等がその建物等を無償で借り受けて事業を行っている場合には、その敷地を事業用宅地等として取り扱うということである。上記の㈢は、この点を明らかにしたものである。

　もっとも、宅地等の所有者と建物等の所有者が異なる場合、あるいは建物等の所有者と事業を行っている者が異なる場合に、それぞれの者の間の貸借関係が有償であるとき（地代又は家賃の授受があるとき）は、不動産の貸付けが行われていたことになる。このため、「特定事業用宅地等」として80％減額の適用はなく、「貸付事業用宅地等」に該当する場合にのみ50％減額が適用されることになる。この関係をまとめると、次頁の表のようになる。

　なお、これらの規定に関して、事例の場合には特段の問題はない。

宅地等の所有者（①）	家屋の所有者（②）	事業を行っている者（③）	①と②の間の宅地等の貸借関係	②と③の間の家屋の貸借関係	減額割合
被相続人	被相続人	被相続人			80%
		被相続人と生計一の親族		有　償	50%
				無　償	80%
	被相続人と生計一の親族	被相続人	有　償	有　償	50%
				無　償	50%
			無　償	有　償	50%
				無　償	80%
		被相続人と生計一の親族	有　償		50%
			無　償		80%
	被相続人と生計別の親族	被相続人又は被相続人と生計一の親族	有　償	有　償	50%
				無　償	50%
			無　償	有　償	非適用
				無　償	80%
		被相続人と生計別の親族	有　償		50%
			無　償		非適用
	上記以外の者				非適用

（注）表中の説明は次のとおりである。

「有償」…… 相当の対価を得て継続的に行う貸付けをいう。

「無償」…… 相当の対価に至らない程度の対価の授受がある場合を含む。

「80%」……特定事業用宅地等の要件を満たす場合に適用される。

「50%」……貸付事業用宅地等の要件を満たす場合に適用される。

「非適用」… 小規模宅地等の特例の適用はない。

■2 特定事業用宅地等の要件

上記 ■1 の要件を踏まえた上で、「特定事業用宅地等」（限度面積 400㎡、減額割合 80%）として特例の対象になる要件をまとめると、次のようになる（措法 69 の 4 ③一）。

I　小規模宅地等の特例の適用要件等

事 業 者	宅地等の取得者	特例の適用要件
被相続人	被相続人の親族	① 相続開始時から相続税の申告期限までの間に、その宅地等の上で行われていた被相続人の事業を引き継ぎ、かつ、同期限までその事業を継続して行っていること。 ② その宅地等を相続税の申告期限まで所有していること。
被相続人と生計を一にしていた親族	左の生計一の親族	① その生計一の親族が、相続開始前から相続税の申告期限まで、その宅地等を事業の用に供していること。 ② その宅地等を相続税の申告期限まで所有していること。

　小規模宅地等の特例は、相続税の申告期限までに共同相続人間で分割されていない宅地等には適用されないが、その申告期限から3年以内に分割された場合には、更正の請求をすることにより特例の適用を受けることができる（措法69の4④ただし書）。

　一方、被相続人等の事業用宅地等のうち被相続人が事業を行っていた場合において、特定事業用宅地等として特例の適用を受けるためには、上記のとおり、相続開始時から相続税の申告期限までの間に被相続人の事業を引き継ぎ、かつ、その申告期限まで事業を継続していなければならない。

　事例の場合には、事業用宅地等が未分割であるとはいえ、相続税の申告期限までの事業の承継と継続が行われていないため、特定事業用宅地等の要件を満たしていない。したがって、申告期限から3年以内に宅地等の分割が確定し、その宅地等を取得した親族によって被相続人の事業が再開されたとしても、特例は適用されないことになる。

　なお、事業用宅地等が未分割であっても、事例のAが被相続人の事業を承継し、相続税の申告期限まで継続していた場合には、3年以内の分割確定時において、特例の適用を受けるための更正の請求が認められる。

トラブルの防止策

特定事業用宅地等の適用要件の判定においては、上記のほか「事業の同一性」にも留意する必要がある。もっとも、被相続人と生計を一にしていた者が事業者である場合には、その者が相続開始前から既に事業を行っているため、相続開始後の廃業の場合を除き、事業の同一性が問題になることは少ない。

これに対し、被相続人が事業者であった場合には、相続開始後にその親族が事業を承継することになり、事業者が交代することになる。この場合に、特定事業用宅地等に該当するためには、「当該宅地等の上で営まれていた被相続人の事業を引き継ぐ」ことが要件となる。要するに、事業の同一性が要求されているわけである。

この場合の事業の同一性について、法令通達等には明確な規定や取扱いはないが、日本標準産業分類（総務省）の事業種目の分類が参考になるものと思われる。

なお、被相続人の事業の全部の転業は、特定事業用宅地等に該当しないことになるが、いわゆる一部転業の場合には、次のように取り扱うこととされている（措通69の4−16）。

① その宅地等で営まれていた被相続人の事業の一部を他の事業（不動産貸付業等以外の事業に限る）に転業し、相続税の申告期限まで被相続人の事業と転業後の事業の双方を営んでいる場合……特定事業用宅地等の他の要件を満たすときに限り、その親族は被相続人の事業を営んでいるものとする。

② その宅地等が被相続人の営む2以上の事業の用に供されていた場合において、相続税の申告期限までにそれらの事業の一部を廃止したとき……その廃止に係る事業以外の事業の用に供されているその宅地等の部分は、特定事業用宅地等の他の要件を満たすときに限り、特例の対象となる宅地等に該当する。

いずれにしても、特定事業用宅地等に該当するかどうかの判定に当たっては、「事業の同一性」に留意する必要がある。

Ⅰ　小規模宅地等の特例の適用要件等　**155**

6 事業用宅地等を取得した者と事業主の判定

トラブル事例

　被相続人甲は、その有する宅地上で衣料品小売業を営んでいたが、甲が死亡したため、その宅地は長男Ａが相続により取得した。

　Ａは、甲が営んでいた事業を承継する意思があったが、会社に勤務する給与所得者であるため、Ａ自身が事業に従事することは事実上不可能であった。そこで、事業主の名義をＡとし、Ａの配偶者であるＢを事業専従者として、実質的にはＢに事業を承継させることとした。

　相続税の申告相談を受けた税理士は、相続人であるＡが事業を承継し、Ａ本人が事業を行っているとはいえないため、小規模宅地等の特例の適用はないとする見解を示した。

トラブルの原因と分析

🈩 親族の事業承継要件

　被相続人の事業に係る特定事業用宅地等について、法令上は「当該親族が、……当該宅地等の上で営まれていた被相続人の事業を引き継ぎ、……当該事業を営んでいること」とされている（措法69の4③一イ）。

　これを文言どおり解釈すれば、事例のＡは、特定事業用宅地等の要件を満たさず、税理士の見解に誤りはないように思われる。

🈔 通達における例外的取扱い

　上記🈩の点について、事業用宅地等を取得した親族がやむを得ない理由により事業主となれない場合もあることから、次の場合には、例外的に被相続人の事業を承継したものとして取り扱うこととされている（措通69の4-20）。

① 　被相続人の事業用宅地等を取得した親族が就学中であること、その他当面事業主となれないことについてやむを得ない事情があるため、その親族の親族が事業主となっている場合には、その宅地等を取得した親族がその事業を営んでいるものと取り扱う。

156　第3章　租税特別措置法（課税の特例）で注意したいトラブル事例と防止策

② 被相続人の事業用宅地等を取得した親族が会社等に勤務するなど他に職を有し、又はその事業以外に主たる事業を有している場合であっても、その事業の事業主となっている限り、その宅地等を取得した親族がその事業を営んでいるものと取り扱う。

　事例の場合には、②の取扱いによることができるから、事業用宅地等を取得した A については、特定事業用宅地等に該当するものとして特例の適用を受けることができる。したがって、事例の税理士の見解は、通達の取扱いを看過したことによる誤りである。

トラブルの防止策

　事例における宅地等の取得者である長男 A は、給与所得者であるが、その事業の事業主であり、所得税において給与所得ともに事業所得の申告を要することは当然である。

　なお、事例のようなトラブルを防止するためには、法令のみならず、関連する通達等を漏れなく確認する以外に方法はない。

Ⅰ　小規模宅地等の特例の適用要件等　**157**

7 同族会社の事業用宅地等の特例の適用要件

トラブル事例

　被相続人は、同人の有する宅地上に建物を建築し、その建物を同人が60％の株式を保有する同族会社で、家電品の販売業を営むA社に貸し付けていた。
　被相続人に相続が開始したため、A社の役員である長男がその宅地と建物を相続により取得し、その後も同社の事業の用に供している。
　なお、相続開始前において、被相続人とA社の間で家賃等の授受はなく、いわゆる使用貸借であった。
　相続税の申告に際し、被相続人の有する宅地を特定同族会社事業用宅地等として小規模宅地等の特例を適用したが、その後の税務調査において、同特例の適用を否認された。

トラブルの原因と分析

1 同族会社の事業用宅地等の範囲

　個人（被相続人）の所有する宅地等において、法人（同族会社）が事業を行うというケースでは、おおむね次の2つの形態がある。
① 借地方式……個人の有する宅地等を法人が借り受け、その宅地等の上に法人が建物等を保有して事業を行うケース
② 借家方式……個人の有する建物等を法人が借り受け、その建物等で法人が事業を行うケース

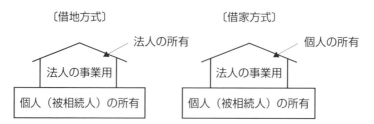

　これらのいずれについても、一定の要件を満たせば、小規模宅地等の特例が適用されるのであるが、特例の対象になるのは、次に掲げる

宅地等のうち法人の事業の用に供されていたものとされている（措通69の4-23）。

① その法人に貸し付けられていた宅地等（その貸付けが事業に該当する場合に限る）

② その法人の事業の用に供されていた建物等で、被相続人が所有していたもの又は被相続人と生計を一にしていたその被相続人の親族が所有していたもの（その親族がその建物等の敷地を被相続人から無償で借り受けている場合におけるその建物等に限る）で、その法人に貸し付けられていたもの（その貸付けが事業に該当する場合に限る）の敷地の用に供されていたもの

このうち①が上記の「借地方式」を、②が「借家方式」を示しているのであるが、いずれについても「その貸付けが事業に該当する場合に限る」とされている。

この場合の事業に該当する貸付けとは、相当の対価を得て継続的に貸し付けることをいうと解される。したがって、「借地方式」の場合には、個人と法人の間で地代を授受していたことが特例の前提条件となり、また、「借家方式」の場合には、両者の間で家賃を授受することがその条件になる。換言すれば、地代又は家賃のない使用貸借であった場合には特例の適用はないことになる。

事例の場合は、いわゆる借家方式であるが、個人（被相続人）と法人（同族会社）の間に家賃が授受されていないことがそもそもの問題点である。

■2 同族会社の事業用地と不動産貸付けの関係

小規模宅地等の特例における「特定同族会社事業用宅地等」の要件は後述するが、同族会社の事業内容が不動産貸付業等であれば、特定同族会社事業用宅地等には該当しない。

一方、上記■1のとおり、個人（被相続人）と同族会社の間で地代又は家賃の授受がないと特例の適用はない。

この関係について誤解があると、特例をめぐるトラブルが生じないとも限らない。要するに、上記■1の特例の前提条件は、個人（被相

続人）から法人（同族会社）に対する有償での不動産貸付けということであり、本来は「貸付事業用宅地等」（限度面積200㎡、減額割合50％）の範疇に属することである。

ただし、特定同族会社に対する宅地等又は建物の貸付けで、かつ、特定同族会社事業用宅地等の要件を満たす場合には、不動産貸付けであっても、限度面積400㎡、減額割合80％の特例を適用するということである。したがって、法人に対する不動産貸付けが「事業」でなければならず、上記 **1** のとおり地代又は家賃を収受することが前提になるのである。

トラブルの防止策

事例のようなトラブルを回避するためには、上記の法令や取扱いを踏まえて、相続が開始する前に特例の要件を整備しておく以外に方法はない。

なお、個人（被相続人）から同族会社に対する宅地等又は建物の貸付けは、前述したとおり、「事業に該当する貸付け」でなければならず、この場合の「事業」とは、相当の対価を得て継続的に行うものと解される。したがって、相続開始の直前に無償契約を有償契約に変更したようなケースは、継続的に行うものとはいえないことから「事業に該当する貸付け」に該当せず、事例と同様の問題が生じるおそれがある。

8 | 特定同族会社事業用宅地等における「事業」の範囲

トラブル事例

　被相続人は、不動産貸付業と不動産売買業を営む同族会社Ａ社の代表者であり、同社の株式の70％を有していた。

　被相続人は、その有する宅地をＡ社に地代を収受して貸し付けていたが、同社は、その宅地を本社の事務所用建物の敷地として使用している。

　被相続人に相続が開始したため、その宅地は、Ａ社の役員である被相続人の長男が相続により取得し、その後も継続して同社に貸し付けている。

　相続税の申告の依頼を受けた税理士は、小規模宅地等の特例に関し、Ａ社が不動産業を営んでいるため、特定同族会社事業用宅地に該当しないものと判断し、特例を適用しないこととして申告を行った。

トラブルの原因と分析

■1 特定同族会社事業用宅地等の要件

　特定同族会社事業用宅地等の要件をまとめると、おおむね次頁の表のようになる（措法69の4③三、措令40の2⑥⑫⑬、措規23の2⑤〜⑦）。

　事例における税理士は、同族会社の事業内容が「不動産業」であるため、相続財産となった宅地が特定同族会社事業用宅地等に該当しないと判断したものであるが、上記のとおり特定同族会社事業用宅地等の「事業」から除かれるのは、「不動産貸付業、駐車場業、自転車駐車場業及び準事業」である（措令40の2⑥）。

　したがって、その宅地等が同族会社において、他の者に賃貸されている場合又は賃貸建物の敷地の用に供されている場合には、特定同族会社事業用宅地等となる余地はない。

　ただし、特定同族会社の「事業」からは「不動産売買業」は除かれていない。このため、事例のように宅地等が本社の事務所用建物の敷地となっているような場合には、特定同族会社事業用宅地等に該当す

Ⅰ　小規模宅地等の特例の適用要件等　**161**

る可能性がある。

	特定同族会社事業用宅地等の該当要件
同族会社の事業内容	○ 不動産貸付業等以外の事業であること。 （注） 不動産貸付業等とは、不動産貸付業、駐車場業、自転車駐車場業及び準事業をいい（措令40の2⑥）、この場合の準事業とは、事業と称するに至らない不動産の貸付けその他これに類する行為で相当の対価を得て継続的に行うものをいう（措令40の2①）。
同族会社の持株割合	○ 相続開始の直前に被相続人及びその被相続人の親族その他特別の関係がある者が有する株式の総数又は出資の総額がその株式又は出資に係る法人の発行済株式の総数又は出資の総額の10分の5を超えること。
宅地等の取得者	○ 被相続人の親族で、相続税の申告期限において同族会社の法人税法2条15号に規定する役員であること。
宅地等の保有継続	○ その宅地等は、相続開始時から相続税の申告期限まで有していること。
事業継続	○ 相続税の申告期限まで継続して同族会社の事業の用に供していること。

2 同族会社が不動産貸付業と他の事業との兼業の場合の取扱い

事例のようなケースでは、事務所用建物の敷地となっている宅地を、不動産貸付業等として利用している部分と不動産売買業として利用している部分に区分し、後者の部分を特定同族会社事業用宅地等とすることになる。

もっとも、その区分方法については法令に規定はない。したがって、その建物の利用状況やそれぞれの事業に従事する従業員数などによって総合的に勘案し区分するしか方法はない。

トラブルの防止策

上記2の同族会社が兼業の場合の本社建物の敷地の区分については、何らかの基準によらざるを得ないが、その基準に合理性がないとトラブルが生じるおそれがある。その基準について確たるものはない

が、少なくとも事後に説明が可能な準備をしておく必要がある。

　なお、同族会社の事業が不動産貸付業等のみであれば、特定同族会社事業用宅地等に該当しないが、これは賃貸不動産の敷地が該当しないということではなく、同族会社の事業内容が不動産貸付業等であれば、はじめから特定同族会社事業用宅地等に該当しないということである。したがって、この場合には、本社建物の敷地の用に供されている宅地等であっても特定同族会社事業用宅地等に該当しないことに留意する必要がある。

　このほか、特定同族会社事業用宅地等の要件として、宅地等の取得者は「相続税の申告期限において同族会社の法人税法2条15号に規定する役員であること」とされており、相続開始時に役員でなくても、相続税の申告期限までに役員に就任していれば、適用要件を満たすことになる。

　なお、「同族会社の持株割合」の要件は、被相続人及びその被相続人の親族その他その被相続人と特別の関係がある者の有する株式の総数がその法人の発行済株式総数の10分の5を超えることであるが、その法人の発行する株式のうちに、議決権に制限のある株式や議決権のない株式（会社法108①三、308①）がある場合には、被相続人及びその同族関係者の有する株式から除外されるとともに、発行済株式総数にも含まれないこととされている（措令40の2⑬、措規23の2⑥⑦）。

Ⅰ　小規模宅地等の特例の適用要件等　163

9 貸付事業用宅地等の特例の適用要件

トラブル事例

　被相続人は、その有する土地（800㎡）を駐車場の用に供していた。その駐車場に建物は存しないが、土地のうち約3分の2部分はアスファルト舗装をしていた。この土地を相続により取得した相続人は、相続税の申告期限まで継続して駐車場業を営んでいる。

　なお、被相続人は、生前その駐車場に係る所得を不動産所得として所得税の申告を行っていた。

　相続税の申告を担当した税理士は、被相続人が駐車場に係る所得を事業所得として所得税の申告をしていなかったため、「事業」に該当する不動産貸付けには該当せず、小規模宅地等の特例はないと判断して相続税の申告を行った。

　この申告について、後日、相続人から、被相続人が駐車場に係る所得を不動産所得として所得税の申告をしていた場合であっても、相続税の特例は適用できたのではないか、との疑問が提示された。

トラブルの原因と分析

■1■貸付事業用宅地等の事業の承継形態と特例の適用要件

　まず、小規模宅地等の特例の対象になる「貸付事業用宅地等」（限度面積200㎡、減額割合20%）について、その要件をまとめると、次頁の表のとおりである（措法69の4③四）。

　事例は、このうち被相続人が駐車場業としての貸付事業を行っていたケースであり、相続開始時から相続税の申告期限までの間に相続人がその貸付事業を承継し、かつ継続しており、この限りでは特例の適用についての問題はない。

■2■所得税における所得区分との関係

　いわゆる有料駐車場や有料自転車置場等に係る所得について、所得税における取扱いは、自己の責任において他人の物を保管する場合には事業所得又は雑所得に区分し、その他の場合には不動産所得に該当

164 ┃ 第3章　租税特別措置法（課税の特例）で注意したいトラブル事例と防止策

貸付事業を行っていた者	宅地等の取得者	特例の適用要件
被相続人	被相続人の親族	① 相続開始時から相続税の申告期限までの間にその宅地等に係る被相続人の貸付事業を引き継ぎ、かつ、同期限までその貸付事業を継続して行っていること。 ② その宅地等を相続税の申告期限まで所有していること。
被相続人と生計を一にしていた親族	左の生計一の親族	① その生計一の親族が、相続開始前から相続税の申告期限まで、その宅地等に係る貸付事業を行っていること。 ② その宅地等を相続税の申告期限まで所有していること。

することとしている（所基通27-2）。

　駐車場業には、施設を設けて大規模な収容能力を有し、管理者を置き、自己の責任において他人の物を管理するような形態がある一方で、単なる土地の賃貸とみられるようなものまで様々である。このため、所得税法の所得区分として、前者を事業所得又は雑所得とし、後者の場合には不動産所得に該当するものとしている。

　ただし、所得税における所得区分と相続税における小規模宅地等の特例とは関係しないと考えられる。同特例における貸付事業用宅地等の規定では、「不動産貸付業その他政令で定める事業に限る」とし（措法69の4③四かっこ書）、「政令で定める事業は、駐車場業、自転車駐車場業及び準事業とする」としている（措令40の2⑥）。

　このような規定振りからみれば、駐車場業について、小規模宅地等の特例では、その規模は問われておらず、まして所得税の申告方法とも関係しないことは明らかである。

　したがって、事例における税理士の判断は誤りであり、相続税と所得税との関係についての誤解又は法令の読み間違いに基因する問題であると考えられる。

トラブルの防止策

　事例について、上記のほかに多少のトラブルが生じると思われるのは、駐車場用地のうち「約3分の2部分はアスファルト舗装をしていた」とする事実である。

　小規模宅地等の特例の適用要件として、「建物又は構築物の敷地の用に供されている」こととされているところ（措法69の4①）、この場合の構築物には「舗装路面」も含まれる（減価償却資産の耐用年数等に関する省令別表一）。

　したがって、事例のアスファルト舗装を施してあることに問題はないが、駐車場の全体ではなく、「3分の2」の舗装で要件を満たすかどうかとの疑義がないとはいえない。貸付事業用宅地等の限度面積が200㎡で、事例の駐車場用地が800㎡であることを勘案すると、特例の適用に問題はないと考えられるが、その土地のごく一部のみに舗装をしているというケースでは、特例の要件を満たないことになる。

10 貸付事業の同一性の判定

トラブル事例

　被相続人は、その有する宅地（150㎡）に戸建の貸家を建築し、第三者であるＡに賃貸していた。

　被相続人に相続が開始したが、その直後に貸家の賃借人Ａが退去した。その貸家と敷地である宅地を相続により取得した相続人は、貸家である建物が老朽化していたため、これを取り壊して更地とした上で、第三者であるＢにその宅地を賃貸した。宅地の賃借人であるＢは、被相続人に係る相続税の申告期限までに居宅を建築し居住を開始している。

　その宅地について、相続により取得した相続人は、貸付事業用宅地等に該当するものとして小規模宅地等の特例を適用して相続税の申告をしたが、所轄税務署から、特例の適用要件を満たしているかどうかに疑義がある旨の通知があった。

トラブルの原因と分析

1 貸付事業用宅地等の要件

　事例における被相続人は、貸家を有して賃貸していたことから、その敷地である宅地は貸家建付地に該当することになるが、相続人は、その宅地を第三者に賃貸したため、貸宅地としての貸付事業を行ったことなる。

　貸付事業用宅地等の要件は、前述したとおり「当該宅地等に係る被相続人の貸付事業を引き継ぎ、……当該貸付事業の用に供していること。」である（措法69の4③四イ）。

　事例における相続人は、「貸付事業を継続している」ため特例の適用があると判断したものと考えられる。現行の法令の文言からすれば、必ずしも誤っているとはいえないようにも思われる。

2 貸付事業の同一性の判断

　問題は、上記の規定における「当該宅地等に係る被相続人の貸付事

I　小規模宅地等の特例の適用要件等　**167**

業を引き継ぎ」の部分の解釈であり、貸家建付地が貸宅地となった場合に、被相続人の貸付事業を引き継いだことになるかどうかである。

法令の文言からすれば、被相続人の行っていた貸付事業を変更することなく承継することと解することができる。このため、貸家建付地としての事業と貸宅地としての事業に同一性がないとすれば、被相続人の貸付事業を引き継いだことにはならず、特例の適用要件を満たさないことになる。

ところで、日本標準産業分類（総務省）の分類項目をみると、大分類として「不動産業、物品賃貸業」があり、中分類として「不動産賃貸業・管理業」があり、さらに小分類に「不動産賃貸業（貸家業、貸間業を除く）」と「貸家業、貸間業」がある。

この分類によれば、貸家建付地としての事業は「貸家業」に、貸宅地の場合には「不動産賃貸業（貸家業、貸間業を除く）」にそれぞれ該当することになる。

特例の適用上、被相続人と相続人の事業に同一性が求められ、その判断を日本標準産業分類の小分類の項目によるとすれば、事例の場合には、被相続人の貸付事業を承継したことにはならず、貸付事業用宅地等とはいえないことになると考えられる。

トラブルの防止策

相続人が被相続人の事業を引き継ぐ場合に、その事業に同一性が求められているのは、前述した特定事業用宅地等についても同様である。

したがって、被相続人の行っていた事業の内容を変更する、いわゆる転業の場合には、日本標準産業分類の分類項目を確認する必要がある。

168　第3章　租税特別措置法（課税の特例）で注意したいトラブル事例と防止策

11 特例対象宅地等の選択替えと更正の請求の可否

トラブル事例

被相続人の相続財産として、居住用宅地（350㎡）と被相続人の貸付事業に係る賃貸建物の敷地となっている宅地（250㎡）があった。

被相続人に係る相続税の申告を受任した税理士は、居住用宅地は小規模宅地等の特例における「特定居住用宅地等」に、また、賃貸建物の敷地は「貸付事業用宅地等」にそれぞれ該当すると判断した。これらについて、宅地の評価額からみて前者を選択特例対象宅地等とすることが有利であるとし、その旨を納税者に説明した上で、その宅地について特例を適用して相続税の申告を行った。

ところが、その後において、居住用宅地は「特定居住用宅地等」の要件を満たしていないことが判明した。しかし、税理士は、小規模宅地等の特例の適用上、申告後に特例宅地の選択替えはできないものと考え、事後の手続をしないまま放置した。

その後の税務調査において、特例の適用が否認されたが、調査官から賃貸建物の敷地が特例の要件に該当するのであれば、更正の請求が可能である旨の説明があった。

納税者からは、当初申告の際の税理士の判断ミスと更正の請求を行わなかったことに対する責任が追求されている。

トラブルの原因と分析

1 小規模宅地等の特例における申告要件と宅地等の選択替えの可否

小規模宅地等の特例の適用に関しては、いわゆる申告要件が付されており、相続税の期限内申告書（その申告書に係る期限後申告書及び修正申告書を含む）にこの特例の適用を受ける旨を記載し、一定の書類の添付がある場合に適用することとされている（措法69の4⑥、措規23の2⑧）。

この場合において、特例対象宅地等が2以上ある場合又は特例対象宅地等を取得した者が2人以上あるときは、その選択に関する一定の書類を相続税の申告書に添付することとされている（措令40の2⑤）。

I 小規模宅地等の特例の適用要件等 **169**

したがって、特例対象宅地等の選択は、相続税の申告において確定することとなり、その後において、宅地等についてのいわゆる選択替えは認められず、更正の請求もできないことになる。

■2 国税通則法における更正の請求事由

　ところで、更正の請求について国税通則法は、申告書に記載した課税標準等若しくは税額等の計算が国税に関する法律の規定に従っていなかったこと又はその計算に誤りがあったことにより、その申告書の提出により納付すべき税額が過大であるときは、法定申告期限から5年以内に限り、更正の請求をすることができる旨を定めている（通則法23①）。

　この規定では、更正の請求の事由について「課税標準等若しくは税額等の計算が国税に関する法律の規定に従っていなかったこと」とされている。

　この点について、事例のケースをみると、居住用宅地を特例の選択対象宅地等としたところ、後日、その宅地は「特定居住用宅地等」に該当しないことが判明したというものである。このような事実関係からすれば、当初の期限内申告は、特例を定めた租税特別措置法の規定に従っていなかったことになり、上記の国税通則法にいう「課税標準等若しくは税額等の計算が国税に関する法律の規定に従っていなかったこと」に当たると解することができる。

　したがって、事例の賃貸建物の敷地が「貸付事業用宅地等」に該当する場合には、相続税の法定申告期限から5年以内に更正の請求を行って、特例の適用を受けることができることになる。

　なお、事例において居住用宅地と貸付事業に係る宅地がいずれも特例の適用要件を満たすものであれば、当初の申告によって特例対象宅地等が確定するため、その後の選択替えは認められず、更正の請求を行うこともできないことになる。

トラブルの防止策

国税について申告書を提出した後に何らかの事情変更や申告の基と

170　　第3章　租税特別措置法（課税の特例）で注意したいトラブル事例と防止策

なった事実関係に異動が生じた場合には、事後的な処理の方法やその可否を検討しなければならない。

　納税者の採れる措置とすれば、期限後申告、修正申告及び更正の請求のいずれかであるが、これらのうち更正の請求については、手続の期限が定められていることに留意する必要がある。

　なお、小規模宅地等の特例は、相続税の期限内申告はもちろんのこと、期限後申告又は修正申告においても適用できることを承知しておくべきである。

　事例とは関係ないが、参考までに小規模宅地等の特例の適用を受ける場合の申告書の添付書類を掲記しておくこととする（措規23の2⑦）。

小規模宅地等の区分	適用条項		添付書類			
			遺産分割協議書等	住民票の写し	戸籍の附票の写し	その他の書類
特定事業用宅地等	（措法69の4③一）		○			
特定居住用宅地等	配偶者 （措法69の4③二）		○			
	配偶者以外	同居の親族 （同号イ）	○	○		
		非同居の親族 （同号ロ）	○	○	○	ⓐ
		生計一の親族 （同号ハ）		○		
特定同族会社事業用宅地等	（措法69の4③三）		○			ⓑⓒ
貸付事業用宅地等	（措法69の4③四）		○			

（注1）　表中の「遺産分割協議書等」とは、遺産分割協議書（共同相続人の全員が自署押印したもの）の写し（印鑑証明書を添付）又は遺言書の写しをいう。

Ⅰ　小規模宅地等の特例の適用要件等　171

（注2）　表中の「その他の書類」とは、次のものをいう。
　　　　⑦……相続開始前3年以内（3年前から相続開始直前までの間）に、その
　　　　　　親族が居住していた家屋がその者又はその者の配偶者所有のものでない
　　　　　　ことが分かる資料（家屋の登記事項証明書など）
　　　　⑩……その特定同族会社の定款の写し
　　　　㋩……その法人が相続開始直前における次の事項を証明したもの
　　　　　　　・その法人の発行済株式総数（又は出資金額）
　　　　　　　・被相続人等の有する株式総数（又は出資金額の合計額）
（注3）　いわゆるマイナンバー法の施行の日以後の相続の場合には、上記のうち
　　　　住民票の写し及び戸籍の附票の写しの添付は要しない。

Ⅱ 贈与税の非課税特例の適用要件と留意点

1 住宅取得等資金の贈与に係る非課税特例における直系尊属からの贈与と相続時精算課税の特例の差異

トラブル事例

　個人Ａ（31歳）は、その父（58歳）から2,000万円の資金の援助を受け、自己の住宅を取得した。その経緯等は、次のとおりである。

① 　Ａは、平成27年3月に建築業者との間で建築請負契約を締結した。

② 　平成27年4月及び7月に、Ａは、自己資金で建築業者に手付金と中間金を支払った。

③ 　平成27年10月に住宅が完成し、引渡しを受けるとともに、父から資金の贈与を受けて建築業者に残金の支払いをした。

④ 　Ａは、平成27年11月にその住宅に入居し、居住を開始した。

　なお、取得した住宅の床面積は、245㎡である。

　そこでＡは、父からの資金援助についての税務を税理士に相談した。税理士は、資金の贈与者である父の年齢（58歳）が60歳未満であること及び住宅の床面積（245㎡）が240㎡を超えていることから、相続時精算課税としての住宅取得等資金の贈与に係る非課税特例は適用できないと判断し、暦年課税による贈与税の非課税の特例が適用されると回答した。

　また、取得した住宅がいわゆる「一般住宅」であるため、非課税の限度額は1,000万円であり、贈与を受けた2,000万円に対しては、177万円の贈与税を納付する必要があるとした。

　Ａは、税理士の指導に従って、翌年に贈与税の申告と納税をする予定である。

トラブルの原因と分析

1 住宅取得等資金の贈与に係る贈与税の非課税特例における非課税限度額

　住宅取得等資金の贈与に係る贈与税の非課税特例は、直系尊属から贈与を受けた場合の特例（措法70の2）と相続時精算課税の特例（措法70の3）の2つがあるが、非課税の限度額はいずれの特例も同様であり、次表のとおりである。

住宅取得に係る契約の締結の時期	住宅取得に係る消費税率 10%		左 記 以 外	
	良質な住宅	一般住宅	良質な住宅	一般住宅
平成27年1月～27年12月			1,500万円	1,000万円
平成28年1月～28年9月			1,200万円	700万円
平成28年10月～29年9月	3,000万円	2,500万円	1,200万円	700万円
平成29年10月～30年9月	1,500万円	1,000万円	1,000万円	500万円
平成30年10月～31年6月	1,200万円	700万円	800万円	300万円

　上記の2つの特例のうち、直系尊属から贈与を受けた場合の特例は、いわゆる暦年課税であり、上表の非課税限度額とともに基礎控除（110万円）が適用されるが、相続時精算課税の特例では、非課税限度額のほかに特別控除（累積2,500万円）が適用される。

　なお、上表の「良質な住宅」とは、次の住宅で一定の証明を受けたものをいう（措法70の2②六イ、措令40の2の2⑦、措規23の5の2⑥）。

① 省エネルギー性の高い住宅（断熱等性能等級4以上又は一次エネルギー消費量等級4以上）

② 耐震性の高い住宅（耐震等級（構造躯体の倒壊等防止）2以上又は免震建築物）

③ バリアフリー性の高い住宅（高齢者等対策等級3以上）

2 直系尊属から贈与を受けた場合の特例と相続時精算課税の特例の差異

　住宅取得等資金の贈与に係る贈与税の2つの非課税特例は、制度の内容や要件等に共通する部分が多いが、次の点に差異があることに留

意する必要がある。

	直系尊属から贈与を受けた場合の特例	相続時精算課税の特例
贈与者の要件	○　受贈者の直系尊属	○　受贈者の父母又は祖父母（年齢要件なし）
受贈者の要件	○　無制限納税義務者であること。 ○　贈与を受けた年の1月1日において20歳以上であること。 ○　贈与を受けた年の合計所得金額が2,000万円以下であること。	○　無制限納税義務者であること。 ○　贈与を受けた年の1月1日において20歳以上であること。
対象となる住宅用家屋の要件	○　その家屋の床面積の2分の1以上に相当する部分が専ら居住の用に供されるものであること。 ○　その家屋の床面積が50㎡以上240㎡以下（区分所有建物の場合には、区分所有する部分の床面積が50㎡以上240㎡以下）であること。	○　その家屋の床面積の2分の1以上に相当する部分が専ら居住の用に供されるものであること。 ○　その家屋の床面積が50㎡以上（区分所有建物の場合には、区分所有する部分の床面積が50㎡以上）であること。
贈与者の相続時の取扱い	○　受贈後3年以内に贈与者に相続が開始した場合であっても、非課税限度額の部分について相続税の課税価格加算の規定は適用されない。	○　贈与者に相続が開始した場合において、非課税限度額の部分は受贈者の相続税の課税価格に加算されないが、特別控除額の部分は課税価格に加算される。

　このような要件等をみれば、事例において、特定贈与者の年齢からみて相続時精算課税の特例がないとした税理士の判断は誤りであり、また、同特例においては住宅用家屋の床面積の上限がないことも看過している（措通70の3-5（注3））。

　したがって、相続時精算課税の特例を適用することが有利になるか

Ⅱ　贈与税の非課税特例の適用要件と留意点　175

どうかは別として、税理士の判断ミスと説明不足は否定できないと考えられる。

また、上記の2つの特例において、相続時精算課税の特例では受贈者の所得要件がないことにも留意する必要がある。

なお、直系尊属からの贈与の特例は、受贈者単位で課税する暦年課税であるため、父母の双方から住宅取得等資金の贈与を受けても非課税限度額は前記したところと変わらないが、相続時精算課税の特例は、贈与者単位の課税であるため、贈与者ごとに非課税限度額が適用できる。

トラブルの防止策

租税特別措置については、その性格上さまざま要件が付されるのが通常であり、その適用に当たっては、制度の内容や要件を詳細に確認する以外にトラブルを防止する策はない。

ところで、事例とは関係ないが、上記 **1** の「非課税限度額」は、住宅取得等資金の贈与を受けた時期ではなく、「住宅取得に係る契約の締結の時期」に応じて異なることとされている。

したがって、取得資金の贈与を受ける時期と住宅取得に係る契約の締結時とは直接的な関係はないことになる。ただし、取得資金の贈与を受けた年の翌年3月15日までに住宅を取得して居住の用に供する（又は同日後遅滞なく居住の用に供することが確実と見込まれる）ことが特例の適用要件になることに留意する必要がある。

このほか、平成28年9月以前に取得の契約をした住宅用家屋について、上記 **1** の表の「左記以外」の場合の非課税限度額の適用を受けた者であっても、「住宅取得に係る消費税率10%」の非課税限度額の適用を受けることができることとされている。これは、「左記以外」の場合に取得した住宅をその後に売却又は賃貸をし、新たに住宅を取得したような場合に「住宅取得に係る消費税率10%」の非課税限度額の適用を受けることができるという意味である。

なお、「左記以外」の非課税限度額は、住宅用家屋の取得に係る消費税率が8%の場合及び個人間の売買により中古住宅を取得した場合が該当する。

2 教育資金の一括贈与及び結婚・子育て資金の一括贈与の特例と遺留分の減殺請求

トラブル事例

　個人甲は、相続税対策になるという信託銀行の勧めを受けて、子や孫に教育資金や結婚・子育て資金の一括贈与を行い、贈与税の非課税特例の適用を受けることを検討している。

　信託銀行の説明で分かりにくかったのは、これらの贈与と遺留分の関係である。資金の一括贈与をして贈与税の特例の適用を受けた後に、甲に相続が開始した場合において、贈与を受けなかった相続人から受贈者に対して遺留分の減殺請求が行われることがあり得るのか、また、教育資金や結婚・子育て資金に係る金銭等に遺留分の減殺請求があった場合にこれらの特例はどのようになるのか、という問題である。

　遺留分をめぐるトラブルを考えると、贈与税の特例を利用することに不安がある。

トラブルの原因と分析

■1 贈与税の非課税特例の概要

　上記の事例について検討する前に、教育資金の一括贈与の特例と結婚・子育て資金の一括贈与の特例の概要をまとめておくと、次のとおりである（**措法70の2の2、70の2の3**）。

	教育資金の一括贈与の非課税特例	結婚・子育て資金の一括贈与の非課税特例
適用期間	○　平成25年4月1日から平成31年3月31日までの間の贈与に適用	○　平成27年4月1日から平成31年3月31日までの間の贈与に適用
贈与者の要件	○　受贈者の直系尊属であること。	
受贈者の要件	○　30歳未満の者であること。	○　20歳以上50歳未満の者であること。

Ⅱ　贈与税の非課税特例の適用要件と留意点　177

取扱金融機関	○ 取扱金融機関とは、次のものをいう。 ① 信託会社（信託業務を兼営する金融機関を含む） ② 銀行等（銀行その他預金又は貯金の受入れを行う金融機関） ③ 金融商品取引業者（第一種金融商品取引業を行うものに限る）	
非課税申告書の提出	○ この特例の適用を受けようとする者は、「教育資金非課税申告書」を取扱金融機関を経由して、納税地の所轄税務署長に提出しなければならない。	○ この特例の適用を受けようとする者は、「結婚・子育て資金非課税申告書」を取扱金融機関を経由して、納税地の所轄税務署長に提出しなければならない。
非課税限度額	○ 受贈者1人につき1,500万円（学校以外のものに支払われるものは500万円）	○ 受贈者1人につき1,000万円（結婚関係費用については300万円）
制度の対象となる支出費用の範囲	○ 入学金、授業料、保育料、施設設備費、入学・入園の検定料、給食費など ○ 通勤定期券代、留学渡航費 ○ 教育に関する役務提供の対価、スポーツ・文化芸術活動の費用など	○ 挙式費用、新居の住居費、引越費用など ○ 不妊治療費、出産費用、産後ケア費用など ○ 子の医療費、子の保育費（ベビーシッター費を含む）
金融機関への領収書等の提出	○ 受贈者は、教育資金の支払いに充てた金銭に係る領収書等を取扱金融機関に提出しなければならない。	○ 受贈者は、結婚・子育て資金の支払いに充てた金銭に係る領収書等を取扱金融機関に提出しなければならない。
資金管理契約の終了	○ 次の事由に該当した場合には、教育資金管理契約は終了する。 ① 受贈者が30歳に達した場合 ② 受贈者が死亡した場合 ③ 拠出資金がゼロとなった場合において終了の合意があったとき	○ 次の事由に該当した場合には、結婚・子育て資金管理契約は終了する。 ① 受贈者が50歳に達した場合 ② 受贈者が死亡した場合 ③ 拠出資金がゼロとなった場合において終了の合意があったとき

贈与（拠出）資金の残額の取扱い	○ 上記①及び③の事由に該当したことにより教育資金管理契約が終了した場合において、非課税拠出額から教育資金支出額を控除した残額があるときは、これらの事由に該当した日にその残額の贈与があったものとして受贈者に贈与税を課税する。 ○ 上記②の事由により教育資金管理契約が終了した場合の残額については、贈与税を課さない。	○ 上記①及び③の事由に該当したことにより結婚・子育て資金管理契約が終了した場合において、非課税拠出額から結婚・子育て資金支出額を控除した残額があるときは、これらの事由に該当した日にその残額の贈与があったものとして受贈者に贈与税を課税する。 ○ 上記②の事由により結婚・子育て資金管理契約が終了した場合の残額については、贈与税を課さない。
贈与者が死亡した場合の取扱い	○ 教育資金管理契約の終了の日までの間に贈与者が死亡した場合において、贈与により取得した信託受益権又は金銭等の価額のうちこの特例の適用を受けた部分の金額については、相続税の課税価格加算の規定は適用しない。	○ 結婚・子育て資金管理契約の終了の日までの間に贈与者が死亡した場合には、その資金の残額を受贈者が相続又は遺贈により取得したものとみなして相続税の課税対象とする。 ○ その残額に対する相続税については、２割加算の対象としない。

　これら２つの非課税特例の基本的なしくみはほぼ同じであるが、それぞれの資金管理契約が終了する前に贈与者が死亡した場合の取扱いに違いがある。

　すなわち、教育資金贈与の場合には、上記のとおり資金の残額に対する相続税課税はないが、結婚・子育て資金贈与の場合には、その資金の残額に対して相続税課税を行うこととされている。これは、前者の特例を相続開始直前の駆け込み的な贈与に適用し、相続税の回避策に利用するという事例が生じたため、後者の特例では相続税課税を行うこととしたものである。

Ⅱ　贈与税の非課税特例の適用要件と留意点　**179**

❷ 贈与税の非課税特例と民法の遺留分制度との関係

ところで、遺留分の算定方法について、民法は、次のように規定している（民法1029①）。

遺留分算定の 基礎財産価額	＝	被相続人の相続開始時 に有する財産の価額	＋	贈与した 財産の価額	－	債務の 全額

この場合の「贈与した財産」には、相続開始前1年間の贈与のすべてが含まれる。一方、相続開始の1年より前の贈与は、これに含まれず、遺留分減殺請求の対象にはならないが、遺留分権利者に損害を加えることを知ってされた贈与は遺留分の算定の基礎財産とされ（民法1030）、また、特別受益としての贈与（相続人に対する婚姻・養子縁組のため又は生計の資本としての贈与）は、贈与の時期にかかわらず、遺留分の算定の基礎財産に含まれる（民法1044による903の準用）。

贈与税に関しては、教育資金の一括贈与、結婚・子育て資金の一括贈与のほか、住宅取得等資金の贈与や相続時精算課税など、さまざまな特例的な制度があるが、当然のことながら、これらの税制と民法の遺留分制度とは、その趣旨や法的根拠が異なるものである。

したがって、被相続人から推定相続人に対し、一定の生前贈与があり、贈与税の特例の適用を受けたとしても、被相続人の相続開始後に受贈者に対し遺留分の減殺請求が行われることはあり得るのである。

❸ 教育資金の贈与の特例及び結婚・子育て資金の贈与の特例と遺留分の減殺請求との関係

教育資金非課税申告書を提出して非課税の特例の適用を受けた後に、教育資金管理契約に基づいて信託された金銭等又は贈与により取得した金銭等の全部又は一部について、遺留分による減殺請求があった場合には、その信託又は贈与がなかったものとなり、あるいはその一部が取り消されることになり、その後は受贈者が教育資金として支出することができなくなる。

このため、この非課税特例制度では、遺留分の減殺請求があった場合には、「教育資金非課税廃止申告書」又は「教育資金非課税取消申

告書」を提出しなければならないこととされている（**措令40の4の3⑳㉓**）。

この点は結婚・子育て資金の贈与の特例の場合も同様であり、結婚・子育て資金管理契約に基づいて信託された金銭等又は贈与により取得した金銭等の全部又は一部について、遺留分による減殺請求があった場合には、「結婚・子育て資金非課税廃止申告書」又は「結婚・子育て資金非課税取消申告書」を提出することとされている（**措令40の4の4㉖㉙**）。

結局、非課税廃止申告書等が提出されると、これらの特例の適用がなかったものとみなされ（**措令40の4の3㉕、40の4の4㉛**）、それぞれの管理契約は終了することになる。

なお、上記の「教育資金非課税廃止申告書」又は「結婚・子育て資金非課税廃止申告書」が提出されるのは、これらの拠出資金の全部に遺留分の減殺請求があった場合である。

これに対し、「教育資金非課税取消申告書」又は「結婚・子育て資金非課税取消申告書」が提出されるのは、これらの拠出資金の一部に遺留分の減殺請求があった場合である。したがって、その非課税取消申告書の提出以前に支出された教育資金又は結婚・子育て資金の部分は、非課税の特例が適用される。

トラブルの防止策

贈与税については、さまざま特例措置が講じられ、非課税となる金額もいきおい増加傾向にある。こうした特例を活用することは、相続税の回避策として有効な場合もあるが、上記の事例のように民法の相続制度、とりわけ遺留分制度との関係に留意する必要がある。

上記の非課税廃止申告及び非課税取消申告は、税法上の規定であるが、民法の遺留分制度では、税制とは関係なく、一定の生前贈与はすべて遺留分の算定の基礎に含まれることになる。

相続問題に関与する際には、税制を含めて利害関係者の得失を大局的に検討することが重要である。

Ⅱ　贈与税の非課税特例の適用要件と留意点　**181**

Ⅲ 非上場株式等に係る納税猶予制度の適用と確認事項

1 贈与税の納税猶予が適用される贈与者と贈与株数の要件

トラブル事例

　同族会社甲社の代表者であるＡは、相続税対策と事業承継を考慮して、子Ｂに甲社株式の贈与をし、Ｂは贈与税の納税猶予制度の適用を受けることとした。

　甲社の発行済株式総数は 3,000 株であり、そのうちＡの保有する株式は 1,500 株である。贈与税の納税猶予制度は、発行済株式総数の３分の２までの部分とされているため、とりあえずＡは、その有する 1,500 株のうち 1,000 株をＢに贈与することとした。なお、Ｂは既に 500 株の甲社株式を保有している。

　これらを踏まえ、次のような手順でＡからＢへの株式の贈与が実行された。

① 平成Ｘ年３月に、Ａが保有する株式（1,500 株）のうち 1,000 株をＢに贈与した。

② 平成Ｘ年５月の甲社の定時株主総会において、Ａは代表取締役を退任し、Ｂが代表取締役に就任した。

　以上の手順は関与税理士に相談して決定し実行したものであるが、翌年の贈与税の申告に際し、関与税理士から、納税猶予の特例の要件を満たしていない旨が告げられた。

トラブルの原因と分析

1 納税猶予が適用される贈与株数の要件

　非上場株式等に係る相続税・贈与税の納税猶予制度の適用に当たっては、さまざまな要件や手続等を確認する必要があるが、上記の事例の場合には、贈与する株数と代表者の退任の時期に問題がある。

　まず、贈与税の納税猶予制度が適用される特例非上場株式等とは、

182　第3章　租税特別措置法（課税の特例）で注意したいトラブル事例と防止策

その会社（認定贈与承継会社）の発行済議決権株式等の3分の2に達するまでの部分であるが、後継者（経営承継受贈者）が特例対象贈与の直前に有していた株式等の数は、3分の2部分から控除することとされている（措法70の7①、措令40の8②）。

　注意したいのは、特例が適用される株式数で、次のいずれかに該当する贈与に限り、特例が適用されることである（措法70の7①一、二）。

①　その贈与の直前において、贈与者が有していた株式等の数が、発行済株式総数の3分の2から受贈者が有していた株式等の数を控除した残数を超える場合……その控除した残数に相当する株式等の贈与

②　①以外の場合……贈与者が贈与の直前に有していた株式等のすべての贈与

　特例が適用される贈与株数の判定方法について、発行済株式総数が3,000株の会社の場合には、次のようになる。

（単位：株）

贈与前の持株数		判 定 計 算	適用贈与株数	贈与後の持株数	
贈与者	受贈者			贈与者	受贈者
3,000	ゼロ	$3,000 > 3,000 \times 2/3 -$ ゼロ $= 2,000 \Rightarrow$ 上記①	2,000	1,000	2,000
2,500	100	$3,000 > 3,000 \times 2/3 - 100 = 1,900 \Rightarrow$ 上記①	1,900	600	2,000
2,000	200	$3,000 > 3,000 \times 2/3 - 200 = 1,800 \Rightarrow$ 上記①	1,800	200	2,000
1,500	300	$1,500 \leq 3,000 \times 2/3 - 300 = 1,700 \Rightarrow$ 上記②	1,500	ゼロ	1,800
1,000	500	$1,000 \leq 3,000 \times 2/3 - 500 = 1,500 \Rightarrow$ 上記②	1,000	ゼロ	1,500
500	1,000	$500 \leq 3,000 \times 2/3 - 1,000 = 1,000 \Rightarrow$ 上記②	500	ゼロ	1,500

Ⅲ　非上場株式等に係る納税猶予制度の適用と確認事項

この表の「適用贈与株数」を贈与した場合に特例が適用されるということであり、その数を下回る場合には、納税猶予制度の適用はない（表中の「適用贈与株数」を超える数の贈与の場合にも特例は適用されるが、その超える部分に特例の適用はなく、納付税額が算出される）。

　要するに、上記の①は、贈与後の受贈者の持株数が発行済株式総数の3分の2に達するまでの贈与に特例を適用するということである（この場合には、贈与後に贈与者の手元に株式等が残ってもよい）。

　また、上記の②は、贈与者の有する株式等の全部を贈与しても受贈者の持株数が3分の2に達しないケースであり、この場合には、その株式等の全部を贈与しないと特例が適用されないということである。

　上記のトラブル事例は、②の場合であり、代表者Aの保有株式の全部である1,500株を贈与しないと、納税猶予の適用はないことになる。

■2 納税猶予が適用される贈与者の要件

　贈与税の納税猶予制度が適用される贈与者の要件は、次のとおりである（措法70の7①、措令40の8①）。

① 　株式等の贈与の時前において、認定贈与承継会社の代表権を有していた個人であること。

② 　その特例対象贈与の直前において、贈与者とその同族関係者とを合わせて、その認定贈与承継会社の50％を超える議決権を有していたこと。

③ 　その特例対象贈与の直前において、その贈与者が同族関係者（経営承継受贈者となる者を除く）内で筆頭株主であること。

④ 　その特例対象贈与の時において、その贈与者が認定贈与承継会社の代表権を有していないこと。

　上記のトラブル事例の場合には、これらのうち④の要件が問題となる。④における「贈与の時」とは、株式等の贈与の直後という意味であり、贈与を行った時点では代表権を有しないことが特例の適用要件になる。したがって、上記の事例のように、株式等を贈与した後に代表者を退任しても、特例の要件を満たさないことになる。結局、贈与

者は、代表者を退任し、その後に株式等の贈与を行う必要があるということである。

なお、贈与者が特例対象贈与の直前において、その認定贈与承継会社の代表権を有していない場合には、代表権を有していたいずれかの期間と特例対象贈与の直前の双方において、上記の②と③の要件を満たす必要がある。

トラブルの防止策

非上場株式等に係る納税猶予制度では、相続税の場合には「80%納税猶予」（相続等により取得した特例対象株式等の価額の80%に対応する相続税額が納税猶予になる）であるのに対し、贈与税の場合には「100%納税猶予」（受贈財産が特例対象株式等である場合には、贈与税額の全額が納税猶予になる）とされている。

このため、相続税の納税猶予よりも贈与税の納税猶予の方が活用しやすい面があるが、それだけに適用要件や手続など、次のような事項を慎重に確認する必要がある。

① 受贈者の要件
② 認定贈与承継会社の要件
③ 納税猶予税額の計算方法
④ 納税猶予の確定（取消し）事由
⑤ 納税猶予税額の免除事由と免除手続
⑥ 納税猶予の適用を受けるための経済産業大臣の「認定」の手続
⑦ 納税猶予の適用に際しての担保提供手続
⑧ 贈与税の申告時の手続と提出書類
⑨ 納税猶予の継続中の手続

なお、贈与税の納税猶予の適用を受けた後、株式等の贈与者に相続が開始した場合には、その適用を受けた株式等は、その経営承継受贈者が贈与者から相続又は遺贈により取得したものとみなされることになる（措法70の7の3①）。この場合の相続税の取扱いや、その手続等もチェックしておく必要がある。

Ⅲ　非上場株式等に係る納税猶予制度の適用と確認事項　185

2 相続税の納税猶予税額の免除措置の適用要件

トラブル事例

　同族会社乙社の代表者であるＦは、３年前に先代経営者であったＤから乙社株式を相続により取得し、相続税について納税猶予制度の適用を受けた。

　ところが、Ｆは交通事故に遭い、身体に障害が生じたため、乙社の経営に参画することが困難となった。

　３年前のＤの相続時に、関与税理士から、相続税の納税猶予は、相続税の申告から５年間について事業継続要件があるから、その間に代表者でないこととなった場合には、納税猶予税額の全額を納付する必要がある旨の説明を受けていた。

　今般の交通事故により代表者として事業を継続できないことになり、その結果、納税猶予が取消しとなりそうであるが、納税資金の調達方法に悩んでいる。

トラブルの原因と分析

■1 経営承継期間内の納税猶予の全部確定事由

　非上場株式等に係る相続税及び贈与税の納税猶予の適用を受けた場合には、その申告期限の翌日から５年間（経営承継期間・経営贈与承継期間）について、いわゆる事業継続要件が課せられる。その要件に該当しないこととなった場合には、その時点の猶予税額は、利子税とともに全額を納付しなければならない（措法70の7の2③、措令40の8の2㉘、㉚、㉛、措法70の7④、措令40の8㉒〜㉔）。

　また、経営承継期間が経過した後においても一定の事由が生じた場合には、猶予税額の納付をしなければならない（措法70の7の2⑤、措令40の8の2㉞〜㊳）。

　相続税について、猶予税額の納付を要する主な事由を経営承継期間内と経営承継期間の経過後に区分してまとめると、次のとおりである。

186　第3章　租税特別措置法（課税の特例）で注意したいトラブル事例と防止策

経営承継期間内の納付事由	経営承継期間経過後の納付事由
① 経営承継相続人等（後継者）が認定承継会社の代表権を有しないこととなった場合（一定のやむを得ない理由がある場合を除く）	① 経営承継相続人等が特例非上場株式等の全部の譲渡又は贈与をした場合
② 経営承継期間中における認定承継会社の常時使用従業員数の平均値が、相続開始の日における常時使用従業員数の80%未満となった場合	② 認定承継会社が解散をした場合
③ 経営承継相続人等及びその同族関係者の有する議決権の合計数が総議決数の50%以下となった場合	③ 認定承継会社が資産保有型会社又は資産運用型会社に該当することとなった場合
④ 経営承継相続人等が同族関係者内で筆頭株主でないこととなった場合	④ 認定承継会社の総収入金額がゼロとなった場合
⑤ 経営承継相続人等が特例非上場株式等の一部の譲渡又は贈与をした場合	⑤ 経営承継相続人等が特例非上場株式等の一部の譲渡又は贈与をした場合
⑥ 経営承継相続人等が特例非上場株式等の全部の譲渡又は贈与をした場合	
⑦ 認定承継会社が解散をした場合	
⑧ 認定承継会社が資産保有型会社又は資産運用型会社に該当することとなった場合	
⑨ 認定承継会社の総収入金額がゼロとなった場合	

　上記の事例は、経営承継期間内の納付事由のうちの①に関する問題であるが、経営承継相続人等（後継者）が代表権を有しないこととなった場合においても、やむを得ない理由がある場合には、納税猶予の取消しはない。この場合の「やむを得ない理由」とは、次のいずれかに該当することとなった場合をいう（措規23の10⑬、23の9⑮）。

　(イ)　精神障害者保険福祉手帳（障害等級が1級である者として記載されているもの）の交付を受けたこと。

Ⅲ　非上場株式等に係る納税猶予制度の適用と確認事項　187

(ロ)　身体障害者手帳（障害の程度が1級又は2級である者として記載されているもの）の交付を受けたこと。

(ハ)　要介護認定（第5号区分に該当するもの）を受けたこと。

したがって、上記の事例における代表者Fが(ロ)の事由に該当する場合には、乙社の代表権を有しないこととなったとしても納税猶予が継続適用となり、その税額を納付する必要はない。

なお、経営承継期間内のやむを得ない理由により代表権を有しないこととなった場合に行った特例非上場株式等の贈与の結果、次に該当するときであっても納税猶予期限は確定せず、継続して納税猶予が適用されることになる（措法70の7の2③三、四）。

(イ)　経営承継相続人等及びその同族関係者の有する議決権の合計数が50％以下となった場合（上記の「経営承継期間内の納付事由」の③）

(ロ)　経営承継相続人等が同族関係者内で筆頭株主でないこととなった場合（上記の「経営承継期間内の納付事由」の④）

■2 後継者に特例対象株式等を贈与した場合の納税猶予税額の免除

上記■1については、猶予税額の免除規定と関連する。非上場株式等に係る相続税の納税猶予制度の適用を受けた後、次の事由が生じた場合には、届出をすることによって、納税猶予税額の全部又は一部が免除される（措法70の7の2⑯）。

免除事由	免除される相続税額
①　経営承継相続人等が死亡した場合	・猶予中相続税額に相当する相続税額（全額免除）
②　経営承継相続人等が特例非上場株式等を「非上場株式等についての贈与税の納税猶予」の規定の適用に係る贈与をした場合	・次の算式で計算される相続税額 $猶予中相続税額 \times \dfrac{贈与をした特例非上場株式等の数}{贈与の直前における特例非上場株式等の数}$

このうち①は、相続税の納税猶予の適用を受けていた者が死亡した場合であり、その時点の猶予税額の全額が納税免除になるということ

である。

　また、②は、相続税の納税猶予の適用を受けていた者（2代目経営者）が次の後継者（3代目経営者）にその株式等を贈与し、その受贈者が贈与税について納税猶予の適用を受ける場合には、その贈与をした特例非上場株式等の数に対応する猶予税額が免除になるということである。

　上記②による免除は、経営承継期間（申告期限の翌日から5年間）の経過後にその事由が生じた場合に適用するのが原則である。ただし、経営承継期間内であっても、納税猶予を適用を受けていた者がやむを得ない理由により代表権を有しないこととなった場合に、次の後継者に株式等を贈与し、その受贈者が贈与税の納税猶予の適用を受けるときは、その贈与者について納税免除の規定が適用される（措法70の7の2⑯二、③三、措規23の10⑬、23の9⑮）。

　この場合の「やむを得ない理由」は、身体障害者手帳の交付を受けたことなど、上記**1**と同様である。したがって、上記のトラブル事例のケースについては、次世代経営者への株式贈与と納税免除の適用も検討する余地がある。

トラブルの防止策

　非上場株式等に係る納税猶予に関して、トラブルの防止のために、上記**1**の「経営承継期間内の納付事由」及び「経営承継期間経過後の納付事由」について、以下のとおり補足しておくこととする。

⑴　経営承継期間内の納付事由のうちの②について、「常時使用従業員」とは、次のいずれかの者をいう（措規23の10⑤、23の9④）。

　　㈡　厚生年金保険法、船員保険法及び健康保険法に規定する被保険者

　　㈣　その会社と2か月を超える雇用契約を締結している者で75歳以上であるもの

　　　なお、「80％」の雇用確保要件を満たさないこととなったために納税猶予が確定した場合の納付すべき相続税については、一定の要件の下で延納又は物納ができる（措法70の7の2⑭十）。

Ⅲ　非上場株式等に係る納税猶予制度の適用と確認事項　189

⑵　経営承継期間内の納付事由のうちの⑤について、経営承継相続人
等が特例非上場株式等の一部を譲渡又は贈与をした場合には、猶予
税額の全額納付となるが、経営承継期間経過後の納付事由のうちの
⑤の場合には、猶予税額のうち譲渡又は贈与をした株式等の数に対
応する税額を納付することになる（措令48の8の2㉞）。

⑶　経営承継期間内の納付事由のうちの⑧及び経営承継期間経過後の
納付事由のうちの③について、資産保有型会社又は資産運用型会社
に該当した場合であっても、次のすべての要件を満たす場合には、
納税猶予が継続適用される（措令40の8の2㉚）。

　㈠　その該当日において、その会社が商品の販売その他の業務を
行っていること。

　㈡　その該当日において、その会社の常時使用従業員の数が5人以
上であること。

　㈢　その該当日において、その会社が常時使用従業員が勤務してい
る事務所、店舗、工場その他これに類するものを所有し、又は賃
借していること。

⑷　経営承継期間内の納付事由のうちの⑨及び経営承継期間経過後の
納付事由のうちの④について、総収入金額には、営業外収益及び特
別利益は含まれない（措法70の7の2③十、措規23の9⑥、23の10⑦）。

　　したがって、その会社の本来の事業に係る売上高がゼロになった
場合には、納税猶予が確定し、猶予税額の全額を納付しなければな
らない。

⑸　経営承継期間の経過後に猶予税額を納付することとなった場合の
経営承継期間（5年間）中の利子税の割合は、「年ゼロパーセント」
とされており（措法70の7の2㉙）、利子税の納付は要さない。

第 4 章

財産評価で注意したい
トラブル事例と防止策

I 宅地の評価におけるトラブル事例と留意点

1 宅地の評価単位の考え方

トラブル事例

　被相続人は、A地を個人甲から借り受け、B地を個人乙から借り受けて、居宅を建てて居住していた（下図）。
　被相続人の相続財産である借地権の評価において、相続税の申告を受任した税理士は、A地とB地の所有者が異なるため、それぞれを1画地として評価した。
　しかし、税務調査において、評価単位が誤っており、過少評価になっているとの指摘を受けた。

トラブルの原因と分析

1 宅地の評価単位の考え方

　いわゆる路線価方式による宅地の評価に当たっては、その評価単位を確認することが最初の作業である。

　宅地の評価単位について財産評価基本通達は「1画地の宅地（利用の単位となっている1区画の宅地をいう。）を評価単位とする。」としている（評基通7-2）。

　このような通達の文言だけでは理解しがたい面があるが、一般的には、次のように考えることができる。

① 利用の単位（自用地、貸宅地、貸家建付地など）によって区分して評価する。
② 自用地については、居住用か事業用かにかかわらず、その全体を1画地として評価する。
③ 貸宅地については、借地人の異なるごとに1画地として評価する。
④ 貸家建付地について、貸家が2棟以上あるときは、各棟の敷地ごとに1画地として評価する。
⑤ 2以上の者から隣接する宅地を借り受け、その宅地を一体として居住用又は事業用としている場合の借地権の評価に当たっては、その宅地の全体を1画地とする。

事例における被相続人の有する借地権は、このうち⑤のケースであり、A地とB地を一体として自用地の評価を行った上で、借地権の価額を算定しなければならない。したがって、A地も角地に含まれることとなり、その借地権価額には、B地のみが面する路線の価額も評価に反映することになる。

2 評価単位の具体例

上記の①から④に関して、評価単位の取扱いをまとめると、以下のようになる。

❶ 全体を1画地の自用地として評価する場合

この例では、A地とB地のいずれも自用地であるため、全体を1画地として評価することになる。したがって、A地も角地の扱いとなる。

なお、B地上の建物の1階が店舗（自用家屋）で、2階が貸家となっているような場合には、利用単位が異なるため、A地とB地を1画地として評価することができる。

❷ 自用地と貸宅地に区分しそれぞれを1画地とする場合

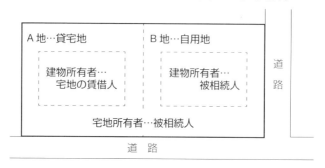

　この例のA地（貸宅地）とB地（自用地）は明らかに利用状況が異なっている。したがって、A地とB地をそれぞれ1画地として評価することになり、角地として評価するのはB地となる。

❸ 自用地と使用貸借地を1画地として評価する場合

※　B地は、被相続人が乙に使用貸借により貸し付けていた。

　この例のB地は、貸し付けられている宅地であるが、使用貸借に係る土地の使用権（使用借権）の価額は評価しないこととされている（昭和48年11月1日直資2－189ほか「使用貸借に係る土地についての相続税及び贈与税の取扱いについて」通達の3）。このため、A地とB地はいずれも自用地となり、その全体を1画地として評価することになる。

❹ 借地人の異なる貸宅地をそれぞれ1画地として評価する場合

　この例では、A地とB地の借地人が異なるため、それぞれを1画地として評価する。したがって、角地として評価するのはB地のみとなる。

❺ 貸家が2以上ある貸家建付地を区分する場合

　この例のように貸家が2棟以上ある場合には、各棟の敷地ごとに評価することができる。したがって、A地とB地はいずれも貸家建付地であるが、それぞれを1画地として評価することになる。

❻ 連棟式貸家の敷地を区分して評価する場合

　また、次頁の図のような連棟式（いわゆる長屋形式）の建物の場合で、その建物が区分所有の対象となるもの（実際に区分所有されているかどうかを問わない）は、その貸付先（借家人）ごとに区分して評価することができる。したがって、この例では、A地、B地、C地及びD地は、それぞれを1画地として評価することになる。

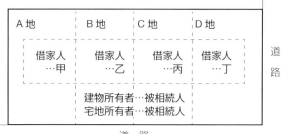

トラブルの防止策

　宅地の評価単位の判定に当たっては、その宅地について現地調査を行い、どのように利用されているかを確認することがトラブルの防止策である。

　なお、1団の宅地又は1筆の宅地について利用区分が異なる場合の1画地の面積は、それぞれの建物の床面積であん分するなど、合理的に算定されていれば、否認されることはない。

2 取得者単位の評価の取扱い

トラブル事例

　被相続人の有していた宅地は、未利用となっている下図のＡ地であるが、相続税の申告期限までに共同相続人間で遺産分割協議が成立しなかった。そこで、Ａ地を不整形地（袋地）として評価し、相続税の申告を行った。
　その後、遺産分割が行われ、Ａ地は相続人甲が取得することとなったが、税務調査で疑問が生じたのは、Ｂ地との関係である。Ｂ地は、もともと相続人甲が有していたものであり、未利用であった。
　このため、Ａ地とＢ地は一体的なものであり、かつ、同一の者（相続人甲）が有することになったのであるから、Ａ地を不整形地として単独で評価するのではなく、Ａ地とＢ地を一体的に整形地として評価し、それぞれの面積によってあん分した価額が評価額になるのではないか、というものである。

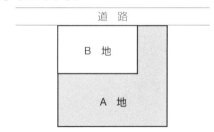

トラブルの原因と分析

1　一体利用の場合の１画地の判定

　宅地の評価単位の問題に関して、評価対象地が他の宅地と一体的に利用する場合には、当該他の宅地と評価対象地を１画地の宅地として評価するという考え方がある。
　この問題について、贈与税の事案であるが、共同ビルの敷地となることが予定されている宅地の評価に当たっては、他の宅地も併せて利用の単位となっている１画地とすべきであるとする裁判例がある（東京高裁平成６年１月26日判決・税務訴訟資料200号131頁、なお、この判決

は最高裁平成7年6月9日判決においても支持されている）。その判旨は、次のとおりである。

「贈与により取得した財産の時価が現況に応じて評価されるべきものである以上、その財産の評価に際しては、その財産の価額に影響を及ぼすべきすべての事情を考慮すべきことは固より当然である。そして、かかる見地に立てば、贈与により取得した宅地の価額を評価するに際しては、必ずしも贈与された土地の一筆としての範囲に拘泥することなく、その宅地の利用状況に応じ、当該宅地が他の筆の宅地をも併せた利用の単位となっている一画地の宅地ごとに評価したうえで、個別の宅地を評価することが相当である。」

また、課税当局の解説でも「共同ビルの敷地の用に供されている宅地は、その全体を1画地の宅地として評価する。」とされている（谷口裕之編『平成25年版 財産評価基本通達逐条解説』38頁（大蔵財務協会））。

事例のケースは、相続財産となった宅地と隣接する宅地が同一人（相続人甲）の所有になったというものであるが、上記の裁判例や解説における共同ビルの敷地のように、はじめから一体利用することが確定しているという例ではない。したがって、相続財産である宅地は、それ自体を単独で評価できると考えられるが、ケース・バイ・ケースである。

いずれにしても、事例の場合に、未分割であった当初申告ではA地を不整形地として評価することは当然であり、事後のトラブルの有無にかかわらず、当初申告に瑕疵はなかったと考えられる。

❷ 取得者単位の評価と1画地の判定

宅地の評価単位である「1画地」の判定は、相続等による取得者ごとに行うのが原則である。したがって、上記の事例において、A地とB地が1筆の宅地で、その全部が相続財産であると仮定した場合において、相続後にA地とB地を分筆し、それぞれ別の相続人等が取得したときは、いわゆる「不合理分割」に該当しない限り、それぞれを1画地として評価することが可能である。

そうであるとすれば、相続前に1筆であったA地とB地が未分割の場合には、全体を整形地として評価して申告するはずであるが、その後に分割が行われ、A地とB地を別の相続人等が取得すると、A地は不整形地として評価できることになる。

　その結果、B地を整形地として評価したとしても、A地を不整形地として評価した分だけ、全体としての評価額は、当初申告の評価額（全体を整形地として評価した額）より下がることになる。この場合には、更正の請求により減額を求めることができると解される。

トラブルの防止策

　事例のケースにおける評価対象地は、A地のみであり、遺産未分割で申告する場合に不整形地として評価するのは当然である。その意味では、宅地の分割後に評価単位をめぐるトラブルが生じたとしても、当初申告の段階では避けられない問題であると考えられる。

　ただし、いわゆる不合理分割によって事後的なトラブルが発生することは事前に回避しなければならない。

　財産評価基本通達では、分割後の画地が宅地として通常の用途に供することができないなど、その分割が著しく不合理であると認められるときは、その分割前の画地を1画地の宅地として評価することとしている（評基通7-2⑴注）。

　どのような分割が不合理分割となるかは、個々の事例ごとの事実認定の問題であるが、おおむね次の3点で判断し、これらに該当すればいずれも不合理分割となる

① 　分割後の宅地が無道路地となる場合
② 　その地域の標準的な宅地の面積からみて著しく狭あいな宅地となる場合
③ 　現在及び将来において有効な土地利用が不可能と認められる場合

　このうち、例えば①に該当するのは次の＜図1＞のような場合であり、②に該当するのは＜図2＞のような例である（いずれもA部分とB部分を併せて1画地として評価する）。

Ⅰ　宅地の評価におけるトラブル事例と留意点　　199

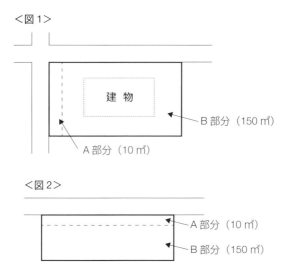

なお、市街化調整区域以外の都市計画区域で市街地的形態を形成する地域にある雑種地で、宅地と状況が類似するものについて、その形状、地積、位置等からみて一団の土地として評価することが合理的であると認められるものは、その全体を1画地として評価する。

したがって、次図の雑種地であるA地、B地及びC地はそれぞれ利用状況が異なるが、その形状や地積等からみて宅地としての効用を有しないと考えられるため、A地、B地及びC地は1画地（170㎡）として評価することになる。

3 | 路線価図の地区区分の見方

トラブル事例

被相続人は、下図の路線価図に示されている宅地を有しており、A地、B地及びC地はそれぞれが1画地となると判定された。

路線価方式で評価するに際して、C宅地は「普通住宅地区」とし、A地とB地は「普通商業・併用住宅地区」としてそれぞれ奥行価格補正による画地調整を行って申告した。

その後、所轄税務署から路線価評価に当たっての地区区分の見方が誤っているのではないかという連絡を受けた。

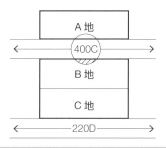

トラブルの原因と分析

1 路線価図における地区区分の表示方法

路線価方式による宅地の評価では、評価対象地の形状等により、奥行価格補正、側方路線影響加算など各種の画地調整が行われる（評基通15～20-4、付表1～8）。

これらの画地調整率は、評価対象地の「地区区分」に応じて定められている。現在の財産評価基準書（路線価図）では、地区区分を「ビル街地区」、「高度商業地区」、「繁華街地区」、「普通商業・併用住宅地区」、「普通住宅地区」、「中小工場地区」及び「大工場地区」とし、それぞれ次のように表示されている。

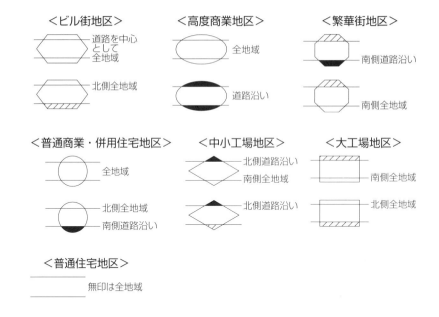

2 事例の場合の地区区分の判定

上記の地区区分と路線価図における適用範囲の表示からみれば、事例におけるA地は、40万円の路線の北側にあるため「普通商業地区」に該当するが、40万円の路線の南側にあるB地は、斜線表示があるため、その記号を表す地区には該当しないことになり、「普通住宅地区」となる。もちろん、22万円の路線の北側にあるC地は「普通住宅地区」となる。

事例における地区区分の判定は、路線価図の基本的な見方を理解していなかったことによるトラブルである。

トラブルの防止策

宅地の評価に当たって路線価図の見誤りは、基本的なミスと言わざるを得ない。その表示符号を確認することがトラブルの防止策である。

ちなみに、次図の場合には、A地、C地及びD地はいずれも「普通商業・併用住宅地区」であり、B地は「普通住宅地区」として評価することになる。

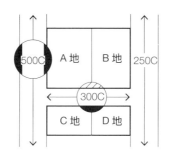

　ところで、事例とは関係ないが、土地の評価に当たり、路線価格等に基づく相続税評価額ではなく、鑑定評価等によって「時価」を算定し申告する方法もあり得る。ただし、その鑑定評価額が適正と認められなければ、税務上も認容されないことはいうまでもない。

　税務当局における鑑定評価額の適否の判断は、鑑定条件の確認、試算価格（取引事例比較法による「比準価格」と収益還元法による「収益価格」をいう）等を中心として行い、算定根拠が適正と認められるものに限り、申告を容認し、そうでなければ、たとえ不動産鑑定士等による鑑定価格であっても否認されることになる。次のような鑑定価格は、否認の対象になると考えられる。

① 価格時点（鑑定時点）が相続開始時と異なるもの
② 評価対象地の評価単位が財産評価基本通達に定める評価単位と異なる画地で鑑定しているもの
③ 鑑定価額が収益価格だけで評価するなど、偏った鑑定方法によっているもの
④ 鑑定において採用している取引事例が付近の売買実例でなく、遠隔地の低い価格の取引事例のみによっているもの

　鑑定評価による方法は、時価申告の一つの手段であることは間違いないが、上記のように一定の条件ないし制約があることも承知しておく必要がある。

4 正面路線の判定方法

トラブル事例

　被相続人の有するA宅地とB宅地の形状は、下図のとおりである。路線価方式で評価する際の「正面路線」は、2以上ある路線価格のうち高い方の路線であるとして、いずれも60万円を正面路線価として評価した。
　相続税の申告後に、60万円の路線価は宅地に影響を与える度合が小さいことから、40万円を正面路線価として評価すべきであったことが判明した。

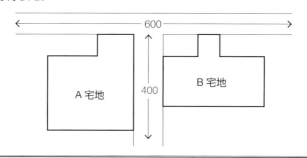

トラブルの原因と分析

1 正面路線の意義

　複数の路線に面する宅地の評価において、正面路線の判定は極めて基礎的な事柄であるが、それだけに判定ミスは許されない。評価額の算定のベースとなる正面路線とは、原則として、複数の路線価格に奥行価格補正率を乗じて計算した1平方メートル当たりの価額の高い方の路線をいう（評基通16(1)）。

　もっとも、奥行価格補正率を乗じて計算した価額が同額である場合には、路線に接する間口距離の長い方の路線を正面路線とする。

　ただし、事例のA地やB地のように高い方の路線価（60万円）の影響を受ける度合が著しく低い宅地の場合には、低い方の路線価（40万円）が接する路線を正面路線として評価することができる。

2 画地調整の多様性

　上記の事例とは異なるが、路線価方式による評価は多様性を有しているため、個々の事例ごとに適宜な方法で評価することが求められる。

　例えば、次のような宅地の場合には、正面路線価が2つあることから、その加重平均額を正面路線価とする必要がある。

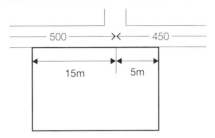

　※　正面路線価……
$$\frac{500,000円 \times 15m + 450,000 \times 5m}{15m + 5m} = 487,500円$$

　また、側方路線影響加算を行う場合であっても、次図のように評価対象地の一部が側方路線に接しているときは、その接する部分に対応する側方路線価について、加算額を調整する必要がある。

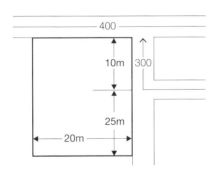

　※　側方路線影響加算額……
　　　300,000円×1.00（20mの奥行価格補正率）
　　　×0.03（側方路線影響加算率）× $\frac{10m}{35m}$ = 2,571円

I　宅地の評価におけるトラブル事例と留意点

トラブルの防止策

　上記の事例における正面路線の判定について、特に通達等の定めがあるわけではなく、また、上記の正面路線価や側方路線影響加算額の調整方法についても同様である。これらは、いわゆる質疑応答事例などによって明らかにされているものもあるが、要は合理的な方法であればよいということである。

　宅地の形状は個別性が強く、評価に際してはさまざまな疑問が生じることが多い。路線価方式の基本を踏まえながら、その応用に当たっては、常に「合理性」を意識して行うことがトラブルの防止策であると考えられる。

　なお、次図の宅地は、2つの路線についての地区区分が異なっている。この場合には、正面路線の地区区分が「普通商業・併用住宅地区」に該当するため、側方路線が「普通住宅地区」であっても、すべて「普通商業・併用住宅地区」の奥行価格補正率や側方路線影響加算率等を適用して評価することに注意する必要がある。

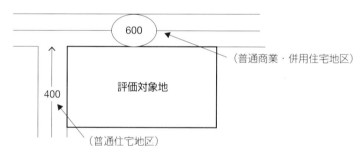

5 貸宅地の評価の留意点

トラブル事例

被相続人の有する下図のA宅地は、第三者に貸し付けられている。相続税の申告に際し、貸宅地として、1㎡当たりの価額を次のように算定した。

500,000円×(1－0.6)＝200,000円

その申告後に、近隣のB宅地が貸宅地であるとすると、1㎡当たりの価額は次のように算定されるが、B地よりも路線価格の低いA地の評価額が高くなるのはおかしいのではないか、との疑義が生じた。

600,000円×(1－0.7)＝180,000円

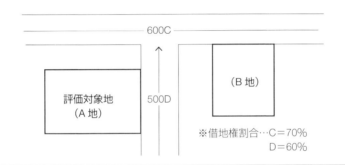

トラブルの原因と分析

1 貸宅地の評価方法

貸宅地とは、借地権の目的となっている宅地であり、その宅地の自用地としての価額から借地権価額を控除して評価することとされている（評基通25(1)）。

> 貸宅地の価額＝その宅地の自用地価額×(1－借地権割合)

したがって、事例の評価対象地であるA地の価額は、事例中の計

算のとおり、1㎡当たり20万円となり、この限りでは特段の問題はない。

■2 正面路線に接続する他の貸宅地の評価との関係■

　事例における疑問点は、B地を貸宅地として評価した場合の価額との関係である。事例中の計算にあるように、貸宅地としてのB地の価額は、1㎡当たり18万円となるのであるが、これらを比較すると、路線価格ではA地の方がB地よりも低いにもかかわらず、貸宅地として評価すると、1㎡当たりの価額はA地の方が高くなるという、いわば逆転現象が生じている。

　そこで、このような場合には、貸宅地としてのA地の価額は、正面路線の接続する他の貸宅地（B地）の正面路線価（60万円）及び借地権割合（事例の場合は70％で、直近上位の借地権割合を適用したものに限る）を基として計算した1㎡当たりの価額（18万円）を基に評価できることとされている。

　なお、貸宅地A地について奥行価格補正等の画地調整を行う場合には、A地の画地調整後の自用地価額を基に、次のように計算することになる。

$$貸宅地A地の価額 = \frac{A地の画地調整}{後の自用地価額} \times (1-0.6) \times \frac{18万円}{20万円}$$

トラブルの防止策

　財産評価基準書（路線価図）の路線価格と借地権割合によれば、事例のようなケースは稀であるかもしれない。ただし、現実に事例のような現象が生じるとトラブルになりかねない。貸宅地の評価に当たっては、評価対象地のみならず、近隣の路線価格及び借地権割合も確認することがトラブルの防止策になる。

6 貸家に隣接する駐車場用地の評価

トラブル事例

　被相続人は、賃貸マンションを有して不動産貸付業を営んでいた。その敷地は、下図のとおりであり、隣接する土地を駐車場用地としていた。
　この駐車場は、マンションの賃貸人のためのものであるが、マンションの賃貸借契約と駐車場の利用契約は別に締結されている。

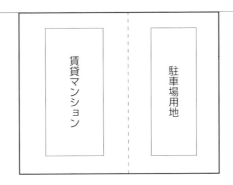

　相続税の申告に当たり、マンションの敷地は貸家建付地として評価し、駐車場用地の部分は雑種地であるため、自用地として評価した。
　相続税の申告後に、相続人から税理士に対し、駐車場はマンションの貸付けと一体のものであるから、貸家建付地として評価できたのではないかとの質問があった。

トラブルの原因と分析

❶ 地目による土地の評価区分

　土地の価額は、宅地、田、畑、山林、原野、雑種地などの地目の別に評価するのが原則であるが、この場合の地目は、不動産の登記上の地目ではなく、課税時期の現況によることとされている（評基通7）。
　上記のうち宅地とは、建物の敷地及びその維持や効用を果たすために必要な土地をいい、駐車場、テニスコート、プールなどについては、

Ⅰ　宅地の評価におけるトラブル事例と留意点　209

宅地に接続しているものは宅地に該当する。

一方、駐車場、ゴルフ場、遊園地、運動場、鉄軌道用地等は雑種地に該当することになる。

したがって、上記の事例の賃貸マンションの敷地は、いうまでもなく宅地であり、貸家の敷地となっていることから、その価額は次の算式によって評価することになる（評基通27）。

$$
\begin{array}{l}
\text{貸家建付} \\
\text{地の価額}
\end{array} = \begin{array}{l}
\text{自用地} \\
\text{評価額}
\end{array} \times (1 - \text{借地権割合} \times \text{借家権割合} \times \text{賃貸割合})
$$

また、事例の駐車場用地が宅地とは別の独立したものであれば、雑種地として評価しなければならず、その土地に何らの権利が付着していない場合には自用地としての価額が評価額になる。

■2 貸家に隣接する駐車場用地の評価

駐車場用地は、本来は雑種地に該当することになるが、上記のとおり宅地に接続しているものは宅地の扱いとなる。

上記の事例のように貸家（賃貸マンション）とその敷地内にある駐車場が区分されている場合の評価について、現行の課税実務は次のように取り扱われている。

① 駐車場の利用者がマンションの賃借人とは別の者である場合には、駐車場部分については自用地として評価する。

② マンションの賃借人がすべてその駐車場の利用者である場合には、マンションの賃貸借契約と駐車場の利用契約が別であっても、駐車場部分は貸家建付地として評価する。

したがって、上記の事例は、駐車場部分も含めて全体を貸家建付地として評価することができることになる。なお、この場合には、その全体を1画地とする。

トラブルの防止策

上記のような事例については、その取扱いを踏まえ、駐車場の利用

210 第4章 財産評価で注意したいトラブル事例と防止策

状況を確認した上で評価方法を決定する必要がある。

なお、土地の評価上の区分に関して、隣接する2以上の地目の土地を一体として利用している場合には、そのうち主たる地目からなるものとして、その一団の土地ごとに評価することとされている（評基通7ただし書）。

したがって、次図の場合、建物の敷地部分は宅地であるが、ゴルフ練習場及び駐車場（いずれも雑種地）と一体として利用し、かつ、建物の敷地以外の土地利用が主たるものと認められるため、全体（1,050㎡）を雑種地として評価することになる。

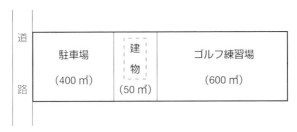

雑種地の価額は、原則として、その雑種地と状況が類似する付近の1平方メートル当たりの価額を基とし、その土地とその雑種地の位置、形状等の条件の差を考慮して評定した価額に、その雑種地の面積を乗じて評価する。

ただし、雑種地を倍率方式により評価することとしてその倍率が定められている雑種地の価額は、その雑種地の固定資産税評価額に定められた倍率を乗じて計算した金額によって評価することとされている（評基通82）。

なお、雑種地について宅地造成を要する場合には、路線価方式又は倍率方式によって評価した宅地の価額から各国税局ごとに定められた宅地造成費を控除することができるが、駐車場のように宅地造成費が不要と認められるものは、その控除はできない。青空駐車場のように、その現状が宅地と変わらないものは、宅地と同様の評価になる。

7 広大地評価の条件と判定方法

トラブル事例

被相続人の相続財産のうちに、都市計画法上の市街化区域にある700㎡の土地がある。この土地を開発したとした場合には、次のような形状が想定される。

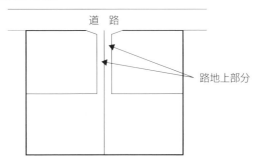

この土地について、相続人は、いわゆる広大地として評価できるとし、税理士は、開発行為を行うとした場合の公共公益的施設用地の負担がないから広大地として評価することはできないとし、両者の間で意見が対立した。

トラブルの原因と分析

1 広大地の意義と評価方法

広大地とは、その地域における標準的な宅地の地積に比して著しく地積が広大な宅地で、都市計画法4条12項に規定する開発行為を行うとした場合に、公共公益的施設用地（都市計画法4条14項に規定する道路、公園等の公共の用に供される土地及び同法施行令27条に掲げる教育施設、医療施設等の公益的施設の用に供される土地）の負担が必要と認められるものをいう（評基通24-4本文）。

このため、広大地の場合には、不動産業者等の買取りにおいて、通常の宅地に比べて相当程度の減価となるのが通常である。こうした点を考慮して、広大地の価額は、次のように評価することとされている（評基通24-4）。

①　その広大地が路線価地域に所在する場合……次の算式により求めた価額による。

なお、この広大地補正率を求める算式は、地積が5,000㎡までの広大地について適用される。したがって、地積が5,000㎡を超える広大地は、原則として財産評価基本通達5（評価方法の定めのない財産の評価）により個別に評価することになるが、地積が5,000㎡超の広大地についても、広大地補正率を0.35（補正率の下限）として評価することができる。

ちなみに、地積に応じた補正率は、次のようになる。

（地　積）	（広大地補正率）
1,000㎡	0.55
2,000㎡	0.50
3,000㎡	0.45
4,000㎡	0.40
5,000㎡	0.35

②　その広大地が倍率地域に所在する場合……その広大地が標準的な間口距離及び奥行距離を有するとした場合の1㎡当たりの価額を「路線価」として、上記①に準じて計算した価額による。

2 広大地の範囲と判定

上記の事例は、相続財産となった土地がそもそも広大地に該当するかどうかが問題となったものである。広大地とは、上記のとおり、その地域の標準的な宅地の地積に比して著しく地積が広大な宅地で、開発行為を行うとした場合に、道路等の潰れ地が生じるものをいう。このため、大規模工場用地や中高層の集合住宅等の敷地用地に適しているもの（いわゆるマンション適地）は、広大地には該当しないことと

されている（評基通24-4本文かっこ書）。

国税庁は、広大地に該当するかどうかについて、次のような考え方を示している（平成16年6月29日付国税庁資産評価企画官情報第2号「『財産評価基本通達の一部改正について』通達のあらまし（情報）」）。

<広大地に該当する条件の例示>
○　普通住宅地区等に所在する土地で、各自治体が定める開発許可を要する面積基準以上のもの（ただし、下記の該当しない条件の例示に該当するものを除く）
（注）　ミニ開発分譲が多い地域に存する土地については、開発許可を要する面積基準（例えば、三大都市圏500㎡）に満たない場合であっても、広大地に該当する場合があることに留意する。

<広大地に該当しない条件の例示>
○　既に開発を了しているマンション・ビル等の敷地
○　現に宅地として有効利用されている建築物等の敷地（例えば、大規模店舗、ファミリーレストラン等）
○　原則として容積率300%以上の地域に所在する土地
○　公共公益的施設用地の負担がほとんど生じないと認められる土地
（例）　道路に面しており、間口が広く、奥行がそれほどでない土地（道路が三方及び四方にある場合も同様）

また、これらに関しては、以下のように取り扱うこととされている（平成17年6月17日付国税庁資産評価企画官情報第1号「広大地の判定に当たり留意すべき事項（情報）」）。

❶広大地の判定における面積基準

上記の「広大地に該当する条件の例示」では、各自治体が定める「開発許可面積基準」以上の土地を広大地に該当するものとしている。この場合、市街化区域と市街化調整区域の区域区分（いわゆる「線引き」）が行われていないところがあるが、線引きが行われていない地域の開

発許可面積基準は 3,000㎡であることから、非線引き地域（市街化区域と市街化調整区域の区域区分が行われていない都市計画区域）では、評価対象地の面積が 3,000㎡以上でなければ、開発を行う際に潰れ地が生ずる場合であっても広大地には該当しないことになる。

　また、非線引き地域であっても、用途地域が定められている地域については、市街化区域と同様に取り扱い、面積基準によって広大地に該当するかどうかの判定を行うこととされている。上記の平成 17 年 6 月 17 日付「情報第 1 号」では、これらの面積基準を次のように説明している。

> ＜面積基準＞
> 　原則として、次に掲げる面積以上の宅地については、面積基準の要件を満たすものとする。
> ①　市街化区域、非線引き都市計画区域（②に該当するものを除く）
> 　　……都市計画法施行令第 19 条第 1 項及び第 2 項に定める面積（※）
> 　※ 1　市街化区域
> 　　　　三大都市圏……………………500㎡
> 　　　　それ以外の地域…………1,000㎡
> 　　2　非線引き都市計画区域……3,000㎡
> ②　用途地域が定められている非線引き都市計画区域
> 　　………………………………………市街化区域に準じた面積
> 　ただし、近隣の地域の状況から、地域の標準的な規模が上記面積以上である場合については、当該地域の標準的な土地の面積を超える面積のものとする。

❷現に宅地として有効利用されている建築物等の敷地

　前記の平成 16 年 6 月 29 日付「情報第 2 号」では、「現に宅地として有効利用されている建築物等の敷地」は広大地に該当しないこととし、その例として大規模店舗やファミリーレストラン等が示されている。

　これは、このような敷地がその地域の土地の標準的使用といえるかどうかということであり、いわゆる「郊外路線商業地域」（都市の郊

Ⅰ　宅地の評価におけるトラブル事例と留意点　**215**

外の幹線道路（国道、都道府県道等）沿いにおいて、店舗や営業所等が連たんしているような地域）に存する大規模店舗等の敷地が該当することになる。

これに対し、戸建住宅が連たんする住宅街に存する大規模店舗、ファミリーレストラン、ゴルフ練習場などは、その地域の標準的な土地使用とはいえないことから、「現に宅地として有効利用されている建築物等の敷地」には該当しない。したがって、一定面積以上の土地は広大地として評価することが可能になる。

❸ **公共公益的施設用地の負担**

広大地の評価は、もともと戸建住宅の分譲用地として開発した場合に相当程度の「公共公益的施設用地」の負担が生じる土地を前提としたものであり、その開発区域内における道路の開設の必要性により判定するのが原則である。

したがって、建築基準法42条2項の規定によるセットバックを必要とする場合のその土地部分や、次図のようにセットバックを必要とする土地ではないが、開発行為を行う場合に道路敷きを提供しなければならない土地部分は、開発区域内の道路開設には当たらないことから、広大地には該当しないことになる。

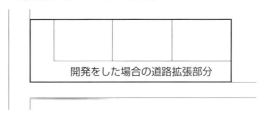

❹ **マンション適地の判定**

いわゆるマンション適地は広大地に該当しないこととされているが、戸建住宅とマンション等が混在する地域（主に容積率200%の地域）については、周囲の状況や専門家の判断からして、明らかにマンション等の敷地に適していると認められる土地を除き、広大地に該当すると考えられる。

一方、容積率が300%以上の地域であっても、道路の幅員などの事情からマンションの建設ができないような場合には、例外的に広大地

として取り扱われることがあるが、マンション適地かどうかの判定は、原則として容積率によることになる。

❺ 市街化調整区域内の土地

　市街化調整区域内の土地はもともと広大地評価の対象外であるが、「条例指定区域内の土地」（都市計画法の定めにより開発行為を許可することができることとされた区域内の土地）であり、都道府県の条例により戸建分譲を目的とした開発行為を行うことができる場合には広大地に該当することになる。

トラブルの防止策

　広大地として評価するのは、前述したとおり開発行為を行う場合に公共公益的施設用地として「潰れ地」が生ずることを前提としている。

　前記のトラブル事例において、いわゆる路地上開発を行うことが合理的で、かつ、その土地の有効利用に資するとすれば、開発行為によって潰れ地が生じることはない。したがって、広大地として評価することは不可能であると考えられる。

　ただ、広大地として評価できるかどうかは、専門的な見地からの検討を要する場合が多い。不動産鑑定士その他の専門家の意見を聴取することがトラブルの防止策である。

Ⅰ　宅地の評価におけるトラブル事例と留意点　**217**

8 ▌共有土地の分割と広大地評価の適用

トラブル事例

　被相続人の財産として、被相続人、子Ａ、子Ｂ及び子Ｃが各４分の１の持分を有する地積 1,200㎡の宅地があった。

　被相続人の生前に相続税について相談を受けた税理士は、共有財産は、遺産分割等において相続人間で紛争が生じやすいため、事前に共有状態を解消しておいた方がよいとのアドバイスをした。

　そこで、被相続人の生前中に共有者４人による共有物分割を行い、次図のとおり、各人とも 300㎡の宅地を有することとなった。

（共有物分割前）

```
←――――――――― 200D ―――――――――→
┌─────────────────────────┐
│ ┌───── 60m ─────┐        │
│ │               │        │
20m│ │   (1,200㎡)   │        │
│ │               │        │
│ └───────────────┘        │
└─────────────────────────┘
```

⬇

（共有物分割後）

```
←――――――――― 200D ―――――――――→
┌─────────────────────────┐
│ ┌──┬──┬──┬──┐            │
│ 15m│15m│15m│15m            │
20m│   │   │   │   │            │
│(300㎡)(300㎡)(300㎡)(300㎡) │
│ └──┴──┴──┴──┘            │
└─────────────────────────┘
```

　その後、被相続人に相続が開始し、相続税の申告を行うこととなった。その時点で相続人から、この土地が共有のままであったら広大地として評価できたにもかかわらず、共有物分割を行ったために広大地評価が不可能になり、結果として相続税が増加したのではないか、また、共有物分割を指導した税理士のアドバイスは誤りだったのではないか、という指摘があった。

218 ▌第４章　財産評価で注意したいトラブル事例と防止策

トラブルの原因と分析

■1 共有財産の評価と広大地評価

　民法は、財産が共有されている場合の各共有者は、共有物の全部について、その持分に応じた使用をすることができると定めている（民法249）。このため、各共有者は、その財産の全体に使用収益権が及んでいると考えられている。

　これを受けて、財産の評価上は、共有財産の全体の価額を算出し、その価額をその共有者の持分に応じてあん分することとされている（評基通2）。

　したがって、上記の事例の土地が相続開始時において共有状態であったとすれば、まず、土地全体の価額を評価するのであるが、広大地に該当する場合には、次のように、全体を広大地として評価した上で被相続人の持分の価額を計算することになる。

　○広大地補正率……$0.6 - 0.05 \times \dfrac{1,200\text{㎡}}{1,000\text{㎡}} = 0.54$

　○広大地全体の評価額……20万円 × 0.54 × 1,200㎡ = 1億2,960万円

　○被相続人の持分の価額……1億2,960万円 × $\dfrac{1}{4}$ = 3,240万円

■2 共有物の分割後の評価額

　上記の事例では、被相続人の相続開始前に共有物分割を行っており、この場合には、当然のことながら被相続人の単独所有となった土地が相続財産となる。

　問題は、共有土地を分割したことにより、広大地の面積基準を満たさなくなったことにある。このため、被相続人の土地（300㎡）の価額は、次のようになる。

　　20万円 × 1.00（奥行価格補正率）× 300㎡ = 6,000万円

　この結果、広大地として評価した場合に比べ相続財産価額は大幅に増加することになる。事例において、相続人が指摘したのはこの点である。

Ⅰ　宅地の評価におけるトラブル事例と留意点 **219**

トラブルの防止策

　共有財産については、上記の事例において税理士が指導したように、共有者間で権利関係をめぐる紛争が生じやすいことは事実である。したがって、共有状態は早期に解消しておくことにメリットが得られる場合が多い。この限りでは、上記の税理士のアドバイスは適切であったということができる。

　ただし、共有財産が単独所有となった場合のその財産価額の変動には十分な注意が必要であり、とりわけ、上例の広大地の評価が関係する場合には、特段の配慮が必要である。税務問題に対してはさまざまな角度からの検討を要するということである。

　なお、次図の＜ケース１＞のように２筆の土地が相続財産である場合に、Ａ土地とＢ土地を２人の相続人がそれぞれ別に取得すると、面積基準を満たさないため広大地には該当しないが、＜ケース２＞のように共有で取得すると面積の全体からみて広大地になる場合がある。

＜ケース１＞

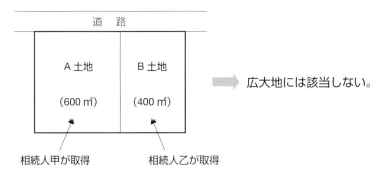

<ケース2>

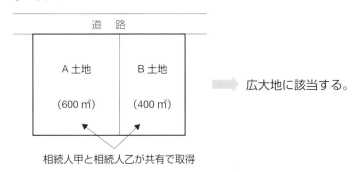

広大地に該当する。

　事例に関する問題ではないが、広大地評価が可能かどうかの判定について、前述した国税庁の「情報第1号」では、次図のように示されているので参考のために掲記しておくこととする。

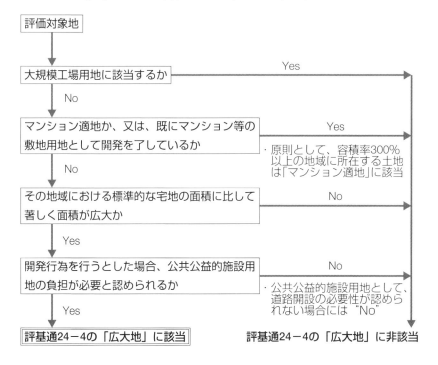

I　宅地の評価におけるトラブル事例と留意点

9 使用貸借に係る貸家の敷地の評価方法

トラブル事例

　被相続人甲の相続財産として、次の２つの宅地があり、いずれも相続人Ａが相続により取得した。Ａは、これらの宅地をいずれも自用地として評価して相続税の申告を行った。
① 　宅地上に相続人Ａの所有する貸家があるが、その敷地である宅地は、Ａが甲から使用貸借により借り受けていたものである。

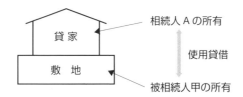

② 　宅地上に相続人Ａの所有する貸家がある。その貸家はもともと被相続人甲の所有であったが、甲の相続開始の５年前にＡが甲から贈与により取得していたものである。その贈与を受けた後のＡと甲の間に地代の授受はなく、使用貸借となっていた。
　なお、貸家の賃借人は、その贈与前から相続開始時まで変わっていない。

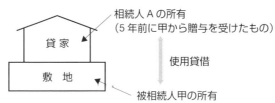

　上記の貸家の敷地について、相続税の申告後に「貸家建付地」として評価できたのではないか、という疑義が生じた。

トラブルの原因と分析

1 使用貸借に係る土地の評価方法

　使用貸借とは、無償により物を借り受ける契約をいい（民法593）、有償による賃貸借契約と対比される。賃貸借契約により土地を借り受

けた場合には、通常の場合、借地人に借地権が生じる。このため、権利金等を授受しないで土地を借り受けた場合には、土地所有者から借地人に対して授受すべき権利金相当額の贈与があったものとみなされる。

しかしながら、土地を使用貸借により借り受けた場合の借地人には借地借家法による保護がなく、その権利（使用借権）は極めて希薄なものである。このため、建物又は構築物の所有を目的として使用貸借による土地の借り受けがあった場合において、借地権の設定に際し、その対価として権利金等の一時金を支払う慣行のある地域においても、その使用貸借に係る使用権の価額はゼロとして取り扱うこととし、借地人に対する贈与税課税はないものとされている（昭和48年11月1日直資2－189ほか「使用貸借に係る土地についての相続税及び贈与税の取扱いについて」通達の1）。

このように使用借権の価額がゼロとされるため、使用貸借に係る土地を相続、遺贈又は贈与により取得した場合のその土地の価額は、自用地として評価することになる（上記通達の3）。

このことは、その土地の上に存する建物が貸家であっても同様であり、その敷地である土地は貸家建付地ではなく、自用地として評価することになる。これは、その建物の賃借人の敷地利用権は、建物所有者（使用貸借による土地借受者）の敷地利用権から独立したものではなく、建物所有者の敷地利用権の範囲に従属したものと解されていることによる。

したがって、上記の事例における①の宅地について、自用地として評価し、相続税の申告を行ったことに誤りはない。

■2 貸家が贈与された後のその敷地の評価の取扱い

問題は、上記の事例の②の宅地の評価である。土地の使用貸借が開始される前（事例の甲からAに建物が贈与される前）に既に建物に係る賃貸借契約が、建物所有者（事例の甲）と建物賃借人との間で締結されたものであり、その建物所有者が土地所有者でもある場合のその建物賃借人の有する敷地利用権は、その建物が他の者に移転したと

Ⅰ　宅地の評価におけるトラブル事例と留意点　**223**

しても侵害されないと解されている。

　したがって、この場合の敷地については、土地の使用貸借が開始される前後を通じて貸家建付地として評価することができることになる。事例の②の場合に自用地として評価したことは、過大評価であり、貸家建付地として評価すべきであったことになる。

　なお、事例の②の宅地は過大に評価されているため、法定申告期限から5年以内であれば、国税通則法23条1項1号を事由として更正の請求が可能である。

トラブルの防止策

　使用貸借に係る土地は自用地評価するというのが原則であるが、その土地上の建物が貸家であり、かつ、建物所有者と土地所有者が異なるというケースでは、過去に建物の贈与等があったどうかの履歴を確認する必要がある。

　なお、上記 **2** に関して、建物の贈与を受けた後に、受贈者Aが建物賃借人との間の賃貸借契約を解約し、新たな建物賃借人と賃貸借契約を締結した場合には、旧建物賃借人が有していた敷地利用権は、その賃貸借契約が解約された時点で消滅すると解されている。したがって、この場合には、貸家建付地ではなく、自用地として評価しなければならない。要は、建物の贈与後に借家人に変更があったどうかも確認する必要があるということである。

Ⅱ 家屋その他の財産の評価におけるトラブル事例と留意点

1 課税時期に空家となっている貸家の評価

トラブル事例

被相続人は、戸建ての貸家を8棟所有して不動産貸付業を営んでいたが、相続開始時においてそのうちの1棟は空家となっていた。

被相続人の主たる事業が不動産貸付けであること、また、その空家は相続開始の2か月前まで賃借人がおり、空家となった後も賃借人を募集していたことなどを勘案し、相続税の申告においては、すべての家屋を貸家とし、その敷地である宅地を貸家建付地として評価した。

その後の税務調査において、空家とその敷地について貸家及び貸家建付地としての評価を否認するとの指摘を受けた。

トラブルの原因と分析

❶貸家及び貸家建付地の評価

現行の財産評価基本通達の取扱いでは、貸家とその敷地である貸家建付地については、次によりその価額を評価することとしている（評基通93、26）。

貸家の価額＝自用家屋としての価額×（1－借家権割合×賃貸割合）

貸家建付地の価額

　＝自用地としての価額×（1－借地権割合×借家権割合×賃貸割合）

この算式における「賃貸割合」は、その貸家に係る各独立部分（構造上区分された数個の部分の各部分をいう）がある場合に、その各独立部分の賃貸の状況に基づいて、次の算式により計算した割合によるとされている（評基通26⑵）。

Ⅱ　家屋その他の財産の評価におけるトラブル事例と留意点　225

$$賃貸割合 = \frac{Aのうち課税時期において賃貸されている各独立部分の床面積の合計}{当該家屋の各独立部分の床面積の合計（A）}$$

　実務において問題があるのは、空室のある賃貸建物の評価に際しての「賃貸割合」であるが、上記の取扱いは、貸家に「各独立部分がある場合」に適用することとされている。したがって、いわゆるアパートなどの共同住宅とその敷地について、その一部が空室である場合の取扱いであると解される。

　そうであれば、上記の事例のような戸建ての家屋の場合には、そもそも「賃貸割合」は関係しないことになる。課税時期において空家であれば、その空家の期間や賃貸人の募集などの状況を勘案するまでもなく、評価上は「貸家」ではなく自用の家屋となり、また、その敷地は「貸家建付地」ではなく自用地として評価しなければならないことになる。

　上記の事例における貸家及び貸家建付地として評価した申告は、現行の取扱いからみれば、否認されてもやむを得ないものと考えられる。

■2 共同住宅の一部が空室である場合の取扱い

　実務上の問題は、上記の事例のような家屋ではなく、賃貸アパート等の共同住宅の一部に空室がある場合の評価方法である。

　上記の「賃貸割合」に関して、財産評価基本通達は、「上記算式の『賃貸されている各独立部分』には、継続的に賃貸されていた各独立部分で、課税時期において、一時的に賃貸されていなかったと認められるものを含むこととして差し支えない。」こととしている（評基通26⑵（注）2）。

　その上で、次のような事実関係から、アパート等の各独立部分の一部が課税時期において一時的に空室となっていたにすぎないと認められるものについては、課税時期においても賃貸されていたものとして取り扱って差し支えない、とする解説がある（谷口裕之編『平成25年版財産評価基本通達逐条解説』201頁（大蔵財務協会））。

226　第4章　財産評価で注意したいトラブル事例と防止策

① 各独立部分が課税時期前に継続的に賃貸されてきたものであること。

② 賃借人の退去後速やかに新たな賃借人の募集が行われ、空室の期間中、他の用途に供されていないこと。

③ 賃貸されていない期間が、課税時期の前後の例えば1か月程度であるなど一時的な期間であること。

④ 課税時期後の賃貸が一時的なものでないこと。

　これらについて、一般の不動産貸付の場合には、①、②及び④はほとんど問題にならないと考えられる。結局、③の一時的な空室であるかどうかの判断が重要になるのであるが、その期間について「例えば」としながらも、「1か月程度」としている上記の解説については、不動産貸付けの現状や実態からみて、さまざまな見解があり得る。

　要は、きわめて長期間（半年ないし1年程度）でない限り、賃貸が継続していれば、貸家及び貸家建付地としての評価が容認されると考えられるが、個別の状況で判断する以外に明確な基準はない。

トラブルの防止策

　上記のとおり「一時的な空室」であるかどうかについての明確な基準がないのが現状であるが、空室のあるアパート等の評価において、すべてを貸家及び貸家建付地として評価する場合には、空室について賃貸人の募集が行われていることなど、少なくとも賃貸が継続していることは、納税者において立証する必要がある。

　過去の賃貸実績や賃貸人の募集に関する資料等を整備しておく必要がある。

Ⅱ　家屋その他の財産の評価におけるトラブル事例と留意点

2 建築中の家屋の評価と前渡金・未払金の関係

トラブル事例

　被相続人は、自宅の家屋の建築途中で死亡した。建築会社との間の建築請負契約では、請負金額が3,000万円であり、被相続人は、相続開始時までに手付金及び中間金として1,000万円を支払っていた。

　相続税の申告を依頼された税理士は、相続人に対し、建築中の家屋の相続税評価額は、相続開始時における費用現価の70％相当額になることを説明した上で、建築会社に工事の進捗割合を確認した。

　建築会社からの回答は、工事の進捗割合は60％であり、相続開始時点の費用現価は、おおむね請負金額の60％相当額であるというものであった。

　そこで、相続税の申告に当たり、その建築中の家屋の価額を次のように評価した。

　　　　3,000万円×60％×70％＝1,260万円

　相続税の申告後に、その評価額の計算と既に支払済みの手付金・中間金（1,000万円）との関係について疑問が生じた。

トラブルの原因と分析

1 建築中の家屋の評価方法

　建築中の家屋については、当然のことながら固定資産税の評価額は付されていない。そこで、その価額は、その家屋の費用現価の70％相当額で評価することとされている（評基通91）。

　この場合の費用現価とは、課税時期までに投下された建築費用の額を、課税時期の価額に引き直したものであり、また、その70％相当額により評価するのは、その家屋が未完成品であることから、評価上の安全性に配慮したものであると説明されている（谷口裕之編「平成25年版財産評価基本通達逐条解説」407頁（大蔵財務協会））。

　もっとも、課税時期の費用現価を納税者が把握することは、実際問題として不可能である。このため、実務においては、費用現価の額を建築会社に確認を求める以外に方法はないが、その額は、建築請負金

228　第4章　財産評価で注意したいトラブル事例と防止策

額に工事の進捗割合を乗じた金額とおおむね一致する例が多いようである。

　そうであれば、上記の事例において評価した価額（1,280万円）は、上記の通達の取扱いに則したものとして問題はないと考えられる。

■2 建築中の家屋の評価と手付金・中間金との関係

　上記の事例は、建築中の家屋の評価それ自体ではなく、相続開始時まで支払った手付金及び中間金との関係が問題となったものである。

　家屋の建築費用については、その完成引渡しの前に手付金や中間金を支払う慣行がある。これは、建築会社において建築資材等の調達に充てるためのものであると考えられており、そのことを前提とすると、工事の進捗割合に応じて手付金や中間金が支払われるべきものであるという見方になる。

　上記の事例では、相続開始時の工事の進捗割合が60％となっており、上記の考え方からみれば、相続開始時において建築請負金額（3,000万円）の60％相当額である1,800万円の手付金及び中間金が支払われていなければならないことになる。そうであれば、1,000万円を支払った時点で相続が開始したという上記の事例では、800万円（＝1,800万円－1,000万円）が未払いとなっていることになる。

　事例における疑問点は、この点についてであり、結局、800万円の債務控除が可能であり、相続税の申告において控除漏れになっていたということである。

トラブルの防止策

　建築中の家屋の評価に際しては、建築請負金額、費用現価の額、工事の進捗割合、手付金・中間金の支払状況等を確認し、検討した上で相続税の申告に対処する必要がある。

　なお、上記の事例において、相続開始時点で、仮に2,000万円の手付金及び中間金が支払済みであったとすれば、200万円（＝2,000万円－3,000万円×60％）が「前渡金」として相続財産を構成することになると考えられる。

Ⅱ　家屋その他の財産の評価におけるトラブル事例と留意点　229

ところで、建築中の家屋を費用現価の70％相当額で評価するという財産評価基本通達の取扱いは、その建築中の家屋の所有権が被相続人に帰属している場合に適用できるものであり、建築請負契約により、その所有権が建築業者にある場合には適用できないという考え方がある。仮に、そうであれば、費用現価は評価には関係せず、課税時期までに建築業者に支った手付金及び中間金は、単なる前渡金であり、その支払額が相続財産の価額となる。

　しかしながら、課税当局の通達、質応答事例等にそのような説明や解説はないこと、家屋の建築形態のほとんどが請負契約によっている現状からみると、建築中の家屋については、すべて財産評価基本通達の取扱いによって評価できると考えられる。

　なお、事例とは直接的な関係はないが、居住用建物の建築中に相続が開始した場合の小規模宅地等の特例の適用については、以下のように取り扱われている（措通69の4−8）。

　建築中の居住用建物の敷地について、次の要件を満たす場合には、小規模宅地等の特例における居住用宅地等に該当し、特定居住用宅地等であれば特例が適用される。

①　建築中の建物は、被相続人又は被相続人の親族が所有するものであり、かつ、被相続人等の居住の用に供されると認められるものであること。

②　原則として、相続税の申告期限までに、その建築中の建物を次に掲げる被相続人の親族が居住の用に供していること。

　㈠　その建物又はその建物の敷地を取得した親族

　㈡　生計を一にしていた親族

　このうち①については、相続開始直前に被相続人等が自己の居住用建物を所有していなかった場合に限り、居住用宅地等となる。もっとも、被相続人等が相続開始の直前に居住していた建物が建築中の一時的な目的で入居していたと認められるものである場合には、居住用建物を所有していたことにはならないこととされている。

3 ▎一般動産の評価における償却費の計算上の留意点

トラブル事例

　個人で自動車修理業を営んでいた被相続人に相続が開始した。その相続財産には、事業の用に供されていた機械装置、器具備品、車両運搬具が含まれている。

　被相続人は、生前の事業所得について青色申告を行っており、機械装置等の減価償却資産の償却方法は、定額法によっていた。

　相続税の申告に当たり、相続財産となった機械装置、器具備品及び車両運搬具については、所得税の申告上の未償却残額を相続税評価額としたが、申告後に同業者から、所得計算と相続税の評価額は異なるため、相続税が過大申告になっている可能性があるとの指摘を受けた。

トラブルの原因と分析

1 一般動産の評価方法

　一般動産には、個人事業者の事業用の機械及び装置、器具、備品、車両運搬具などが含まれ、一般家庭用のものとしては家具や什器、非事業用の車両運搬具などがある。

　これらの財産の価額は、売買実例価額や精通者意見価格等を参酌して評価するのが原則であるが、これらの価額が明らかでないものは、次により評価することとされている（評基通129）。

$$
\text{一般動産の価額} = \begin{pmatrix} \text{その動産と同種・同} \\ \text{規格の新品の課税時} \\ \text{期における小売価額} \end{pmatrix} - \begin{pmatrix} \text{その動産の製造の時か} \\ \text{ら課税時期までの期間} \\ \text{の償却費の額の合計額} \end{pmatrix}
$$

　このような評価方法をみれば、上記の事例における相続税の申告は、一見すると間違いはないように思われる。

2 償却費の額の計算方法の取扱い

　注意したいのは、上記 1 の算式における償却費の額の計算方法で

Ⅱ　家屋その他の財産の評価におけるトラブル事例と留意点 ▎231

あり、次のように取り扱うこととされている (評基通129、130)。

① 償却費の計算期間……その動産の製造の時から課税時期までの期間に1年未満の端数があるときは、その端数は1年とする。

② 耐用年数……耐用年数省令に規定する耐用年数による。

③ 償却方法……定率法による。

これによると、所得税の事業所得の計算における減価償却費の計算方法とは、明らかに2つの点で異なっている。第一に、所得計算上の減価償却費は、資産の取得日（事業供用日）から償却期間の末日までの間が1年未満であるときは、いわゆる月割計算によるが、相続税の評価では、製造の時から課税時期までの期間に1年未満の端数があるときは1年とすること、第二に、所得税における法定償却方法は定額法であるのに対し、相続税の評価では定率法によっていることである。

一般に、定率法を適用した場合の未償却残額は、定額法を適用した場合の未償却残額を下回ることになる。このため、上記の事例のように機械装置等について所得税の申告における未償却残額を相続税の評価額とすることは過大評価になる可能性が高いのである。

なお、平成20年1月1日以後の相続等により取得した一般動産に係る償却方法は、現行の「定率法」によることになる（同日前の相続等の場合は、いわゆる「旧定率法」が適用されていた）。

トラブルの防止策

減価償却資産の償却方法に関しては、所得税や法人税に関する法令や耐用年数省令などにおいて詳細に定められている。このため、相続税の財産評価においても、これらの法令等に安易に依存しがちであるが、所得税・法人税と相続税の取扱いとの間には、大きな差異があることに留意する必要がある。

なお、一般動産の評価に関しては、非上場株式の評価において、いわゆる純資産価額方式による場合にも注意を要する。評価会社の有する資産としての機械及び装置、器具、備品及び車両運搬具等の相続税評価額は、上記 **1** 及び **2** の取扱いによることになるのである。

232 第4章 財産評価で注意したいトラブル事例と防止策

Ⅲ 上場株式の評価におけるトラブル事例と留意点

1 課税時期の最終価格の特例
——権利落等がある場合の留意点

トラブル事例

　被相続人は、平成Ｘ年7月30日に死亡した。同人は、上場会社であるＹ社の株式を1万株保有していた。

　相続税の申告に当たり、相続開始日の終値と相続開始日の属する月（平成Ｘ年7月）の月中平均額、その前月（同年6月）の月中平均額及びその前々月（同年5月）の月中平均額を調査し、そのうち最も低い価格を評価額として相続税の申告を行った。

　相続税の申告後に、Ｙ社は、平成Ｘ年7月31日を株式の無償交付の割当基準日として増資を行っていることが判明した。

トラブルの原因と分析

1 上場株式の評価方法の原則

　上場株式とは、金融商品取引所に上場されている株式をいい、その株式の価額は、金融商品取引所の公表する次の①から④までの価格のうち最も低い価額で評価することとされている（評基通169⑴）。

① 課税時期の終値

② 課税時期の属する月の毎日の終値の月平均額

③ 課税時期の属する月の前月の毎日の終値の月平均額

④ 課税時期の属する月の前々月の毎日の終値の月平均額

　なお、終値の月平均額は、金融商品取引所（証券取引所）が発行する統計月報や日本証券新聞に掲載されており、また、金融商品取引所のホームページでも確認することができる。

Ⅲ　上場株式の評価におけるトラブル事例と留意点　**233**

2 権利落等がある場合の課税時期の終値の特例

ところで、株式会社が増資や配当を行う場合には、「基準日」が定められ、基準日現在の株主に対して、その権利が与えられる。このため、その基準日が過ぎると、いわゆる「権利落」又は「配当落」として株価が下落するのが通常である。

この場合において、株式の割当て、株式の無償交付あるいは配当金の交付に係る「権利落等」の日は、金融商品取引所における株取引の決済の関係により、これらの基準日の2日前の日となるのが通常である。

こうした取引の状況を反映させるため、上記1の①の課税時期の終値については、次のような特例的な取扱いをすることとされている。

① 課税時期が権利落等の日から株式の割当て等の基準日までの間にある場合……その権利落等の日の前日以前の終値のうち、課税時期に最も近い日の終値を課税時期の終値とする（評基通170）。

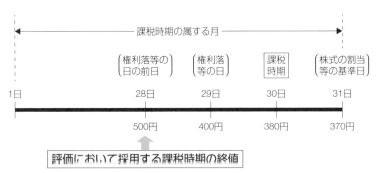

② 課税時期が権利落等の日の前日以前で、課税時期の取引がなく、かつ、課税時期に最も近い日の終値が権利落等の日以後のものである場合……課税時期の前日以前の終値のうち、課税時期に最も近い日の終値を課税時期の終値とする（評基通171⑵）。

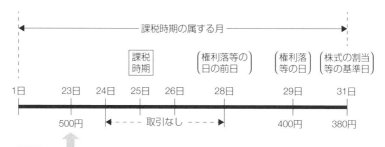

③ 課税時期が株式の割当等の基準日の翌日以後で、課税時期に取引がなく、かつ、課税時期に最も近い日の終値が権利落等の前日以前のものである場合……課税時期の翌日以後の終値のうち、課税時期に最も近い日の終値を課税時期の終値とする（評基通171(3)）。

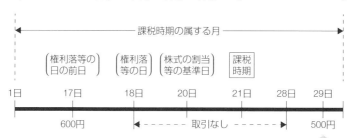

　上記のトラブル事例は、課税時期（平成Ｘ年7月30日）が権利落等の日（平成Ｘ年7月29日）から株式の無償交付の基準日（平成Ｘ年7月31日）までの間にあるケースである。

　したがって、上記①の課税時期の終値の特例を適用すべき事例であり、権利落等の日の前日以前の終値のうち、課税時期に最も近い日の終値を課税時期の終値として採用しなければならない。

トラブルの防止策

　上場株式等について、その発行会社が増資や配当を行う場合には、株主に対する通知が行われる。これらの関係書類等の保管と確認を怠らないことがトラブルの防止策である。

なお、課税時期の終値に関しては、上場株式の評価上、次の点にも留意する必要がある。

① その株式について、課税時期に取引がない場合には、上記した権利落等がある場合を除き、課税時期の前日以前の終値と翌日以後の終値のうち、課税時期に最も近い日の終値を課税時期の終値とする（評基通171(1)）。

この場合において、課税時期に最も近い日の終値が、課税時期の前日以前と翌日以後の双方があるときは、その平均額を課税時期の終値とする。

② その株式が2以上の取引所に上場されている銘柄の終値については、納税義務者が選択した取引所の公表する価格によって評価することができる。

ただし、課税時期の終値がある取引所があるにもかかわらず、その終値のない取引所を選択することはできない。

2 | 最終価格の月平均額の特例
——権利落等がある場合の留意点

トラブル事例

　被相続人は、平成Ｘ年7月30日に死亡した。同人は、上場会社であるＹ社の株式を1万株保有していた。

　相続税の申告に当たり、相続開始日の終値と相続開始日の属する月の月中平均額、その前月の月中平均額及びその前々月の月中平均額を調査し、そのうち最も低い価額を評価額として相続税の申告を行った。

　相続税の申告後に、Ｙ社は、平成Ｘ年7月31日を株式の無償交付の割当基準日として増資を行っていることが判明したが、相続開始日の属する月（平成Ｘ年7月）の月中平均額は、その月の1日から31日までの平均額を基に評価していた。

トラブルの原因と分析

■1 課税時期が株式の割当ての基準日以前の場合の終値の月中平均額の取扱い

　上記の事例は、前記1の事例と同様のものであるが、課税時期の終値に関するトラブルではなく、終値の月中平均額に関する取扱いである。

　課税時期の属する月（上記の事例の平成Ｘ年7月）に権利落があり、課税時期がその株式の割当ての基準日以前である場合には、その株式の価額は、権利落前の価額で評価する必要がある（評基通172(1)）。

　したがって、その課税時期の属する月の終値の月中平均額は、その月の初日からその権利落の日の前日までの毎日の終値の平均額によることとされている。

　ただし、課税時期の属する月の前月及び前々月の終値の月中平均額は、権利含みの価額となっているため、それぞれの月中平均額をそのまま採用できることになる。

　なお、配当落があった場合の月中平均額については特例がないため、それぞれの月の月中平均額をそのまま採用することになる。

Ⅲ　上場株式の評価におけるトラブル事例と留意点　**237**

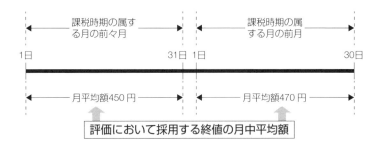

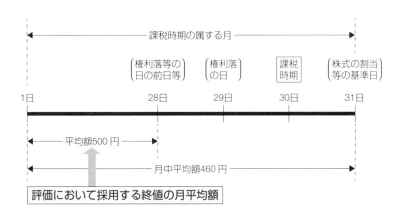

　上記の事例は、課税時期の属する月の終値の平均額をこの図の460円としていたものであるが、権利落等の前日までの平均額である500円を採用し、評価しなければならないケースである。

2 課税時期が株式の割当ての基準日以前で課税時期の属する月の初日以前に権利落がある場合の終値の月中平均額の取扱い

　上記の事例に関して、課税時期の属する月の初日以前に権利落があり、課税時期がその株式の割当ての基準日以前にある場合にも、上記 1 の場合と同様にその株式の価額を権利落前のものとして評価する必要がある。

　もっとも、課税時期の属する月の月中平均額は、権利落後のものとなっているため、次の算式によってその権利落の月中平均額を権利落前の水準に修正し、その修正後の価額によることになる（評基通172(2)）。

$$\text{課税時期の属する月の終値の月中平均額} \times \left\{1 + \text{株式1株に対する割当株式数又は交付株式数}\right\} - \text{割当てを受けた株式1株につき払い込むべき金額} \times \text{株式1株に対する割当株式数}$$

なお、課税時期の属する月の前月の終値の月中平均額は、その月の初日から権利落の日の前日までの毎日の終値の平均額による。また、課税時期の属する月の前々月の終値の月平均額は、権利落前の価額となっているため、その月の毎日の月中平均額をそのまま採用することができる。

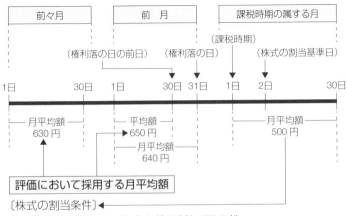

課税時期の属する月の終値の月平均額（修正計算）

500円×(1+0.3)−50円×0.3＝635円

トラブルの防止策

上記 **2** の終値の月中平均額の修正計算は、課税時期の属する月の平均額に対するものであるが、課税時期が株式の割当基準日の翌日以後である場合には、その株式の価額を権利落後のものとする必要がある。このため、次のようになる。

① 課税時期の属する月の終値の月中平均額……その権利落の日からその月の末日までの終値の平均額による（**評基通172(3)**）。

②　課税時期の属する月の前月及び前々月の終値の月中平均額は、それぞれ次の算式によって権利落前の月中平均額を権利落後の水準に修正し、その修正後の金額による（評基通172⑷）。

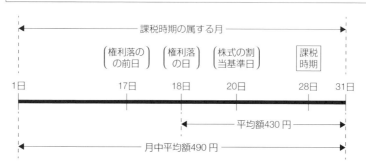

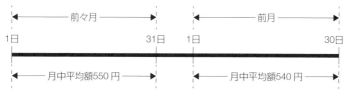

この例では、課税時期の属する月の終値の平均額は、権利落後の平均額である430円を採用することになるが、その前月と前々月の終値の月中平均額は、上記の算式によって権利落後の価額に修正する必要がある。

〔株式の割当条件〕

①　株式の割当数……株式1株に対して0.3株
②　株式1株につき払い込むべき金額……50円

〈課税時期の前々月の終値の月中平均額（修正計算）〉

　　（550円＋50円×0.3）÷（1＋0.3）＝434円

〈課税時期の前月の終値の月中平均額（修正計算）〉

　　（540円＋50円×0.3）÷（1＋0.3）＝426円

なお、算式により計算した金額に1円未満の端数がある場合には、その端数を切り捨てた金額とする。

Ⅳ 非上場株式の評価をめぐるトラブル事例と留意点

1 実質株主と名義株の問題

トラブル事例

　被相続人が経営していた同族会社Ｔ社の法人税の申告書別表二によると、Ｔ社の株主構成は、被相続人が発行済株式総数の80％を所有し、残りの20％の株式は被相続人とは親族関係にない4名の所有となっている。

　被相続人の相続財産は80％分の株式として相続税の申告をしたが、その後の税務調査において、20％分の株式は、いわゆる名義株ではないかとの疑義が生じ、調査官から、その株式が名義株でない場合には、そのことを証明する資料等を提出するよう求められた。

トラブルの原因と分析

1 名義株についての株主の判定

　平成2年の商法改正前では、株式会社の設立に際して発起人が7名以上必要であり、発起人は1株以上の株式を引き受けることとされていた。このため、実際には株式払込人が1人であるにもかかわらず、株主が複数となる株式会社が設立され、いわゆる名義株のある会社が少なくない。

　上記の事例は、中小の同族会社では日常的に生ずる名義株の問題である。現行の法人税法では、資本金1億円以下の法人には、原則として同族会社の留保金課税を適用しないこととしているため、とりわけ相続税において問題となる例が多い。

　株主の判定は、実質に基づいて行うことは当然のことである。この点について、相続税に関する法令通達等には規定や取扱いはないが、法人税の取扱いでは、「『株主等』は、株主名簿又は社員名簿に記載さ

Ⅳ　非上場株式の評価をめぐるトラブル事例と留意点　241

れている株主等によるのであるが、その株主等が単なる名義人であって、当該株主等以外の者が実際の権利者である場合には、その実際の権利者を株主等とする。」とされている（法基通1-3-2）。

■2 名義株に該当するか否かの判定方法

株主名簿等に記載されている株主が名義人であるかどうかは、いわば事実認定に属する問題であるが、その会社の設立時期からの経過期間が長いほど、事実確認が困難になりやすい。

名義株かどうかの判定方法について画一的なものはないが、次のような事実関係を確認し、その状況を総合して判断する以外にない。
① 株券が発行されているかどうか。
② 会社の設立時に株式払込みの記録はあるか。
③ 会社設立後に増資等が行われているかどうか、増資等が行われている場合の株式払込みの記録はどのようになっているか。
④ 過去に配当が行われている場合の配当金の支払方法はどのように行われていたか（配当金の振込先、支払調書の住所・氏名等）。
⑤ 過去の株主総会等における議決権の行使及び議事録の記載の状況はどのようになっているか。
⑥ その名義人が株主であることを認識しているかどうか（会社からその株主に直接連絡する方法等により確認する）。

トラブルの防止策

同族会社における名義株の問題は、その解消に困難を伴う場合が多いが、創業経営者は会社設立時の事実関係を理解しているはずであり、その生存中に対応しておく必要がある。

その上で、会社の株主名簿や法人税の申告書別表二を正当なものに整備しておくべきである。この場合に、株主名簿等の書換えを行ったときは、その経緯を書面（取締役会議事録等）で明らかにしておくことがトラブルの防止策になると考えられる。

242　第4章　財産評価で注意したいトラブル事例と防止策

2 ┃ 株式の評価の区分──原則評価と特例評価

ト・ラ・ブ・ル・事・例

　非上場の同族会社である甲社は、Ａが主宰する会社であり、Ａとその親族で議決権総数（発行済株式総数）の 59% を保有している。その株主構成は、次のとおりである。

株　　主	Ａとの続柄	議決権割合
Ａ	本人	20%
Ｂ	妻	10%
Ｃ	父	10%
Ｄ	母	10%
Ｅ	弟	5%
Ｆ	従兄弟	4%
合　　計		59%

　今般、父Ｃが死亡し、同人の有していた株式（10%）は、Ａの子Ｇに 6%、弟Ｅの子Ｈに 4% が遺贈された。この結果、父Ｃの相続開始後の株主構成は、次のようになった。

　なお、Ａが甲社の代表者であるが、Ａ以外の株主に同社の役員及び役員に就任する予定の者はいない。

株　　主	Ａとの続柄	議決権割合
Ａ	本人	20%
Ｂ	妻	10%
Ｄ	母	10%
Ｅ	弟	5%
Ｆ	従兄弟	4%
Ｇ	子	6%
Ｈ	甥（弟Ｅの子）	4%
合　　計		59%

Ⅳ　非上場株式の評価をめぐるトラブル事例と留意点　243

父の相続税の申告に当たり、甲社株式の評価を要することとなった。その申告に関与した税理士は、受遺者であるG及びHは、いずれも父及びAの親族であり、同族株主に該当するため、いわゆる原則的評価が適用されるとして、類似業種比準方式と純資産価額方式により評価し、相続税の申告を行った。

その申告後に、Hが取得した株式に係る議決権割合は、わずか4%であり、その株式の評価においては、いわゆる配当還元方式が適用されるのではないかとの疑義が生じた。

トラブルの原因と分析

■1 非上場株式の評価上の区分

現行の財産評価基本通達における取引相場のない株式(非上場株式)の評価については、評価会社（株式の発行会社）を「一般の評価会社」と「特定の評価会社」に区分している。

実務的には、一般の評価会社に該当する例が多いが、この場合には、原則的評価と特例的評価に区分され、前者は類似業種比準方式及び純資産価額方式により、また、後者についてはいわゆる配当還元方式により評価することとされている。

このうち原則的評価が適用されるのは、いわゆる同族株主であり、非同族株主に適用される特例的評価よりも相当に高額な価額となる。したがって、同族株主と非同族株主の区分、換言すれば、原則的評価と特例的評価の区分は、きわめて重要な問題となる。

なお、原則的評価が適用される場合には、評価会社の規模によって評価方法が異なるため、その判定も重要である。

非上場株式の評価額の計算に至るプロセスをまとめると、次頁の図のようになる。この図における「株主の区分」と「評価会社の区分」及び「評価会社の規模の判定」については、この後の事例で検討するが、「特定の評価会社の種類の判定」における特定の評価会社とは、後述250頁の「比準要素数1の会社」から「清算中の会社」までの区分がある。

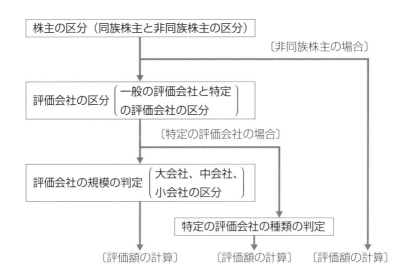

2 原則的評価と特例的評価の区分

　上記の事例は、原則的評価と特例的評価の区分に関する問題であるが、現行の取扱いでは、相続等により取得した者のその取得後の議決権割合によって判定することとされている。その区分の取扱いをまとめると、次頁の表のようになる。

　この表では、まず、「同族株主のいる会社」と「同族株主のいない会社」に二分している。そこで、「同族株主」の意義を確認しておくと、次のとおりである（評基通188(1)）。

① 課税時期において、株主の1人及びその同族関係者の議決権割合が30%以上である場合のその株主及びその同族関係者をいう。

② ただし、株主の1人及びその同族関係者の議決権割合が50%超である場合には、その株主及びその同族関係者を同族株主とする。

　中小同族会社の場合には、多くが②に該当することになると考えられるが、いずれにしても「同族株主のいる会社」がほとんどである。したがって、同表では「同族株主のいる会社」の欄で判定すれば、通常は問題が生じることはない。

　また、同族株主のいる会社の同族株主が取得した株式で、取得後の議決権割合が5%以上である者は、すべて原則的評価になる。

Ⅳ　非上場株式の評価をめぐるトラブル事例と留意点　245

株主の態様による区分					評価方法
会社区分	株主区分				
同族株主のいる会社	同族株主	取得後の議決権割合5%以上			原則的評価方式
		取得後の議決権割合5%未満	中心的な同族株主がいない場合		
			中心的な同族株主がいる場合	中心的な同族株主	
				役　　員	
				そ　の　他	特例的評価方式
	同族株主以外の株主				
同族株主のいない会社	議決権割合の合計が15%以上のグループに属する株主	取得後の議決権割合5%以上			原則的評価方式
		取得後の議決権割合5%未満	中心的な株主がいない場合		
			中心的な株主がいる場合	役　　員	
				そ　の　他	特例的評価方式
	議決権割合の合計が15%未満のグループに属する株主				

　注意したいのは、取得後の議決権割合が5%未満の者がいる場合である。上表に示されているとおり、取得後の議決権割合が5%未満で、「中心的な同族株主」がいない場合には、議決権割合に関係なく原則的評価になるのであるが、取得後の議決権割合が5%未満の者で、「中心的な同族株主」ではなく、かつ、その会社の役員（役員就任予定者を含む）でない株主については、上表の「その他」の株主として特例的評価が適用されるのである。

　要するに、同族株主であるとしても、その者の議決権割合が5%未満であれば、特例的評価としての配当還元方式が適用される場合があるということである。上記の事例は、そのことが問題となったケースである。

■**3**「中心的な同族株主」の意義

　上記のような取扱いになっているため、事例の場合には「中心的な同族株主」の有無を確認する必要があるが、その意義は次のように定

められている（評基通188⑵）。

> 「中心的な同族株主」とは、課税時期において同族株主の1人並びにその株主の配偶者、直系血族、兄弟姉妹及び一親等の姻族（これらの者の同族関係者である会社のうち、これらの者が有する議決権の合計数がその会社の議決権総数の25％以上である会社を含む。）の有する議決権の合計数がその会社の議決権総数の25％以上である場合におけるその株主をいう。

　これは、前述した「同族株主」の判定の範囲である同族関係者（親族である配偶者、六親等内の血族及び三親等内の姻族及び同族関係会社）とは異なり、「株主の1人とその配偶者、直系血族、兄弟姉妹及び一親等の姻族」を判定の範囲としている。中心的な同族株主の判定の範囲を図示すると、次のようになる。

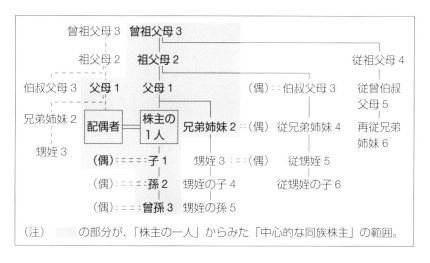

（注）　　　の部分が、「株主の一人」からみた「中心的な同族株主」の範囲。

　上記の事例における甲社の相続後の株主構成を図に置き換え、筆頭株主であるAからみた「中心的な同族株主」の範囲を示すと、次図の　　　内になる（かっこ内は相続後の議決権割合）。

Ⅳ　非上場株式の評価をめぐるトラブル事例と留意点　247

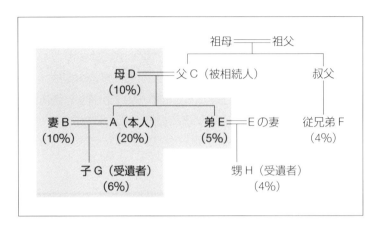

　この結果、受遺者Hは、中心的な同族株主ではないと判定され、かつ、取得後の議決権割合が5%未満であることから、その株式には特例的評価（配当還元方式）が適用されることになる。

　なお、受遺者Gの取得した株式は、取得後の議決権割合が5%以上であるため、中心的な同族株主の判定をするまでもなく（Gは中心的な同族株主であるが）、その株式には原則的評価が適用される。

トラブルの防止策

　同族会社の株主について、相続・贈与により株式が移転した場合には、いわゆる原則的評価が適用される例がほとんどであるが、取得後の議決権割合が5%未満となる者がいる場合には、中心的な同族株主の有無とその該当性について検討する必要がある。

　その判定方法は、上記のとおりであるが、注意したいのは、株主が異なれば中心的な同族株主の判定の範囲も異なることである。上記の事例について、各株主からみた中心的な同族株主を示すと、次表のようになる。

　次表おいて「判定の中心者」からみた中心的な同族株主は、「判定の範囲」の株主が該当するということである。例えば、株主Aからみた中心的な同族株主は、A、B、D、E及びGの5人（その議決権割合は51%）ということであり、また、株主Hからみると、D、E及びHの3人（その議決権割合は19%）が中心的な同族株主になる

ということである。

判定の範囲＼判定の中心者	A	B	D	E	F	G	H	計
A	20%	10%	10%	5%	—	6%	—	51%
B	20%	10%	10%	—	—	6%	—	46%
D	20%	10%	10%	5%	—	6%	4%	55%
E	20%	—	10%	5%	—	—	4%	39%
F	—	—	—	—	4%	—	—	4%
G	20%	10%	10%	—	—	6%	—	46%
H	—	—	10%	5%	—	—	4%	19%

　このように、いずれの株主から判定するかによって中心的な同族株主の要件である「25%」に該当する場合と該当しない場合があるが、中心的な同族株主に該当するか否かは、株式を取得した者（納税義務者）からみて判定することとされている。

　したがって、他の同族株主の中心的な同族株主の判定に含まれる者であっても、その者は中心的な同族株主に該当しないこともある。上例ではHがそれである。Hは、D及びEからみると中心的な同族株主の判定の範囲であり、DとEは中心的な同族株主に該当する。

　ただし、Hを中心としてみると、その議決権割合は25%未満（19%）となるため、中心的な同族株主には該当しない。この結果、Hについては特例的評価が適用されるという結論になる。

　なお、上記の事例においてHが取得した株式の価額は過大に評価されているため、法定申告期限から5年以内であれば、国税通則法23条1項1号を事由として更正の請求ができると解される。

　参考までに、財産評価基本通達における非上場株式の評価の全体像をまとめておくと、次頁の図のとおりである。

Ⅳ　非上場株式の評価をめぐるトラブル事例と留意点

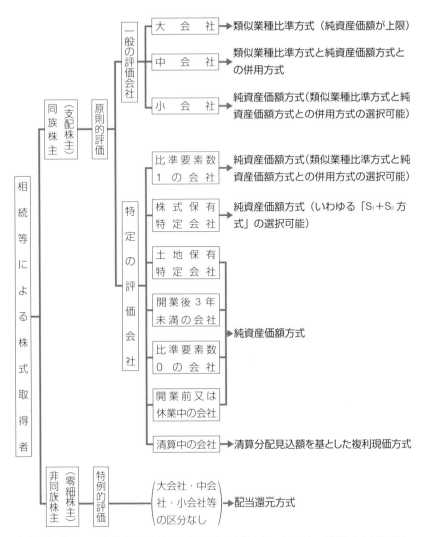

(注)　「開業前又は休業中の会社」と「清算中の会社」については、非同族株主が取得した場合でも特例的評価（配当還元方式）は適用されず、原則的評価になる。

3 非上場株式が未分割の場合の評価方法の判定

トラブル事例

同族会社 N 社は、代表者 A が主宰しており、A 一族の親族関係及びその株主と議決権の保有割合は、次図のとおりである。

なお、A 以外に N 社の役員に就任している者はなく、また、役員就任予定者もいない。

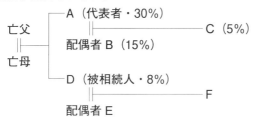

今般、A の弟である D に相続が開始したが、その相続人である E と F の間で遺産分割協議が整わず、相続財産である 8％分の株式について取得者が確定していない。

そこで、相続税の申告の依頼を受けた税理士は、D の有する 8％分の株式を E と F が法定相続分（各 2 分の 1 ）に相当する 4％分をそれぞれ取得したものとして株式の評価方法の判定を行うこととした。その判定上の相続後の株式に係る議決権割合は、次のようになる。

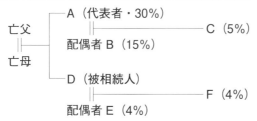

以上を前提として、株式の評価方法については、N 社が A を中心とした同族株主のいる会社であるが、E と F の相続後の議決権割合がいずれも 5％未満であることから、その株式の評価には配当還元方式が適用できるものと判断した。

これに基づいて相続税の申告をしたところ、所轄税務署から E と F の取得した株式の価額は原則的評価方式が適用されるので、再評価の上、修正申告書を提出されたいとの連絡を受けた。

Ⅳ　非上場株式の評価をめぐるトラブル事例と留意点　251

トラブルの原因と分析

■■**1** 相続株式が未分割の場合の評価方法の判定

　非上場株式の評価方法の判定は、相続や贈与による株式の取得後の議決権割合によることとされているが、相続の場合には、相続税の申告期限までに共同相続人間で株式を含めた相続財産が分割されていないことも少なくない。

　この点に関し、未分割遺産については、各共同相続人が民法の規定による相続分に従って取得したものとして課税価格の計算を行うこととされている（相法55）。

　ただし、非上場株式が未分割である場合に、その株式の評価において、いわゆる原則的評価（類似業種比準方式・純資産価額方式）によるのか、特例的評価（配当還元方式）が適用されるのかの判定方法が問題となる。この点について、課税実務では、相続株式が未分割の場合には、相続税の納税義務者がその未分割である株式の全部を取得したものとして議決権割合を算定し、その評価方法を判定することとされている。

　したがって、上記の事例においては、相続人であるEは相続財産となった8％分の株式を取得したものとして評価方法を判定し、同様に、Fについても8％分の株式を取得したものとしてその評価方法を判定することになる。

　この結果、N社の同族株主グループに含まれるEとFの相続後の議決権割合は8％となり、いずれも5％以上となる。このため、その株式の評価に配当還元方式は適用されず、原則的評価額によって相続税の申告を行うことになる。

■■**2** 株式の分割後の更正の請求の可否

　ところで、上記の事例は、相続税の期限内申告における株式評価を誤ったものであるが、その後に分割が行われた場合の相続税の是正の可否の問題もある。

　上記の事例において、仮にEとFがそれぞれ4％分の株式を取得するという遺産分割が行われたとすれば、その時点で改めて株式の評

252　第4章　財産評価で注意したいトラブル事例と防止策

価方法を判定する必要がある。

　株式の評価上、同族株主のいる会社において、「中心的な同族株主」がいる場合には、中心的な同族株主と評価会社の役員である株主を除き、取得後の議決権割合が5％未満である株主には、特例的評価（配当還元方式）が適用できる（評基通188、188－2）。

　上記の事例では、株主Aからみると、中心的な同族株主の範囲（配偶者、直系尊属、兄弟姉妹及び一親等の姻族）は、A、B及びCの3人であり、その議決権の合計は50％（25％以上）である。

　ちなみに、株主Aからみた中心的な同族株主の範囲は、次図の で囲んだ部分である。

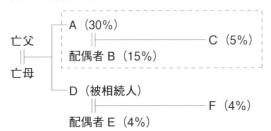

　また、株主の全員からみた中心的な同族株主の判定を行うと、次のようになる。

判定者の中心者＼判定の範囲	A	B	C	E	F	合計
A	30%	15%	5%	—	—	50%
B	30%	15%	5%	—	—	50%
C	30%	15%	5%	—	—	50%
E	—	—	—	4%	4%	8%
F	—	—	—	4%	4%	8%

　したがって、中心的な同族株主のいる会社であるが、EとFは中心的な同族株主ではない。このため、遺産分割後のその株式には、配当還元方式が適用できると判定される。

　この場合には、株式の評価額が減少し、相続税の課税価格及び税額も減少するため、更正の請求が可能であると解されるが、国税通則法

Ⅳ　非上場株式の評価をめぐるトラブル事例と留意点　253

23 条 1 項の規定に基づく更正の請求になるのか、相続税法 32 条 1 項の特則規定による更正の請求になるかは現行の法令上は判然としない。

既に行った申告（上記の事例の場合には、原則的評価を適用した修正申告）が「国税に関する法律の規定に従っていなかったこと」（この場合の法律の規定とは、相続税法 22 条である）に該当するのであれば、国税通則法 23 条 1 項による更正の請求となるが、「未分割遺産が分割されたことにより課税価格が異なることとなったこと」に該当する場合には、相続税法 32 条 1 項による更正の請求となる。

上記の事例からみれば、相続税法に基づく更正の請求と考える方が自然であり、その場合には、その事由が生じたことを知った日の翌日から 4 か月を経過する日が請求の期限になると考えられる。

トラブルの防止策

上記の事例とは関係ないが、評価会社が自己株式を有する場合には、自己株式に係る議決権の数はゼロとして議決権総数を計算し、同族株主や中心的な同族株主の有無及び株式の評価方法を判定することに留意する必要がある（評基通 188-3）。要するに、自己株式は発行されていないものとして議決権総数や議決権割合を算定するということであるが、これは、会社法 208 条 2 項において自己株式には議決権がないとされていることによる。

また、いわゆる相互持合によっているため、評価会社の株主のうちに会社法 308 条 1 項かっこ書の規定により議決権を有しないこととされる会社がある場合にも、その会社が有する議決権はゼロとして議決権総数を算定することとされている（評基通 188-4）。

なお、相続財産となった非上場株式が相続税の申告期限までに共同相続人間で分割されていない場合には、事業承継税制（非上場株式に係る相続税の納税猶予制度）の適用はなく（措法 70 の 7 の 2 ⑦）、また、その未分割株式が申告期限後に分割された場合であってもその適用はない。

254 │ 第 4 章 財産評価で注意したいトラブル事例と防止策

4 非上場株式の評価方法の判定
——評価会社の規模区分

トラブル事例

　同族会社であるＡ社の代表者であった甲は、同社の発行済株式の60％を有していた。今般、甲に相続が開始し、その有するＡ社株式の評価を要することとなった。

　甲の相続税の申告を担当した税理士は、非上場株式の価額の算定上、会社の従業員数によって評価方法が異なることを説明し、甲社の担当者にその確認を求めた。

　その担当者からの回答は、いわゆる正社員数が直前期末で28人であるとのことであった。これに基づいて税理士は、総資産価額及び売上高を加味してＡ社の株式評価上の規模を「中会社（Ｌの割合0.60）」と判定し、類似業種比準価額（1株当たり1,240円）と純資産価額（1株当たり9,670円）との併用方式により、次のとおり算定して相続税の申告をした。

　1株当たりの評価額……1,240円× 0.6 + 9,670円×(1 − 0.6)

　　　　　　　　　　　　＝ 4,612円

　相続税の申告後に、その内容を精査したところ、Ａ社には前期中に退職した社員が数名おり、また、いわゆるパートやアルバイト社員も相当数いることが判明した。そのため、株式評価における会社の規模の判定に誤りがあり、結果として過大な相続税申告が行われたのではないかとの疑念が生じている。

トラブルの原因と分析

■1■一般の評価会社の原則的評価方法

　非上場株式の評価における「一般の評価会社」の原則的評価では、評価会社の規模に応じて評価方法が異なっている。その取扱いを要約すると、次図のとおりである。

Ⅳ　非上場株式の評価をめぐるトラブル事例と留意点 ┃ 255

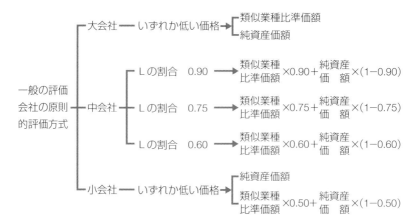

　いわゆる原則的評価は、類似業種比準価額と純資産価額のいずれか、又はこれらを併用した価額による。注意したいのは、現行の評価のしくみでは、類似業種比準価額の方が純資産価額より低いという前提があることである。

　したがって、非上場株式の価額は、純資産価額を上回る価額で評価することはない。また、上図において、類似業種比準価額が純資産価額を上回る場合には、各算式の「類似業種比準価額」を純資産価額に置き換えることができることとされている。

　この結果、現行の評価のしくみからみると、評価会社の規模が大きいほど評価額が低額に算定されることになる。このため、評価会社の規模の判定は、きわめて重要なことである。

2 評価会社の規模区分の基準

　一般の評価会社の原則的評価では、上記のとおり大会社、中会社及び小会社に区分され、また、中会社では類似業種比準価額と純資産価額との併用割合（Lの割合）が3区分となっている。結局、評価会社をその規模に応じて5区分されていることになる。

　現行の財産評価基本通達では、会社の規模を次の基準で判定することとしている。

① 　直前期末以前1年間の従業員数
② 　直前期末における総資産価額（帳簿価額によって計算した金額）

③　直前期末以前1年間の取引金額

これらの基準について、会社規模の判定の取扱いをまとめると、次図のとおりである（評基通178、179⑵）。

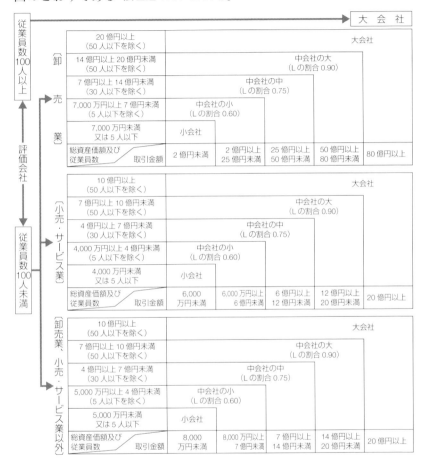

この基準によれば、評価会社の従業員数が100人以上であれば、総資産価額及び取引金額に関係なく「大会社」として評価することができる。

これに対し、従業員数が100人未満の評価会社では、総資産価額と取引金額がかかわるが、従業員数基準と総資産価額基準とはリンクしている。したがって、卸売業の場合には、総資産価額が20億円以上で、かつ、従業員数が50人を超えないと「大会社」にはならない。

もっとも、総資産価額基準及び従業員数基準と取引金額基準は別建てとなっている。このため、総資産価額基準及び従業員数基準では「小会社」であっても、取引金額基準で「中会社」であれば、中会社と判定される。

❸ 従業員数基準の判定上の留意点

評価会社の規模の判定において、とりわけ注意したいのは従業員数基準である。まず、従業員の範囲について、従業員とは、勤務時間の長短あるいは常時使用される者であるか否かにかかわらず、会社に使用される者で賃金が支払われるものをいうが（労働基準法9）、評価会社の役員は、もちろん従業員には含まれない。

この場合の役員とは、法人税法上の役員をいうが、いわゆる「使用人兼務役員」と「みなし役員」は従業員に含まれる（評基通178(2)、同(注)）。

注意したいのは、具体的な従業員数の算定方法である。財産評価基本通達では、課税時期の直前期末以前1年間の勤務状況により、次の算式により求めることとされている（評基通178(2)）。

$$
従業員数 = 継続勤務従業員の数 + \frac{継続勤務従業員以外の従業員の労働時間の合計時間数}{1,800\ 時間}
$$

この算式における「継続勤務従業員」とは、課税時期の直前期末以前1年間を通じて継続して評価会社に勤務していた従業員で、就業規則等で定められた1週間当たりの労働時間が30時間以上である者をいう。

したがって、一般にいわれる正社員という意味ではなく、直前期末以前1年間のうちに中途で入退社した者は、定時社員（いわゆるパートやアルバイト社員）などとともに従業員数1としてカウントすることはできない。これらの者については、継続勤務従業員以外の従業員として、その労働時間数によって従業員数を算定することになる。

上記のトラブル事例は、このような従業員数の取扱いに基因する問

題である。相続税の申告後に生じた疑念は、前期中の退職者やパート及びアルバイト社員の労働時間を加味して従業員数を算定すれば、その数が増加し、評価会社の規模が上位にランクされ、株式の評価額も申告額より低額になったのではないかということである。

上記の事例は、評価会社の規模を「中会社（Lの割合0.6）」として当初の申告が行われているが、仮に従業員数が増加し、「中会社（Lの割合0.75）」であったとすれば、1株当たりの評価額は、次のようになる。

1,240円×0.75＋9,670円×（1−0.75）＝3,347円

もっとも、当初の申告において過大評価がされていたかどうかは、総資産価額や取引金額を勘案しなければ確認できないが、非上場株式の評価に際しては、従業員数の算定に留意する必要がある。

トラブルの防止策

上記の事例は、財産評価基本通達の取扱いを確認すればトラブルが回避できたケースである。もっとも、前記の会社規模の判定図のとおり、従業員数と評価会社の規模がかかわるのは、「50人」、「30人」及び「5人」であり、従業員数がこれらの間にあり、会社規模に異動がなければ、実務上の問題は生じない。したがって、従業員数基準は、その数がこれらの基準値に近い評価会社について特に注意を要する事項ということになる。

なお、上記の事例において評価会社であるA社の株式の価額が過大に評価されているとすれば、国税通則法23条1項1号を事由として更正の請求ができると解される。

このほか、前記の会社規模の基準における「取引金額」は、通常の場合には直前期の売上高となるから問題になることは少ないが、「総資産価額」は、帳簿価額に基づいて判定し、売掛金や貸付金等に対する貸倒引当金を控除しない金額によることに注意する必要がある。

Ⅳ　非上場株式の評価をめぐるトラブル事例と留意点

5 類似業種比準方式による評価の留意点 ——配当比準値

トラブル事例

　同族会社Ｓ社の代表者であった甲に相続が開始した。Ｓ社は、非上場会社の株式の評価上の「大会社」であったため、その株式を類似業種比準方式によって評価し、被相続人甲の相続税の申告をした。なお、Ｓ社については、次のような経緯がある。

① 　課税時期の直前期以前7年間は、連続して欠損であった。

② 　課税時期の2年前に社有地を譲渡し、売却益が生じたが、その事業年度も欠損であった。

③ 　しかし、長年にわたり株主への配当をしていなかったため、欠損が少額に止まった土地の売却事業年度において配当を実施した。

　相続税の申告後に税務調査が行われ、株式の評価について念差され、調査官から次のような指摘があった。

① 　類似業種比準価額の計算における配当比準値の算定においては、いわゆる記念配当や特別配当などの毎期継続することが予想できないものは除外することとされている。

② 　Ｓ社は、2年前に配当をしているが、これは土地の売却益が生じた年度に臨時的に行ったものであり、毎期継続することができない配当に該当する。

③ 　その臨時的な配当を除外すると、Ｓ社は過去7年以上にわたり無配会社となる。そうすると、類似業種比準価額の計算上の配当比準値はゼロとなる。

④ 　Ｓ社の利益積立金額はプラスであるため、類似業種比準価額の計算上の純資産比準値はゼロではないが、欠損事業年度が継続しているため、利益比準値はゼロになる。

⑤ 　この結果、比準要素としては純資産比準値のみ算出されるから、特定の評価会社としての「比準要素数1の会社」に該当する。したがって、Ｓ社の株式の価額は、類似業種比準価額のみで評価することはできず、Ｌの割合（併用割合）を0.25とした純資産価額方式による価額との併用方式によって評価すべきである。

260 第4章　財産評価で注意したいトラブル事例と防止策

トラブルの原因と分析

1 類似業種比準方式と比準要素の算定方法

　類似業種比準方式は、業種の類似する上場会社の取引株価（下記の算式のA）を基礎とし、配当比準値（Ⓑ/B）、利益比準値（Ⓒ/C）及び純資産比準値（Ⓓ/D）に基づく比準割合によって株価を算定するものである（評基通180）。

$$
\begin{array}{l}
1\,\text{株当たりの} \\
\text{類似業種比準価額}
\end{array}
= A \times \left(\dfrac{\dfrac{Ⓑ}{B} + \dfrac{Ⓒ}{C} \times 3 + \dfrac{Ⓓ}{D}}{5} \right) \times 斟酌率
$$

A＝類似業種の株価

B＝課税時期の属する年の類似業種の1株当たりの配当金額

C＝課税時期の属する年の類似業種の1株当たりの年利益金額

D＝課税時期の属する年の類似業種の1株当たりの純資産価額（帳簿価額によって計算した金額）

Ⓑ＝評価会社の1株当たりの配当金額

Ⓒ＝評価会社の1株当たりの利益金額

Ⓓ＝評価会社の1株当たりの純資産価額（帳簿価額によって計算した金額）

（注）　斟酌率…大会社＝0.7、中会社＝0.6、小会社＝0.5

　この算式における「A」は、国税庁が公表する「類似業種比準価額計算上の業種目及び業種目別株価等（平成○年分）」通達により求められる。なお、現行の株価通達では、業種目を「大分類」、「中分類」及び「小分類」とし、番号1（建設業）から番号118（その他の産業）まで区分されている。

　一方、比準要素を算定する場合の配当Ⓑ、利益Ⓒ及び純資産Ⓓは、過年度の実績に基づき、おおむね次頁の表のように算定することとされている（評基通183）。

Ⅳ　非上場株式の評価をめぐるトラブル事例と留意点　261

	1株当たりの金額の計算方法の概要
配当金額	○直前期末以前2年間の平均配当金額を発行済株式数で除して計算する。 （注）　特別配当、記念配当等の名称による配当金額のうち、将来毎期継続することが予想できない金額を除いて計算する。
利益金額	○直前期末以前1年間における法人税の課税所得金額又は直前期末以前2年間の法人税の課税所得金額の平均額を発行済株式数で除して計算する。 （注）　固定資産売却益、保険差益等の非経常的な利益の金額がある場合には、法人税の課税所得金額から除いて計算する。
純資産価額	○直前期末における法人税法上の資本金等の額及び利益積立金額に相当する金額の合計額を発行済株式数で除して計算する。

2 「比準要素数1の会社」の評価方法

　ところで、財産評価基本通達は、一般の評価会社とは別に「特定の評価会社」というカテゴリーを設けており、その一つに「比準要素数1の会社」がある。

　これは、類似業種比準方式における配当、利益及び純資産の3つの比準要素のうち2つがゼロとなる評価会社であり（評基通189(1)）、これに該当する場合には、その株式の価額は、非同族株主が取得したときを除き、次により評価することとされている（評基通189-2）。

　上記の事例で調査官が指摘したのは、この点であり、事例のS社が「比準要素数1の会社」に該当するのであれば、同社の株式の価額を類似業種比準方式のみで評価することはできず、少なくても純資産価額の75%分が評価額に反映されることになる。

　したがって、純資産価額が高額な評価会社であれば、一般の評価会社として評価した価額に比して株価も高額なものになる。

　問題は、S社が2年前に行った配当を比準要素としての1株当たり

の配当金額の計算から除くべきかどうかにある。事実関係からみれば、S社は長期間にわたって欠損と無配が連続している。こうした状況を勘案すれば、2年前に行った配当は、非継続的なものであり、比準要素の算定上は除外されるべきものと考えることもできる。

この点について、財産評価基本通達は、「特別配当、記念配当等の名称による配当金額のうち、将来毎期継続することが予想できない金額を除く」としている。これを文言どおり解すると、S社の配当は少なくとも「記念配当」でないことは明らかであるが、「特別配当」という「名称」をもって行ったものではない。たしかに、将来まで毎期継続して配当を行うことはできないと予想されるが、非上場会社の実態からすれば、毎期継続して配当を行う例はそれほど多くないことも事実である。

したがって、事例のS社は「比準要素数1の会社」に該当せず、その株価については申告額が容認されるべきであると考えられるが、異論もあり得る。上記のトラブル事例について、結論的なことには言及できないが、株式の評価に当たって留意すべき問題である。

トラブルの防止策

上記のとおり事例に関しては、結論的ないし確定的なことはいえないため、トラブルへの対応は困難である。ただ、欠損と無配が継続している場合には、特定の評価会社に該当する可能性があることに留意する必要がある。この点に関し、財産評価基本通達では、「比準要素数1の会社」について、類似業種比準方式における1株当たりの配当金額、1株当たりの利益金額及び1株当たりの純資産価額のそれぞれの金額のうち、いずれか2がゼロであり、かつ、直前々期末を基準にしてそれぞれの金額を計算した場合に、それぞれの金額のうち、いずれか2以上がゼロである会社をいう、と定義している（評基通189(1)）。

配当比準値の算定は、直前期以前2年間の平均配当金額によるが、上記の「直前々期末を基準とした」配当は、直前々期末以前2年間の平均配当金額によるのであるから、特定の評価会社に該当するかどうかの判定上は、直前期以前3年間の配当が関係することになる。その判

Ⅳ　非上場株式の評価をめぐるトラブル事例と留意点　263

定例を示すと、次のとおりである（数値は１株当たりの配当金である）。

		ケース１	ケース２	ケース３	ケース４
直前々期の前期の配当		0	0	0	50
直前々期の配当		0	0	50	0
直前期の配当		0	50	0	0
判定	直前々期の配当比準値	0	0	25	25
	直前期の配当比準値	0	25	25	0

　これらの配当が「特別配当」や「記念配当」などの名称をもってする非継続的な配当でなければ、ケース１についてのみ配当比準値がゼロとなる。

　また、利益比準値は、直前期の利益（法人税の課税所得金額）のみにより算定した金額と直前期と直前々期の利益の平均額との選択ができる。したがって、特定の評価会社の判定上は、直前期以前３年間の利益が反映することになる。その判定例を示すと、次のとおりである（数値は繰越欠損金の控除前の金額である）。

		ケース１	ケース２	ケース３	ケース４
直前々期の前期の利益		△ 100	200	600	200
直前々期の利益		△ 500	△ 500	△ 500	△ 500
直前期の利益		△ 300	△ 300	△ 300	300
判定	直前々期の利益比準値	0	0	100	0
	直前期の利益比準値	0	0	0	300

　この例では、ケース１とケース２の場合に利益比準値がゼロとなる。なお、ケース２の直前々期の利益比準値がゼロとなるのは、判定を行う年（直前々期）の欠損金額（500）がその前年（直前々期の前期）の利益金額（200）を上回るからである。

　いずれにしても、継続的に配当が行われず、利益と損失が繰り返し生じているような場合には、特定の評価会社の該当性に留意する必要がある。実務的には、「取引相場のない株式（出資）の評価明細書」の「第２表 特定の評価会社の判定の明細書」で確認されたい。

6 類似業種比準方式による評価の留意点 ——利益比準値

トラブル事例

　非上場会社のＮ社は、株式評価上の「大会社」であるため、類似業種比準方式によって評価した株価で相続税の申告をすることができる。

　Ｎ社の直前期の確定した決算書等をみると、「特別損益の部」の内訳として、次の項目と金額が計上されていた。

① 　固定資産である土地の売却益……4,000万円
② 　固定資産である建物の除却損……1,200万円
③ 　固定資産である機械装置の売却損……300万円
④ 　投資目的で保有していた有価証券の売却損……1,500万円
⑤ 　生命保険契約の解約に伴う保険差益……1,000万円

　類似業種比準方式における「1株当たりの利益金額」の計算について、財産評価基本通達は、「固定資産売却益、保険差益等の非経常的な利益の金額を除く」としている。

　そこで、上記の①（土地の売却益）と⑤（保険差益）を利益金額（法人税の課税所得金額）から控除し、②（建物の除却損）、③（機械装置の売却損）及び④（投資有価証券の売却損）は控除したままの金額によって「1株当たりの利益金額」を計算し、株式の評価と申告を行った。

　その後の税務調査において、上記の利益と損失はすべて通算し、その通算後の利益があれば非経常的な利益として「1株当たりの利益金額」を計算すべきである旨の指摘があった。

トラブルの原因と分析

1 類似業種比準方式における利益金額の算定方法

　類似業種比準方式における評価要素としての「1株当たりの利益金額」は、前述したとおり法人税の課税所得金額をベースとして算定するであるが、財産評価基本通達は、その金額の算定上「固定資産売却益、保険差益等の非経常的な利益の金額を除く」としている（評基通183⑵かっこ書）。

Ⅳ　非上場株式の評価をめぐるトラブル事例と留意点　265

この通達では「非経常的な利益」について言及しているが、「非経常的な損失」にはふれていない。このため、上記の事例のような問題が生じたと考えられる。

2 非経常的な損益が複数ある場合の取扱い

上記の通達において、1株当たりの利益金額の算定上、非経常的な利益の金額を除くこととしているのは、評価会社に生じた臨時偶発的な利益を排除し、その会社の本来の事業に基づく経常的な利益を基礎として株価の算定をするという趣旨であり、いわば評価の安全性に配慮したものと考えられる。

このような趣旨からすれば、「非経常的な損失」がある場合には、「非経常的な利益」と通算し、なお非経常的な利益がある場合のその利益金額を排除するのが妥当ということになる。したがって、次のように取り扱われる。

① 同一の事業年度に固定資産の売却が複数回あり、売却益と売却損がある場合には、その損益を通算する。

② 同一の事業年度に固定資産の売却損と保険差益があるように種類の異なる非経常的な損益がある場合には、これらの損益を通算する。

これらの通算の結果、なお非経常的な利益がある場合に、その利益金額を控除して1株当たりの利益金額を算定することになる。したがって、上記の事例においては、次の額を法人税の課税所得金額から控除して1株当たりの利益金額を算定する必要がある。

4,000万円（土地の売却益）−1,200万円（建物の除却損）−300万円（機械装置の売却損）−1,500万円（投資有価証券の売却損）＋1,000万円（保険差益）
＝2,000万円

トラブルの防止策

財産評価基本通達を文言どおり解釈すれば、1株当たりの利益金額の算定上は非経常的な損失については考慮する必要がないという考え方もできる。しかし、通達は法令ではないから厳格に文理解釈することは適当とはいえないと考えられる。取扱いの趣旨等からみれば、上

記**2**のように処理するのが適当である。

なお、上記**2**の取扱いは、国税庁の質疑応答事例でも公表されている。財産評価については、そのほとんどが通達に依存しており、課税当局の公表する質疑応答事例等も参照することがトラブルの防止策である。

このほか、類似業種比準方式による株価の計算に関して、若干の補足をしておくこととする。

❶ 評価会社が兼業している場合の業種目の判定

評価会社が複数の業種を営んでいる場合には、原則として主たる業種に該当する類似業種によって株価の計算を行うことになる。この場合の主たる業種目は、単独の業種に係る取引金額の取引金額の合計額に対する割合が50％を超えるものとする。

なお、その割合が50％を超える業種目がない場合の業種目の判定については、財産評価基本通達181－2を参照されたい。

❷ 課税時期が直後期末に近接する場合の取扱い

国税庁が公表する類似業種比準価額の算定上の比準要素（配当、利益、簿価純資産）は、標本会社である上場会社について、前年10月31日以前に終了した直近の事業年度以前1年間における数値を業種目ごとに計算したものである。

したがって、課税時期が直後期末に近接している場合であっても、直後期末を基準とした比準数値で評価することはできず、直前期末を基準とした比準数値を基に評価しなければならない。

❸ 1株当たりの資本金等の額がマイナスの場合の株価の計算

類似業種比準価額の計算における比準要素のうち「1株（50円）当たりの資本金等の額」がマイナスであるとしても、算出した株価（1株当たりの資本金等の額を50円とした場合の株価）に、同じ資本金等の額を基としたマイナスの値（1株当たりの資本金等の額の50円に対する倍数）を乗ずることにより約分されるため、結果として適正な評価額が算出される。

したがって、1株当たりの資本金等の額がマイナスの場合には、マイナスのまま計算することになる。

Ⅳ　非上場株式の評価をめぐるトラブル事例と留意点　**267**

7 剰余金の配当と類似業種比準価額の修正

トラブル事例

　被相続人甲が保有していた非上場のＦ社株式について、類似業種比準方式で評価するに当たり、通常どおり１株当たりの配当金額、１株当たりの利益金額及び１株当たりの純資産価額を計算して株価を算定した。その評価額は、１株当たり 2,500 円であった。

　その後、納税者から、相続税の申告に際しては、Ｆ社からの未収の配当金を課税財産に含めているのであるから、株式の評価において何らかの調整が行われるべきではなかったか、との質問があった。

　なお、Ｆ社は、年１回３月決算の法人であり、次のような経緯がある。

① 平成Ｘ年３月 31 日……Ｆ社の決算期末
② 平成Ｘ年５月 25 日……Ｆ社は株主総会において、平成Ｘ年３月 31 日を配当基準日として１株当たり 100 円の株主配当を行うことを決議
③ 平成Ｘ年６月５日……被相続人甲死亡
④ 平成Ｘ年６月 30 日……Ｆ社が株主に配当金支払い

トラブルの原因と分析

■1 類似業種比準価額の性格と配当との関係

　類似業種比準価額は、評価会社の配当、利益及び純資産を評価要素として計算することとされているが、これらはいずれも直前期末又は直前期末以前の配当等によっている。

　一方、直前期末後に配当金の支払いがあった場合には、その配当金は株主である被相続人の現金預金に含まれており、相続財産を構成することになる。また、配当金の支払確定後、相続開始までの間に配当金が支払われていない場合には、未収配当金として相続財産を構成することになる。

　このような類似業種比準価額と配当金との関係をみると、株式の価額は、評価会社の配当金の支払前の状況で評価されており、その評価額は、いわゆる配当含みの価額となっている。

268　第４章　財産評価で注意したいトラブル事例と防止策

このため、支払配当金が含まれた現金預金（又は未収配当金）に課税すると、株式に対する課税との間で一種の二重課税の問題が生じることになる。そこで、事例のような場合には、類似業種比準価額について修正を要することになる。

2 剰余金の配当効力発生後の類似業種比準価額の修正方法

類似業種比準価額について、修正を要するのは「直前期末の翌日から課税時期までの間に配当金交付の効力が生じた場合」である。これを図示すると、次のとおりである。

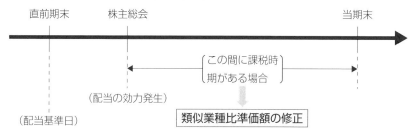

類似業種比準価額の修正の方法は簡明である。次のように修正前の類似業種比準価額から1株当たりの配当金の額を控除して修正後の価額を算定するということである（評基通184(1)）。

$$\text{1株当たりの修正比準価額} = \begin{bmatrix}\text{類似業種比準価額の計算}\\\text{式によって計算した金額}\end{bmatrix} - \begin{bmatrix}\text{1株当たり}\\\text{の配当金額}\end{bmatrix}$$

したがって、上記の事例の場合には、修正前の類似業種比準価額である2,500円から配当金の額である100円を控除した2,400円が課税上の評価額になる。

なお、この修正がある場合には、「取引相場のない株式（出資）の評価明細書」の「第4表 類似業種比準価額等の計算明細書」の「比準価額の修正」欄（次図）に記載することになる。

第4表　類似業種比準価額等の計算明細書

会社名

	直前期末の資本金等の額	直前期末の発行済株式数	直前期末の自己株式数	1株当たりの資本金等の額（①÷（②－③））	1株当たりの資本金等の額を50円とした場合の発行済株式数（①÷50円）
1.1株当たりの資本金等の額等の計算	① 千円	② 株	③ 株	④ 円	⑤ 株

2.比準要素等の金額の計算	1株（50円）当たりの年配当金額	直前期末以前2（3）年間の年平均配当金額				比準要素数1の会社・比準要素数0の会社の判定要素の金額	
		事業年度	⑥年配当金額	⑦左のうち非経常的な配当金額	⑧差引経常的な年配当金額（⑥－⑦）	年平均配当金額	⑨/⑤ Ⓑ 円 銭 0
		直前期	千円	千円	㋑ 千円	⑨（㋑＋㋺）÷2 千円	⑩/⑤ Ⓑ 円 銭 0
		直前々期	千円	千円	㋺ 千円		
		直前々期の前期	千円	千円	㋩ 千円	⑩（㋺＋㋩）÷2 千円	1株（50円）当たりの年配当金額（⑨）の金額 ⑪ 円 銭

	直前期末以前2（3）年間の利益金額						比準要素数1の会社・比準要素数0の会社の判定要素の金額
1株（50円）当たりの年利益金額	事業年度	⑫法人税の課税所得金額	⑬非経常的な利益金額	⑭受取配当等の益金不算入額	⑮左の所得税額	⑯損金算入した繰越欠損金の控除額	⑰差引利益金額（⑫－⑬＋⑭－⑮＋⑯） Ⓒ 又は（⑫＋⑰）÷2 Ⓒ 円
	直前期	千円	千円	千円	千円	千円	

		直前期末以前2（3）年間の利益金額					
額の計算	直前年平均株価	株価 A（⑦、⑨、⑬及び⑮のうち最も低いもの） 円		比準割合	B C D	⑳ 円 銭 0
		比準割合 比割	$\frac{Ⓑ}{B}＋\frac{Ⓒ}{C}×3＋\frac{Ⓓ}{D}$／5 ＝	㉔		

比準価額の計算	1株当たりの比準価額	比準価額（㉓と㉔とのいずれか低い方） 円 0銭	④の金額 円 ×／50円	㉕ 2,500 円

比準価額の修正	直前期末の翌日から課税時期までの間に配当金交付の効力が発生した場合	比準価額（㉕） 2,500 円 － 1株当たりの配当金額 100 円 00 銭	修正比準価額 ㉗ 2,400 円
	直前期末の翌日から課税時期までの間に株式の割当て等の効力が発生した場合	比準価額（㉕）（㉗があるときは㉗） 円＋割当株式1株当たりの払込金額 円 銭× 1株当たりの割当株式数 株 ÷（1株＋ 株）	修正比準価額 ㉘ 円

■3 純資産価額方式の場合の修正方法

　上記は「類似業種比準価額」の修正であるが、配当金又は未収配当金と純資産価額方式による評価額との修正問題もある。

　この点は、後述（272頁）の評価会社の負債として計上する「未払配当金」として調整される。要するに、未払配当金を負債に計上して純資産価額を計算するということは、その分だけ株式の価額が引き下げられていることになり、結果として配当金との二重課税が修正されるということである。

トラブルの防止策

　上記の事例は、類似業種比準方式についてやや理解が足りず、財産評価基本通達の取扱いを看過したことを原因とするトラブルである。通達とともに評価明細書の各欄をチェックすればトラブルの防止につながった問題である。

　なお、事例における相続税の申告は、評価誤りによる過大申告となっ

ているため、国税通則法 23 条 1 項 1 号を事由として更正の請求が可能である。

　上記の事例は、配当金の確定の場合の類似業種比準の修正であるが、直前期末の翌日から課税時期までの間に株式の割当て等の効力が発生した場合（増資が行われた場合）にも、次の算式による修正が必要である（評基通 184 (2)）。

$$
修正比準価額 = \frac{\begin{array}{c}類似業種比準 \\ 価額の計算式 \\ によって計算 \\ した金額\end{array} + \begin{array}{c}割当株式 1 株当 \\ たりの払込金額\end{array} \times \begin{array}{c}株式 1 株当たり \\ の割当て株式数\end{array}}{1 + \begin{array}{c}株式 1 株当たりの割当 \\ 株式数又は交付株式数\end{array}}
$$

　なお、上記 **2** の図に関して、直前期末（配当基準日）から株主総会（配当の効力発生）までの間に課税時期がある場合も株価の修正を要することに注意する必要がある（後述 287 頁）。

Ⅳ　非上場株式の評価をめぐるトラブル事例と留意点

8 純資産価額方式による資産・負債の算定の時期

トラブル事例

　同族会社Ａ社の株式の70％を保有していた被相続人に相続が開始した。Ａ社株式の価額を純資産価額方式で評価するに当たり、同社の顧問税理士は、直前期末の確定した決算に基づく資産及び負債の金額を基礎として株価の算定を行い、被相続人の相続税の申告をした。

　その申告後に、被相続人の相続人から税理士に、「Ａ社の経営状況は直前期までは順調であったが、その後は急速に売上が下落し、被相続人の死亡時には財務内容も相当に悪化していたはずである。株式の評価額には、こうした状況が反映されるべきであり、また、顧問税理士としてＡ社の経営状態は把握していたはずである。仮に、被相続人の相続税の申告額が過大であったとすれば、税理士の責任である。」との連絡があった。

トラブルの原因と分析

1 純資産価額方式による評価方法

　非上場株式の原則的評価として純資産価額方式があり、同族株主の相続・贈与においては、必然的にその価額を算定しなければならない。純資産価額方式とは、課税時期における評価会社の資産・負債を相続税評価額に評価替えをし、その純資産価額によって株価を求めるものである（評基通185）。

$$
\begin{pmatrix} 株価算定の基礎と \\ なる純資産価額 \end{pmatrix} = \begin{pmatrix} 相続税評価額ベース \\ による総資産価額 \end{pmatrix} - \begin{pmatrix} 相続税評価額ベース \\ による負債の合計額 \end{pmatrix}
$$

　この評価方法は、課税価格を〔相続財産の相続税評価額－債務控除〕によって計算する個人の相続税課税と同様のしくみとするものである。

　もっとも、個人の財産は、その個人が直接的に支配しているのに対し、会社の資産は株主が株式を通して間接的に保有しているという違

いがある。このため、純資産価額方式による株式の評価では、評価会社の資産・負債の評価替えに伴って生ずる評価差額に対する法人税等相当額を上記の純資産価額から控除することとしている。

$$
\begin{pmatrix} 株式の価額の計算 \\ 上の純資産価額 \end{pmatrix} = \begin{pmatrix} 株価算定の基礎と \\ なる純資産価額 \end{pmatrix} - \begin{pmatrix} 評価差額に対する \\ 法人税等相当額 \end{pmatrix}
$$

この場合の「評価差額に対する法人税等相当額」は、次の算式により求められる。

$$
\left\{ \begin{pmatrix} 資産の合計額 \\ (相続税評価額) \end{pmatrix} - 負債の \\ 合計額 \end{pmatrix} - \begin{pmatrix} 資産の合計額 \\ (帳簿価額) \end{pmatrix} - 負債の \\ 合計額 \end{pmatrix} \right\} \times 38\%
$$

このように、評価差額に対する法人税等相当額の控除の有無の差異はあるが、純資産価額方式による株式の評価は、個人の相続税課税と同様の性格を有している。

個人の相続税課税では、相続財産のすべてを課税時期である相続開始時の価額で評価することとされていることとの関係からみると、純資産価額方式による株式の評価においても、評価会社の資産・負債は課税時期における価額によらなければならない。

純資産価額方式の性格からみれば、評価会社の資産・負債は課税時期現在のものでなければならず、そのためには、課税時期において評価会社の仮決算を行い、その時点の資産・負債に基づいて株式の評価を行う必要がある。

ちなみに、純資産価額方式による評価額の計算方法を具体的に示すと、次頁のとおりである。

なお、純資産価額方式では、株式の取得者とその同族関係者の有する議決権の合計数が評価会社の議決権総数の50％以下である場合には、上記により計算した評価額から20％相当額を減額することとされている（評基通185ただし書）。

Ⅳ　非上場株式の評価をめぐるトラブル事例と留意点

＜純資産価額方式による評価額の計算＞

資　産　の　部			負　債　の　部		
科　　目	相続税評価額	帳簿価額	科　　目	相続税評価額	帳簿価額
	千円	千円		千円	千円
合　　計	① 596,741	② 453,243	合　　計	③ 302,373	④ 302,373

⑤　相続税評価額による純資産価額（①－③）……………………… 294,368 千円

⑥　帳簿価額による純資産価額（②－④）………………………… 150,870 千円

⑦　評価差額に相当する金額（⑤－⑥）…………………………… 143,498 千円

⑧　評価差額に対する法人税等相当額（⑦×38%）……………… 54,529 千円

⑨　課税時期現在の純資産価額（⑤－⑧）………………………… 239,839 千円

⑩　課税時期現在の発行済株式数　……………………………… 20,000 株

⑪　課税時期現在の1株当たりの純資産価額（⑨÷⑩）…………… 11,991 円

（同族株主等の議決権割合が50%以下の場合…11,991円×80%＝9,592円）

❷ 純資産価額の計算時期の特例的取扱い

　純資産価額方式による株式評価の原則は、上記のとおりである。た
だ、直前期の確定した決算に基づく資産・負債を基に評価した価額と
課税時期現在の資産・負債を基にした価額との間に著しい差異がない
と認められる場合には、仮決算をして評価をすることにそれほどの実
益はない。

　そこで、実務の取扱いとして、直前期末から課税時期までの間に資
産及び負債の金額について著しく増減がないと認められる場合には、
直前期末現在の資産及び負債の金額によって評価しても差し支えない
こととされている。

　上記の事例は、純資産価額方式の評価方法について、原則と例外的
取扱いをいわば逆に捉えていたことがトラブルの基因であると考えら
れる。もちろん実務の簡便性を考慮すれば、直前期の確定した決算を
ベースに評価することも容認されるが、上記の事例のように評価会社
の資産・負債の内容が直前期の決算額よりも悪化している場合には、
原則に従って仮決算を行った上で株式の評価を行う必要がある。評価

274　第4章　財産評価で注意したいトラブル事例と防止策

会社の財務状況が悪化していることを知りながら、安易な評価を行ったとすれば、税理士の責任問題が生じると考えられる。

トラブルの防止策

　純資産価額方式による株式の評価に際しては、上述したとおり資産・負債の状況について、直前期の確定した決算の内容と課税時期現在の内容を比較し、仮決算を行うかどうかを検討する必要がある。

　この点に関し、課税時期が直後期に著しく近い場合で、その直後期の確定した決算に基づく資産・負債の状況が、課税時期の状況を反映したものと認められる場合には、直後期末の資産・負債の金額に基づいて評価することも差し支えないこととされている。結局、純資産価額方式における資産・負債の金額の計算方法には、次の3つがあることになる。

① 　課税時期現在の資産・負債の金額による方法（仮決算方式）

② 　直前期末の確定した決算の資産・負債の金額による方法

③ 　直後期末の確定した決算の資産・負債の金額による方法

　注意したいのは、これらの方法は選択的に認められるものではないということである。原則は①の方法であり、②と③は「課税時期における資産・負債の金額と著しく増減がない」場合に認められ、③については「課税時期が直後期末に近い」ことが条件になる。こうした点を考慮外に置くと、納税者ばかりでなく、課税当局との間のトラブルが生じないとも限らない。

9 純資産価額方式における資産科目の留意点

トラブル事例

　同族会社の代表者である被相続人に相続が開始したため、純資産価額方式により株式の価額を評価することとなった。評価に際して確認したところ、会社の資産・負債の金額について、直前期末から課税時期までの間に著しく増減がないと認められた。そこで、直前期末の確定した決算に基づく資産・負債により評価した。

　相続税の申告後に税務調査が行われ、調査官から資産科目に関して、次のような指摘があった。

① 　評価明細書の資産の部に「前払費用」、「繰延資産」、税効果会計による「繰延税金資産」が計上されているが、これらは資産から除外してよいのではないか。

② 　会社は被相続人から土地を無償で借り受け、その土地上に事務所建物を有しているが、株式の評価上は「借地権」を資産計上すべきではないか。

③ 　会社の決算書に「保険積立金」が資産計上されているが、株式の評価において「生命保険契約に関する権利」として評価した金額が資産に計上されていないのはなぜか。

④ 　課税時期後に被相続人を被保険者としていた生命契約に基づく保険金を会社が受け取っているが、その受取額を資産に計上して評価すべきではないか。

⑤ 　会社所有の土地について、評価明細書に相続税評価額が記載されているが、直前期末（課税時期の前年）の年分の路線価格に基づいて評価されている。直前期末が前年であっても、課税時期の年分の路線価格で評価すべきではないか。

トラブルの原因と分析

■1 資産計上を要する科目と評価額

　純資産価額方式による株式の評価では、貸借対照表に計上されている資産のほか、貸借対照表に資産計上されていないものであっても、評価会社に帰属しているものは相続税評価を要する。

276 ┃ 第4章　財産評価で注意したいトラブル事例と防止策

したがって、無償取得の借地権の場合には帳簿価額はゼロであり、貸借対照表価額はないが、相続税評価を行った上で、株式の評価において資産計上しなければならない。この場合において、いわゆる相当の地代方式で土地を借り受けているケース又は「土地の無償返還に関する届出書」を提出しているケースでは、その土地の自用地価額の20%相当額を借地権の価額として資産計上することとされている（昭和43年10月28日直資3-22ほか通達）。

　これに類似するものに生命保険契約の保険金がある。被相続人の死亡を保険事故として評価会社が受け取る保険金は、直前期末の貸借対照表には資産計上されていないが、「保険金請求権（又は未収保険金）」として資産計上し、株式の評価を行うことになる。

　純資産価額方式による株式の評価は、前述したとおり個人の相続税課税と同様のしくみである。被相続人の死亡を保険事故として相続人等が受け取る生命保険金は、相続開始後に取得するものであるが、相続財産とみなして課税対象になる。同様に、被相続人の死亡後に評価会社が受け取る生命保険金も株式の評価を通じて課税対象になるということである（受取保険金を原資としていわゆる死亡退職金を支払う場合に処理については、後述282頁参照）。

　上記の事例における「生命保険契約の権利」に関する調査官の指摘も同様である。相続開始時にまだ保険事故が発生していない生命保険契約がある場合には、個人の課税上はその契約者にみなし相続財産として課税しており、株式の評価においても評価会社の資産に計上する必要がある。この場合の相続税評価額は、課税時期現在の解約返戻金相当額になる（評基通214）。

　上記の事例では、評価会社の有する土地の評価が問題となっている。純資産価額方式において、直前期末の資産・負債に基づいて評価をする場合であっても、その評価額は課税時期現在の価額でなければならない（評基通7以下）。したがって、直前期末が課税時期の前年であっても、土地の評価は課税時期の年分の路線価格による必要がある。この点も個人の相続税課税と対比してみれば当然のことである。個人の有する土地の評価に当たり前年分の路線価格によることはあり得ないの

Ⅳ　非上場株式の評価をめぐるトラブル事例と留意点 **277**

である。

　なお、上記の事例にはないが、土地、借地権及び建物について、課税時期前3年以内に取得したものは、課税時期における通常の取引価額（帳簿価額が通常の取引価額に相当すると認められる場合には、その帳簿価額）となる（評基通185かっこ書）。

■■2 資産計上を要しない科目■■■■■■

　純資産価額方式による評価では、財産的価値のあるものだけを資産計上すればよい。換言すれば、貸借対照表に資産計上されていても、その資産に財産的価値がなければ、株式の評価上は資産から除外することができる。

　これに属するものとしては、次年度以降に費用化される前払費用、繰延資産（法人税法上の繰延資産を含む）、仮払金、税効果会計を適用した場合の繰延税金資産などがある。

　これらは、企業会計における経過勘定であり、課税時期において換金できるものではなく、財産的価値はない。また、繰延税金資産は、法人税等の前払金的な性格を有するものであり、課税時期において還付請求できるわけではない。したがって、前払費用と同様に財産的価値がないものである。

　上記の事例において、調査官が指摘したのはこの点であり、いわば資産の過大計上となっているということである。

　ところで、会社の貸借対照表にはさまざまな資産が計上されており、株式の評価において資産計上すべきかどうかの判断が難しいものもある。例えば、金融機関から融資を受ける際に支払った保証料で前払経理されているものである。このような保証料は、その支払いの基因となった借入金を中途で返済すれば、通常の場合、その一部が返還される。このため、課税時期に借入金を繰上返済したと仮定した場合の保証金の返還金相当額には財産性があるという見方もできる。

　しかし、実際に借入金を繰上返済することが確定している場合はともかく、そうでなければ返還される保証金の額も未確定であり、その評価を行うことは困難である。したがって、このような保証金につい

278　第4章　財産評価で注意したいトラブル事例と防止策

ては財産性がなく、株式の評価上も資産計上は要しないと考えられる。

トラブルの防止策

　純資産価額方式による株式の評価は、前述したとおり、個人の相続税課税と共通した考え方によっている。したがって、株式の評価において資産として計上すべきかどうかは、相続税の課税対象になる財産かどうかという観点から判断すればよい。ちなみに、財産とは、「金銭に見積もることができる経済的価値のあるすべてのもの」とされている（評基通11の2−1）。

　参考までに、純資産価額方式における主な資産科目について、「取引相場のない株式（出資）の評価明細書」の「第5表　1株当たりの純資産価額（相続税評価額）の計算明細書」と貸借対照表上の価額との関係を示すと、以下のとおりである（金額は仮定のものである）。

主な科目	貸借対照表上の価額	評価明細書		評価上の留意点
		相続税評価額	帳簿価額	
預　　　金	600	601	600	定期預金等は、課税時期までの既経過利子の額（源泉税相当額は控除）を帳簿価額に加算して評価額とする（評基通203）。
受　取　手　形	800	798	800	原則として券面額によって評価するが、支払期日までの間が6か月以上のものは、割引料相当額を控除して評価額とする（評基通206）。
売　　掛　　金	3,000	2,800	3,000	課税時期における回収不能分は帳簿価額から控除して評価額とする（評基通205）。
有　価　証　券	500	550	500	上場株式、公社債等のすべての有価証券について相続税評価を行う（評基通169 〜 172、197−2 〜 197−5、198 〜 199）。

Ⅳ　非上場株式の評価をめぐるトラブル事例と留意点　279

非上場株式	300	400	300	財産評価基本通達に基づいて非上場株式の評価を行うが、純資産価額方式による評価では、評価差額に対する法人税等相当額の控除（38％控除）は適用しない（評基通186-3）。
前 払 費 用	60	0	0	未経過保険料、前払家賃などは、財産性がないものとして相続税評価額と帳簿価額のいずれもゼロとする。
仮 払 金	20	10	10	課税時期後に費用となるものは、財産性がないものとして相続税評価額と帳簿価額のいずれにも計上しない。
繰延税金資産	90	0	0	相続税評価額と帳簿価額のいずれもゼロとする。
建 物	800	650	800	相続税評価額は固定資産税評価額（貸家の場合は借家権価額を控除）とする（評基通89、93）。ただし、課税時期前3年以内に取得したものは、原則として通常の取引価額を評価額とする（評基通185かっこ書）。
土 地	4,000	8,000	4,000	相続税評価額は、路線価方式又は倍率方式により評価する（評基通7以下）。ただし、課税時期前3年以内に取得したものは、建物の場合に同じ。
借 地 権	―	1,000	0	無償取得のものは帳簿価額をゼロとし、相続税評価額は土地の評価額を基に借地権割合等により評価する（評基通27～30）。ただし、課税時期前3年以内に取得したものは、建物の場合に同じ。

機械及び装置 車両運搬具 器具及び備品	1,000	800	800	一般動産に該当し、原則として、売買実例価額、精通者意見価格等を参酌して評価するが、これらの価額が明らかでない場合には、その動産の同種及び同規格の新品の小売価額から、その動産の製造の時から課税時期までの間の償却費の合計額を控除した金額により評価する（評基通129）。 　この場合の償却費の額は、定率法により計算する（評基通130）。
ゴルフ会員権	700	500	500	原則として、取引価格の70％相当額で評価する（評基通211）。
電話加入権	80	60	60	取引相場のあるものは、課税時期における通常の取引価額に相当する金額で評価するが、それ以外のものは、国税局長の定める標準価額によって評価する（評基通161）。
保険金請求権 （未収保険金）	—	800	800	課税時期において保険事故が発生している生命保険契約に係る保険金で、評価会社が取得するものは、相続税評価額と帳簿価額に同額を計上する。
保険積立金	300	250	300	課税時期において保険事故が発生していない生命保険契約で、支払保険料が資産計上されているものは、「生命保険契約に関する権利」として個々の契約に係る解約返戻金相当額を相続税評価額とする（評基通214）。
繰延資産	100	0	0	相続税評価額と帳簿価額のいずれもゼロとする。

Ⅳ　非上場株式の評価をめぐるトラブル事例と留意点　281

10 純資産価額方式における負債科目の留意点

トラブル事例

　同族会社の代表者である被相続人に相続が開始したため、純資産価額方式により株式の価額を評価することとなった。

　会社の資産・負債の金額について、直前期末から課税時期までの間に著しく増減がないと認められたため、直前期末の確定した決算に基づく資産・負債に基づいて評価した。

　相続税の申告後にその評価額を精査したところ、相続開始後に相続人に支給した死亡退職金が負債に計上されていないことが判明した。

トラブルの原因と分析

■1 負債に計上できない科目

　相続税の課税価格の計算における「債務控除」の対象となる債務は、相続開始時において確実と認められるものに限られる（相法14①）。この規定からみれば、純資産価額方式による株式の評価において、評価会社の負債に計上できるものも確実と認められる債務に限られる。

　したがって、各種の引当金や準備金は、評価会社の貸借対照表に負債として計上されていても、株式の評価上は負債には計上できない。

　なお、「未払法人税等」の貸借対照表価額は、負債とはされないが、仮決算を行わず、直前期末の資産・負債に基づいて株式の評価を行う場合には、確定申告による未納法人税、未納道府県民税、未納市町村民税及び未納事業税の額は負債に計上することができる。また、未納消費税等も同様である。

■2 貸借対照表価額がない負債の取扱い

　一方、貸借対照表に負債として計上されていないものであっても、株式の評価において負債として計上できるものがある。その代表例が上記の事例で問題となった死亡退職金である。

　被相続人の死亡による退職金は、相続開始後に評価会社から相続人

282　第4章　財産評価で注意したいトラブル事例と防止策

等に支払われるものであり、直前期末の貸借対照表には負債として計上されていない。ただし、死亡退職金は、いわゆるみなし相続財産として相続税の課税対象になる（相法3①二）。このため、死亡退職金の額を株式の評価において負債計上しないと、一種の二重課税となる。そこで、みなし相続財産とされる死亡退職金の額を評価会社の負債として取り扱うこととしている（死亡退職金の受取人が相続人である場合の非課税控除は、株式の評価において考慮する必要はない）。

また、死亡退職金に関連した事項に弔慰金等の取扱いがある。被相続人の死亡により相続人等が受ける弔慰金、花輪代、葬祭料等については、実質的に死亡退職金に該当する部分を除き、次のような形式基準によって課税対象になる金額と非課税となる金額に区分することとされている（相基通3-20）。

① 被相続人の死亡が業務上の死亡である場合……弔慰金等のうち、その被相続人の死亡当時における普通給与の3年分に相当する金額を非課税となる弔慰金等とし、その3年分相当額を超える部分の弔慰金等の額を課税対象となる死亡退職金とする。

② 被相続人の死亡が業務上の死亡でない場合……弔慰金等のうち、その被相続人の死亡当時における普通給与の半年分に相当する金額を非課税となる弔慰金等とし、その半年分相当額を超える部分の弔慰金等の額を課税対象となる死亡退職金とする。

したがって、評価会社から相続人等に支給された弔慰金等がある場合には、上記の形式基準により区分し、課税対象になる金額を評価会社の負債に計上することができる。

■3 生命保険金から支給した死亡退職金がある場合の法人税等の取扱い

ところで、評価会社が受け取る生命保険金について資産計上を要することは前述したとおりであるが、その生命保険金を原資として被相続人の死亡退職金を支給する例が多い。この場合には、生命保険金（未収保険金）の資産計上と死亡退職金の負債計上が、いわば両建てになる。

注意したいのは、保険金を取得することによる法人税等の負債計上

である。保険金を取得することになる評価会社の利益（保険差益）に対しては法人税等が課税されることになるため、その課税分を負債に計上して株式評価を行うことができる。

　この場合に評価会社が仮決算を行っていないときは、保険差益に対する法人税等の額を評価差額に対する法人税等の計算上の税率（38％）で計算することができる。計算例を示せば、次のとおりであり、株式の評価明細書の記載は、下記のようになる。

○保険差益の額……〔評価会社の受取保険金額〕−〔受取保険金に係る保険積立金の額〕−〔死亡退職金の額〕

○保険差益に対する法人税等の額……〔保険差益の額〕×38％

〈例〉

　　受取保険金の額……8,000万円

　　保険積立金の額……1,000万円

　　死亡退職金の額……5,000万円

　　・保険差益の額……8,000万円−1,000万円−5,000万円
　　　　　　　　　　　＝2,000万円

　　・保険差益に対する法人税等の額……2,000万円×38％＝760万円

第5表　1株当たりの純資産価額(相続税評価額)の計算明細書　会社名＿＿＿＿＿＿

1. 資産及び負債の金額（課税時期現在）

科　　　目	相続税評価額	帳簿価額	備考	科　　　目	相続税評価額	帳簿価額	備考
	千円	千円			千円	千円	
未収保険金	80,000	80,000		死亡退職金	50,000	50,000	
保険積立金	0	0		保険差益に対する法人税等	7,600	7,600	

（平成二十七年四月一日以降用）

　なお、評価会社に繰越欠損金がある場合には、保険差益の額からその欠損金額を控除して法人税等の額を計算し、保険差益の額から欠損金額を控除した金額がゼロ又はマイナスの場合には、保険差益に対する法人税等の額を負債に計上することはできない。

トラブルの防止策

　純資産価額方式による株式の評価は、再々言及するとおり、個人の相続税課税のしくみと同様である。したがって、評価会社の負債の計上については、「債務控除」の規定を想起すればよい。

　例えば、課税時期以前に賦課期日の到来した固定資産税のうち未納分は、評価会社の貸借対照表に負債として計上されていない場合であっても負債に計上して株式の評価を行うことができる。

　また、葬式費用も債務控除の対象とされていることから、被相続人に係る葬式費用を評価会社が負担した場合には、その金額を負債に計上できることになる。

　なお、墓地や仏具等の購入費は個人が負担すべきものであり、会社が負担することはできない。また、香典収入は個人に帰属するものであり、社葬を行ったとしても会社が収受する必要はなく、株式の評価においても考慮する必要はない。

　参考までに、純資産価額方式における主な負債科目について、「取引相場のない株式（出資）の評価明細書」の「第5表 1株当たりの純資産価額（相続税評価額）の計算明細書」と貸借対照表上の価額との関係を示すと、次頁の表のとおりである（金額は仮定のものである）。

　なお、同表の「未払退職金」（死亡退職金）について、その退職金を年金の方法で支払う場合には、課税時期における支払原資に相当する金額を負債として計上する。この場合の支払原資に相当する金額は、課税時期から各支払時期までの期間に応ずる基準年利率による複利年金現価率により計算することとされている。

　例えば、2,000万円の死亡退職金を10年間にわたり毎年200万円支払うとすれば、次の金額を負債として評価明細書の相続税評価額及び帳簿価額に計上することになる。

$$\underset{200\,万円}{\left(\substack{毎年の\\支払額}\right)} \times \underset{9.600}{\left(\substack{年0.75\%の10年\\の複利年金現価率}\right)} = 1{,}920\,万円$$

Ⅳ　非上場株式の評価をめぐるトラブル事例と留意点　**285**

主な科目	貸借対照表上の価額	評価明細書 相続税評価額	評価明細書 帳簿価額	評価上の留意点
退職給付引当金その他の引当金・準備金	600	0	0	引当金・準備金は、貸借対照表に計上されていても、評価上は、相続税評価額・帳簿価額のいずれもゼロとする（貸倒引当金のように借方勘定に控除科目として計上されている場合には、資産から除外する）。
繰延税金負債	90	0	0	相続税評価額と帳簿価額のいずれもゼロとする。
未納法人税、未納住民税・未納事業税	—	3,000	3,000	課税時期の属する事業年度開始の日から課税時期までの期間の利益に対する税額で、課税時期において未払いのものを負債とする（仮決算を行わない場合には、前期分の確定した法人税等の額を負債とする）。
未納固定資産税	—	100	100	課税時期以前に賦課期日のあった税額のうち、課税時期において未払いのものを負債とする。
未払退職金	—	2,000	2,000	被相続人の死亡後に相続人等に支給する死亡退職金の額を負債とする。
未払弔慰金等	—	150	150	被相続人の死亡後に相続人等に支給する弔慰金等で退職金とされる部分の金額を負債とする。
社葬費用	—	200	200	被相続人に係る葬式費用を評価会社が負担した場合のその金額を負債とする。

11 原則的評価額の修正と配当期待権に対する課税

トラブル事例

同族会社Ｋ社の代表者であった被相続人の相続税の申告に際し、被相続人が発行済株式総数の60％を所有していたＫ社の株式を評価したところ、1株当たりの類似業種比準価額は2,560円、直前期末の資産・負債の金額に基づく1株当たりの純資産価額は13,450円と計算された。Ｋ社の株式評価上の会社規模は、中会社（Ｌの割合0.75）であったため、次のように評価し、相続税の申告を行った。

　1株当たりの評価額……2,560円×0.75＋13,450円×（1－0.75）
　　　　　　　　　　　　　＝5,282円

なお、Ｋ社には次のような経緯がある。
○平成Ｘ年3月31日……Ｋ社の決算期末
○平成Ｘ年5月15日……被相続人死亡
○平成Ｘ年5月25日……Ｋ社は、株主総会において平成Ｘ年3月31日を配当基準日として、1株たり100円の株主配当を行うことを決議

相続税の申告後に、Ｋ社株式の評価額について配当落に修正されていないこと及び配当期待権が課税財産とされていないことが問題となった。

トラブルの原因と分析

1 株式に関する権利の意義

現行の財産評価基本通達は、株式の評価に関して、株式と「株式に関する権利」とに区分して課税することとしている。株式に関する権利とは、非上場株式についてみると、次頁に掲げる表のとおり4つがある（評基通168(4)～(7)）。

Ⅳ　非上場株式の評価をめぐるトラブル事例と留意点　287

種　類	意　義
株式の割当てを受ける権利	○株式の割当基準日の翌日から株式の割当ての日までの間における株式の割当てを受ける権利をいう。
株主となる権利	○会社設立の場合……株式の申込みに対して割当てがあった日の翌日（発起人が引受けをする株式の場合には、その引受けの日）から会社設立登記の日の前日までの間における株式の引受けに係る権利をいう。 ○会社成立後の株式の割当ての場合……株式の申込みに対して割当てがあった日の翌日から払込期日（払込期間の定めがある場合には、その払込みの日）までの間における株式の引受けに係る権利をいう。
株式無償交付期待権	○株式無償交付の基準日の翌日から株式無償交付の効力が発生する日までの間における株式の無償交付を受けることができる権利をいう。
配当期待権	○配当金交付の基準日の翌日から配当金交付の効力が発生する（配当金交付の株主総会等の決議がある）までの間における配当金の交付を受けることができる権利をいう。

2 配当期待権に対する課税と原則的評価額の修正

　上記の事例は、株式に関する権利のうち「配当期待権」が問題となったものである。配当期待権は、上記1のとおり配当金交付の基準日（通常は決算期末）の翌日から株主総会等で配当金交付が決議されるまでの間に生じる権利である。

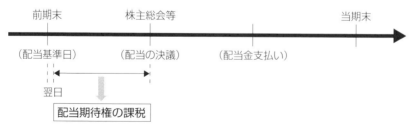

　配当期待権が課税財産となる場合に、株式の価額を上記の事例のように評価して課税すると、その価額はいわゆる配当含みとなっているため、配当期待権との間で一種の二重課税となる。このため、上記の

事例の場合には、原則的評価による株式の価額を次のように修正する必要がある（評基通187⑴）。

> 修正後の原則的評価額
> 　　　　＝〔修正前の原則的評価額〕－〔1株当たりの配当金の額〕

したがって、上記の事例における1株当たりの価額は、次のようになる。

（修正前の評価額）　　（1株当たりの配当金額）
　5,282円　　－　　　100円　　＝5,182円

一方、配当期待権の価額は、次により計算することとされている（評基通193）。

> 配当期待権の価額＝〔1株当たりの予想配当金額〕－〔源泉所得税相当額〕

もっとも、実務的にみれば「予想配当金額」と実際の配当金の額が異なることはない。したがって、事例における1株当たりの配当期待権の価額は、次のようになる。

100円－（100円×20.42％）＝79円

なお、この例を「取引相場のない株式（出資）の評価明細書」の「第3表 一般の評価会社の株式及び株式に関する権利の価額の計算明細書」に記載すると、次頁のようになる。

トラブルの防止策

現行の評価の取扱いでは、前述したとおり株式と株式に関する権利とを区分して評価しているため、配当や増資が行われているような場合には、課税財産の取扱いに注意する必要がある。

上記 **2** の図において、配当金の交付決議があった後、配当金の支払いが行われるまでの間に課税時期がある場合には、株式のほかに「未収配当金」が課税財産に取り込まれる。また、実際に配当金の支払いがあった後は、その支払後の現金預金が課税財産を構成することになる。

Ⅳ　非上場株式の評価をめぐるトラブル事例と留意点　289

第3表　一般の評価会社の株式及び株式に関する権利の価額の計算明細書　会社名

	1株当たりの価額の計算の基となる金額	類似業種比準価額（第4表の㉖、㉗又は㉘の金額）① 2,560 円	1株当たりの純資産価額（第5表の⑪の金額）② 13,450 円	1株当たりの純資産価額の80%相当額（第5表の⑫の記載がある場合のその金額）③ 円

	区　分	1株当たりの価額の算定方法	1株当たりの価額
1株当たりの価額の計算	大会社の株式の価額	①の金額と②の金額とのいずれか低い方の金額（②の記載がないときは①の金額）	④ 円
	中会社の株式の価額	①と②とのいずれか低い方の金額 Lの割合　②の金額（③の金額があるときは③の金額）Lの割合 (2,560 円×0. 75) + (13,450 円×(1-0. 75)	⑤ 5,282
	小会社の株式の価額	②の金額（③の金額があるときは③の金額）と次の算式によって計算した金額とのいずれか低い方の金額 ①の金額+（②の金額（③の金額があるときは③の金額） (　円×0.50)+(　円×0.50)=	⑥ 円

		株式の価額（④、⑤又は⑥）	1株当たりの配当金額	修正後の株式の価額
株式の価額の修正	課税時期において配当期待権の発生している場合	5,282 円-	100 円 00 銭	⑦ 5,182
	課税時期において株式の割当てを受ける権利、株主となる権利又は株式無償交付期待権の発生している場合	株式の価額（④、⑤又は⑥（⑦があるときは⑦）） 割当株式1株当たりの払込金額　1株当たりの割当株式数　1株当たりの割当株式数又は交付株式数	修正後の株式の価額
		円+ 円× 株)÷(1株+ 株)	⑧ 円

	配当還元価額	円 銭 ÷ 円 = 円	左の金額が、原則的評価方式により計算した価額を超える場合には、原則的評価方式により計算した価額とします。

	配当期待権	1株当たりの予想配当金額 源泉徴収されるべき所得税相当額 (100 円00銭)-(20 円 42 銭) ㉑ 79 円 58 銭	4. 株式及び株式に関する権利の価額（1.及び2.に共通）	
株式に関する権利の価額	株式の割当てを受ける権利（割当株式1株当たりの価額）	⑦（配当還元方式の場合は㉑）の金額　割当株式1株当たりの払込金額 ㉒ 円	株式の評価額	5,182 円
	株主となる権利（割当株式1株当たりの価額）	⑧（配当還元方式の場合は㉑）の金額（課税時期後にその株主となる権利につき払い込むべき金額があるときは、その金額を控除した金額）㉓ 円	株式に関する権利の評価額	79 （円 銭）
	株式無償交付期待権（交付される株式1株当たりの価額）	⑧（配当還元方式の場合は㉑）の金額 ㉔ 円		

なお、上記の修正計算の対象となる「原則的評価額」とは、大会社、中会社又は小会社の区分に応じた類似業種比準価額、純資産価額又はその併用による評価額であることはいうまでもない。

いずれにしても、課税時期が配当金の支払決議の前か後かによって、修正の方法が異なることに留意する必要がある。

ちなみに、上記のトラブル事例は、配当期待権が発生している場合の「原則的評価額の修正」であるが、前述（308頁）の未収配当金又は配当金受領後の現金預金との二重課税の調整は、「類似業種比準価額の修正」によって行われる。

第 **5** 章

個人事業者の相続で注意したい
トラブル事例と防止策

I 個人事業者の相続に伴う所得税の申告及び手続

1 準確定申告における所得控除の取扱い

トラブル事例

　個人事業者であった被相続人に相続が開始したため、被相続人の相続開始年分の所得について準確定申告を税理士に依頼した。
　被相続人に控除対象配偶者があり、その配偶者の相続開始時の年齢は69歳であった。このため、被相続人に係る準確定申告において、一般の控除対象配偶者として38万円の所得控除を適用した。
　ところが、その配偶者は相続開始の年の12月31日現在では70歳になるため、老人控除対象配偶者に該当することが判明した。

トラブルの原因と分析

1 所得税の準確定申告の期限

　被相続人について、相続開始の年の1月1日から死亡の日までの間に所得があり、かつ、確定申告義務があるときは、相続人において、いわゆる準確定申告を行う必要がある。
　準確定申告書は、相続人が相続の開始を知った日の翌日から4か月以内に提出することとされている（所法124①、125①）。したがって、次のようになる。

＜ケース1＞

第5章　個人事業者の相続で注意したいトラブル事例と防止策

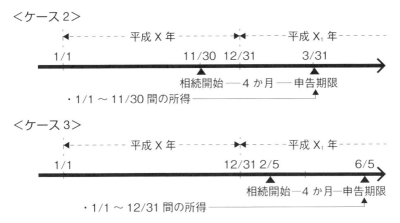

なお、＜ケース3＞の場合に、平成X_1年1月1日から同年2月5日までの間の所得について申告義務があるときは、平成X年分と同様に平成X_1年6月5日までに申告することになる。

2 準確定申告における所得控除の取扱い

注意したいのは、所得税の扶養控除や配偶者控除など各種の所得控除の取扱いである。準確定申告では、次のようになる。

① 配偶者その他の親族が被相続人と生計を一にしていたかどうかは、相続開始時の現況により判定する（所法85①、所基通85−1⑴）。

ただし、その判定に係る配偶者や扶養親族がその時に既に死亡している場合には、その死亡の時の現況による（所法85③）。

② 控除対象配偶者又は扶養親族が障害者に該当するかどうかの判定は、相続開始の時の現況による。ただし、その判定に係る配偶者や扶養親族がその時に既に死亡している場合には、その死亡の時の現況による（所法85①）。

③ 配偶者その他の親族の所得要件は、相続開始時の現況により見積もったその年1月1日から12月31日までの合計所得金額により判定する（所基通85−1⑵）。

この場合において、相続開始時の見積額が適正であれば、その後の変動は考慮する必要はない。したがって、控除対象配偶者又は扶養親族について、被相続人の死亡時からその年12月31日までの間

に偶発的な所得が発生したとしても、当初の判定には影響しないことになる。

④　特定扶養親族など、年齢により適用される所得控除については、相続開始時ではなく、その扶養親族等のその年 12 月 31 日現在の年齢により適用関係を判定する（所法 85 ③）。

したがって、事例における被相続人の配偶者は、老人控除対象配偶者としての控除額（48 万円）を適用することができる。

トラブルの防止策

相続に関する税務は、相続税だけでなく他の税目にも及ぶ例が多いが、所得税の準確定申告の場合には、通常の確定申告とは異なる取扱いをする項目が少なくない。法令や通達等に当たって確認することが重要である。

なお、事例のケースは、「当該申告書に記載した課税標準等若しくは税額等の計算が国税に関する法律の規定に従っていなかったこと」（通則法 23 ①一）に該当するため、準確定申告書の提出期限から 5 年以内であれば、更正の請求が可能である。

294　第5章　個人事業者の相続で注意したいトラブル事例と防止策

2 準確定申告における必要経費の取扱い

トラブル事例

　個人事業者であった被相続人の事業所得に係る準確定申告におい
て、担当した税理士は、相続開始年分の被相続人の事業に係る事業税
については何らの処理をせずに事業所得の金額を計算し、申告を行っ
た。
　その後に、相続人に対して被相続人に係る個人事業税の賦課通知が
あったが、税理士は、事業税は翌年分の所得の金額の計算上、必要経
費に算入できるが、被相続人には翌年分の所得がないため、必要経費
には算入できない旨の回答をした。

トラブルの原因と分析

■1 事業所得等に対する事業税の取扱い

　事業所得等についての準確定申告では、必要経費の取扱いについて
も通常の所得計算と異なる事項が多い。

　事業所得者である被相続人の死亡は、事業の廃止となるが、その場
合の相続開始年分の事業所得等に係る事業税は、次のいずれかによる
ことになる。

① 　相続開始年分（事業を廃止した年分）の所得計算において「見込
　控除額」を必要経費に算入する。

② 　見込控除をしなかった場合には、事業税の賦課決定を受けた日の
　翌日から2か月以内に、準確定申告について更正の請求を行う。

　事例においては、見込控除を適用せず、また、事業税の賦課決定後
において更正の請求も行わなかったとすれば、税理士の責任を問われ
てもやむを得ないことになる。

■2 事業税の見込控除額の計算方法

　上記の事例に関して、事業税の見込控除額の計算方法を示しておく
と、次のとおりである（所基通37−7）。

I　個人事業者の相続に伴う所得税の申告及び手続　**295**

$$見込控除額 = \frac{(A \pm B) \times R}{1 + R}$$

A＝事業税の見込控除を適用する前のその年分の事業に係る所得金額

B＝事業税の課税標準の計算上、Aの金額に加算又は減算する金額（青色申告特別控除額及び事業主控除額）

R＝事業税の税率

【計算例】9月10日に相続が開始（事業の廃止）した場合

・事業主控除前の事業所得等の金額………500万円

・青色申告特別控除額…………………… 65万円

・事業主控除額…290万円×9月/12月＝217.5万円

＜見込控除額＞

$$\frac{(500万円 + 65万円 - 217.5万円) \times 5\%}{1 + 5\%} = 165,476円$$

トラブルの防止策

　上記の事例についての検討ではないが、準確定申告における事業所得等の計算上の必要経費について、留意すべき主な項目をまとめると、次のとおりである。

項　　目	準確定申告での取扱い
固定資産税	○　納税通知が相続開始の前か後かにより、次のいずれかになる。 　①　相続開始前に納税通知があった場合……次のいずれかを選択できる。 　　(イ)　全額を準確定申告て必要経費算入 　　(ロ)　納付期限到来分を準確定申告で必要経費算入 　　(ハ)　実際の納付額を準確定申告で必要経費算入 　　※　被相続人の所得金額の計算上、必要経費に算入した金額以外の金額は、事業を承継した相続人等の事業所得等の金額の計算において必要経費に算入される。 　②　相続開始後に納税通知があった場合……被相続人の事業所得等の金額の計算においては必要経費に算入されない。 　　※　相続人等が被相続人の事業を承継した場合には、相続人等の事業所得等の金額の計算において必要経費に算入できる。

296　第5章　個人事業者の相続で注意したいトラブル事例と防止策

借入金利子	○　相続開始の時までの期間に対応する利子についてのみ、準確定申告で必要経費に算入できる。 ※　相続開始後に相続人等が支払う利子のうち、相続開始後の期間に対応する部分は家事費となる。ただし、事業上の借入金に係る利子で、相続人等が被相続人の事業を承継した場合には、相続人等の事業所得等の金額の計算において必要経費に算入できる。
貸 倒 損 失	○　相続開始後に生じた売掛金等の貸倒損失の額は、次のいずれかによる。 ①　準確定申告において、総所得金額と事業所得等の金額のうち、いずれか少ない金額を限度として必要経費に算入する。 ②　①により控除できなかった貸倒損失の額は、その前年の事業所得等の金額の計算において必要経費に算入できる（この場合には、貸倒れの事実が生じた日の翌日から２か月以内に更正の請求を行う必要がある）。
消費税・地方消費税	○　被相続人が消費税の課税事業者の場合には、相続人が被相続人の相続開始年分の消費税等について、準確定申告を行い、その納付税額を必要経費に算入する。
専従者給与	○　次のいずれかの区分に応じ、それぞれ次による。 ①　青色事業専従者給与……相続開始時までの期間のうち２分の１を超える期間について、その事業に従事していれば、支給した給与のうち不相当に高額でない部分の金額が必要経費に算入される。 ②　白色事業専従者給与……相続開始年分において、６か月を超えて事業に従事している場合にのみ必要経費になる。

Ⅰ　個人事業者の相続に伴う所得税の申告及び手続　297

3 被相続人の事業所得等に損失が生じた場合の対応

トラブル事例

　個人事業者であった被相続人が死亡したため、相続開始年分の所得税の申告を税理士に依頼した。税理士は、事業所得の金額が赤字となったため、依頼者に対し申告は不要である旨を通知し、何らの手続も行わなかった。

　後日、依頼者である相続人から税理士に対し、被相続人は青色申告をしており、相続の前年の確定申告で所得税を納税しているから、還付を受けられたのではないかとの問い合わせがあった。

トラブルの原因と分析

■1 青色申告に係る純損失の繰越控除と繰戻還付

　事業所得等について青色申告を行っている場合において、純損失が生じたときは、その損失の額を翌年以降3年間の所得から繰り越して控除することができる（所法70①）。

　また、事業所得等に純損失が生じた場合には、翌年以降の繰越控除に代えて、その年の前年分の所得に繰り戻し、所得税の全部又は一部の還付請求をすることもできる（所法140①）。

　もっとも、事業所得者が死亡した場合には、翌年以降の所得はないため、繰越控除を適用することはできない。したがって、この場合には、繰戻還付請求のみ可能となる。

　なお、繰戻還付も青色申告者に限り認められるが、被相続人の準確定申告について、青色申告書を提出して行う相続人も繰戻還付請求をすることができることとされている（所基通140、141-1）。

　したがって、事例における税理士の対応は、繰戻還付請求の可否を検討しなかったことに問題がある。

■2 還付請求書の提出期限

　純損失の繰戻しによる還付請求書は、確定申告書（準確定申告書）

298 ┃ 第5章　個人事業者の相続で注意したいトラブル事例と防止策

と同時に提出しなければならないこととされている。したがって、事例の場合には、事後的に還付請求書を提出することは不可能である。

なお、還付請求書が青色申告書と同時に提出されなかった場合でも、そのことについて税務署長においてやむを得ない事情があると認められるときは、後日に提出しても同時に提出されたものとして取り扱うこととされている（所基通140、141-3）。ただし、事例の場合には、「やむを得ない事情があると認められるとき」には該当しないと解される。

トラブルの防止策

事例における税理士の対応は、法令に関する不知又は未確認が原因である。相続に関する税務に当たっては、所得税など相続税以外の税目にも十分な配慮が必要である。

上記の所得税の繰戻し還付請求について、その年（相続開始の年）の前年が純損失であった場合において、前年分及び前々年分の所得税について青色申告書を提出しているときは、前々年の所得税について繰戻還付ができることにも留意する必要がある（所法141④）。

相続人による還付の請求をする場合において、相続人が2人以上あるときの還付請求書は、各相続人が連署した一の書面で提出しなければならないこととされている（所令273①）。ただし、他の相続人の氏名を附記して各別に提出することもできる（同ただし書）。この場合には還付請求書を提出した相続人は、遅滞なく、他の相続人に対し、その請求書に記載した事項の要領を通知しなければならないこととされている（所令273②）。

なお、還付される所得税は、還付加算金を除き、相続税の課税財産となる。

Ⅰ　個人事業者の相続に伴う所得税の申告及び手続　**299**

4 | 事業を承継した相続人等の青色申告の承認申請

トラブル事例

　個人事業者であった被相続人の事業を承継した相続人は、相続開始年分の所得税について、青色申告により確定申告を行った。

　ところが、申告後に所轄税務署から、青色申告の承認申請書が提出されていないので、相続人の相続開始年分の事業所得について青色申告は適用されないとの連絡を受けた。

　相続人は、被相続人が青色申告を行っていたこと、また、被相続人の相続に伴う税務手続をすべて税理士に委任していたことから、当然に青色申告ができるものと思い込んでいた。

トラブルの原因と分析

■**1** 通常の場合の青色申告の承認申請

　事業所得等に係る所得税について、青色申告によりたい場合には、その旨の承認申請を行う必要があり、通常の場合の「所得税の青色申告承認申請書」の提出期限は、次のようになっている（所法144）。

① 　既に事業を営んでいる場合又はその年1月15日以前に新たに事業を開始した場合……青色申告によりたい年の3月15日まで

② 　その年1月16日以後に新たに事業を開始した場合……事業を開始した日から2か月以内

　なお、承認申請書を提出した年の12月31日までに税務署長による承認又は却下の処分がないときは、その申請は承認されたものとみなすこととされている（所法147）。

■**2** 相続による事業承継の場合の青色申告の承認申請

　注意したいのは、被相続人が青色申告を行っていたとしても、その承認の効果は相続人には及ばないことである。したがって、被相続人の事業を承継し、新たに事業を開始した場合において、相続人が青色申告によりたいときは、その承認申請を行う必要がある。

300 | 第5章　個人事業者の相続で注意したいトラブル事例と防止策

相続人が事業を承継した相続開始年分の所得税から青色申告により
たいときの申請書の提出期限は、上記 **1** の通常の場合と異なり、次
のようになる（所基通 144−1）。

① 　相続の開始がその年 1 月 1 日から 10 月 31 日までの間の場合……
　　相続開始の日から 4 か月を経過する日とその年 12 月 31 日のいずれ
　　か早い日（この場合のみなし承認は 12 月 31 日）

② 　相続開始がその年 11 月 1 日から 12 月 31 日までの間の場合……
　　相続開始の年の翌年 2 月 15 日（この場合のみなし承認は翌年 2 月
　　15 日）

　このうち①は、相続の開始がその年 1 月 1 日から 8 月 31 日までの
場合には、相続開始から 4 か月を経過する日、また、9 月 1 日から 12
月 31 日までの間であれば、12 月 31 日が申請期限になるということ
である。

　いずれにしても、事例の場合には、税理士の責任の有無はともかく、
相続人が相続開始の年分に係る所得税について、青色申告によること
はできない。

トラブルの防止策

　個人事業者の相続に関する税務では、相続税の申告よりも所得税の
申告や申請などの手続が常に先行することを忘れてはならない。これ
は、被相続人の事業を承継した相続人等の税務手続も同様であること
に留意する必要がある。

　なお、被相続人が青色申告を行っていた場合において、死亡により
業務を廃止したときは、その青色申告の承認は自動的に取り消される
（所法 151 ②）。したがって、「所得税の青色申告の取りやめ届出書」を
提出する必要はない。

Ⅰ　個人事業者の相続に伴う所得税の申告及び手続　301

Ⅱ 個人事業者の相続に伴う消費税の申告及び手続

1 相続の場合の相続人の納税義務判定の特例

トラブル事例

　個人事業者の相続に係る税務に関与した税理士は、被相続人の事業を承継した相続人の消費税について、下記の〔事例1〕では、相続開始年分の相続人Aの課税売上高が1,000万円以下であるため、その年分の消費税の申告義務はないものと判断した。

　また、〔事例2〕では、被相続人と相続人Bの基準期間における課税売上高の合計額が1,000万円を超えるため、Bは相続開始年分の消費税について納税義務ありと判断した。

　しかしながら、税理士の判断はいずれも誤りであることが後日判明した。

〔事例1〕

　被相続人甲は、貸家（貸事務所）を有して不動産賃貸業を営んでいたが、同人が死亡したため、給与所得者である相続人Aがその賃貸事業を承継した。

　貸家の家賃収入（課税売上高）は、次のとおりである。
○相続開始の前々年分……1,800万円
○相続開始の前年分………1,000万円
○相続開始の年分
　　1月1日から相続開始の日まで………………1,400万円
　　相続開始の日の翌日から12月31日まで……300万円

〔事例2〕

　被相続人乙は、物品販売業を営んでいたが、同人が死亡したため、その事業は、相続人Bが承継した。Bも個人で飲食業を営んでいた。

　乙とBの事業に係る課税売上高は、それぞれ次のとおりであり、いずれも相続開始の前年まで免税事業者であった。

302　第5章　個人事業者の相続で注意したいトラブル事例と防止策

	＜被相続人＞	＜相続人Ｂ＞
○相続開始の前々年分……	800万円	700万円
○相続開始の前年分………	700万円	600万円
○相続開始の年分…………		800万円
1月1日から相続 開始日まで	300万円	
相続開始日の翌日 から12月31日まで…		400万円※

※被相続人からの承継した事業に係る課税売上高である。

トラブルの原因と分析

■1 相続人等が非事業者であった場合の納税義務判定

　相続が開始した場合において、その相続人等がその年の基準期間における課税売上高が1,000万円を超える被相続人の事業を承継したときは、その相続人の相続開始の日の翌日からその年12月31日までの間における課税資産の譲渡等については、消費税の納税義務免除の規定は適用されない（消法10①、消基通1−5−1(1)）。

　上記の〔事例1〕の場合、相続開始の年の基準期間である相続開始の年の前々年の課税売上高は、1,800万円であり、1,000万円を超えている。したがって、相続人Aは、相続開始の日の翌日からその年12月31日までの間の課税売上高300万円について消費税の納税義務があることになる。

■2 被相続人と相続人が事業者であった場合の納税義務判定

　相続人と被相続人がともに事業者であり、相続人が被相続人の事業を承継した場合に、その両者の基準期間における課税売上高のいずれかが1,000万円を超えるときは、その相続人の相続開始年分の消費税について納税義務は免除されない（消法10②、消基通1−5−4(1)）。

　上記の〔事例2〕の場合、相続開始の年の基準期間である前々年の課税売上高は、被相続人について800万円、相続人Bについて700万円であり、いずれも1,000万円を超えていない。したがって、相続

Ⅱ　個人事業者の相続に伴う消費税の申告及び手続　303

開始の年の B の課税売上高が 1,200 万円（＝ 800 万円＋ 400 万円）で
あっても、消費税の納税義務はないことになる。

トラブルの防止策

　現行の消費税法の規定からみると、上記のように判定されるから、
事例における税理士の判断は、いずれも誤りである。こうした問題も
法令等に当たって確認する以外にトラブルの防止策はない。

　なお、上記の〔事例2〕に関して補足しておくと、相続開始の年の
翌年と翌々年においては、相続人の基準期間における課税売上高と被
相続人の基準期間における課税売上高の合計額が 1,000 万円を超える
と、納税義務免除の規定は適用されない（消法 10 ②、消基通 1 − 5 − 4 ⑵）。

　この点を〔事例2〕にあてはめると、相続開始の翌年の基準期間で
ある相続開始の前年は 1,300 万円（相続人の課税売上高 600 万円と被
相続人の課税売上高 700 万円の合計額）であり、また、相続開始の翌々
年の基準期間である相続開始の年は 1,500 万円（相続人の課税売上高
800 万円及び 400 万円と被相続人の課税売上高 300 万円の合計額）で
あり、いずれの年も課税売上高が 1,000 万円を超えることになる。し
たがって、相続人 B の相続開始の年の翌年と翌々年は納税義務免除
にならない。

　この点は、上記 **2** の相続開始の年の納税義務の判定方法（相続人
と被相続人の基準期間における課税売上高のいずれかが 1,000 万円を
超えるかどうかで判定）と異なることに留意する必要がある。

2 被相続人の事業場を分割して承継した場合の納税義務

トラブル事例

　被相続人は、貸ビル（貸事務所）を2棟所有していた。貸ビルのうち1棟（甲ビル）は相続人Aが取得し、他の1棟（乙ビル）は相続人Bが取得して、それぞれ被相続人の賃貸事業を承継した。

　なお、A及びBとも給与所得者であり、被相続人の相続開始前に事業に係る収入はない。

　甲ビルと乙ビルの賃貸収入（課税売上高）は、次のとおりであるが、関与税理士は、相続開始の前々年における被相続人の課税売上高が2,100万円（甲ビルの900万円と乙ビルの1,200万円の合計額）であるため、相続人のA及びBとも相続開始年分の消費税について、納税義務があると判断した。

		甲ビル	乙ビル
相続開始の前々年	（1月1日〜12月31日）	900万円	1,200万円
相続開始の前年	（1月1日〜12月31日）	800万円	900万円
相続開始の年	1月1日〜相続開始日	600万円	500万円
	相続開始日の翌日〜12月31日	500万円	400万円

相続人Aが承継

相続人Bが承継

トラブルの原因と分析

■1 被相続人の2以上の事業場を分割承継した場合の納税義務の判定

　被相続人が2以上の事業場を有していた場合において、2人以上の共同相続人が各事業場を分割して承継したときは、被相続人の相続開始の年の基準期間における課税売上高のうち、各相続人が承継した事業場に対応する金額により消費税の納税義務の判定を行うこととされている（消法10③、消令21）。

Ⅱ　個人事業者の相続に伴う消費税の申告及び手続　305

これを事例についてみると、賃貸事業に係る甲ビルと乙ビルは、それぞれ異なる事業場であり、それぞれを相続人ＡとＢが分割して承継しているため、各人の納税義務の判定は、甲ビルと乙ビルの賃貸収入（課税売上高）によって行うことになる。

　相続開始の年の基準期間である相続開始の年の前々年の課税売上高は、甲ビルが900万円、乙ビルが1,200万円であり、後者についてのみ1,000万円を超えている。したがって、相続開始の年の納税義務の有無については、次のように判定される。

① 　相続人Ａ（甲ビルを取得）……相続開始の年の相続開始日の翌日から12月31日までの間の課税売上高500万円について納税義務はない。

② 　相続人Ｂ（乙ビルを取得）……相続開始の年の相続開始日の翌日から12月31日までの間の課税売上高400万円について納税義務がある。

　事例における税理士の判断は、事業場ごとの課税売上高により納税義務の判定を行うという消費税法の規定を看過したためのミスである。

　なお、納税義務のなかったＡについては、不要な申告と納税をしていることになるため、国税通則法23条1項1号の規定を根拠として更正の請求が可能である。

２ 相続開始の翌年及び翌々年の納税義務の判定

　ちなみに、上記の事例について、相続開始の翌年と翌々年の納税義務の判定を行うと、次のようになる。

	相続人Ａ（甲ビル）	相続人Ｂ（乙ビル）
相続開始の翌年	納税義務なし （相続開始の前年の課税売上高800万円 ≦ 1,000万円）	納税義務なし （相続開始の前年の課税売上高900万円 ≦ 1,000万円）
相続開始の翌々年	納税義務あり （相続開始の年の課税売上高600万円 + 500万円 = 1,100万円 ≦ 1,000万円）	納税義務なし （相続開始の年の課税売上高500万円 + 400万円 = 900万円 ≦ 1,000万円）

トラブルの防止策

　上記のような問題も、結局のところ、該当する法令等にあたって、その取扱いを確認する以外にトラブルの防止策はない。

　なお、上記の事例とは異なるが、共同相続人間で相続財産が分割されず、したがって、被相続人の事業の承継者も確定しないという場合があるが、民法の遺産共有の考え方からすれば、遺産未分割である間は、被相続人の事業を各共同相続人が共同で承継したとみることができる。

　このため、各相続人が消費税の免税事業者に当たるか否かの判定は、被相続人の基準期間における課税売上高を各相続人の民法上の相続分であん分した金額を基礎として判定することとされていることに留意する必要がある（消基通1−5−5）。

　この取扱いに関し、被相続人の基準期間における課税売上高を各相続人の相続分であん分した金額を基礎として判定した結果、免税事業者となった場合において、その後、その相続開始の年に遺産分割が行われ、当初の判定計算と異なることとなったとしても、免税事業者として取り扱うこととされている（平成27年3月24日「相続があった年に遺産分割協議が行われた場合における共同相続人の消費税の納税義務の判定について」文書回答事例・大阪国税局審理課長）。

　例えば、被相続人の基準期間の課税売上高が2,000万円、共同相続人がA、B、C及びDの4人（各人の相続分は4分の1）の場合に、被相続人の事業に係る相続財産が未分割であれば、各人に帰属する基準期間の課税売上高は500万円（＝2,000万円÷4）となり、すべての相続人が免税事業者となる。その後、相続開始の年に遺産分割が行われ、その財産の全部と被相続人の事業の承継者をAのみと決定したとしても、免税事業者とした当初の判定が変わることはないということである。

Ⅱ　個人事業者の相続に伴う消費税の申告及び手続　**307**

3 事業を承継した相続人等の簡易課税制度の適用の届出

トラブル事例

　個人事業者であった被相続人は、消費税の課税事業者であり、簡易課税制度を選択適用していた。

　相続開始の年の前々年の被相続人の課税売上高は 4,000 万円であり、同人の事業を承継した相続人は、相続開始の年から簡易課税制度の適用を受けるつもりでいた。

　消費税の申告期限前に所轄税務署に問い合わせたところ、簡易課税制度の選択届出書が提出されていないため、相続人の相続開始年分の消費税については、同制度の適用はないとのことであった。

　なお、相続人は、被相続人の事業を承継するまで事業者ではなかった。

トラブルの原因と分析

■1 簡易課税制度の選択の届出と効力

　消費税の簡易課税制度は、「消費税簡易課税制度選択届出書」を提出することによって適用され、「消費税簡易課税制度選択不適用届出書」を提出するまでその効力が継続することになる。

　同制度の適用を受けるための届出書は、原則として、その提出の日の翌課税期間から効力が生じるが（消法37①）、新たに事業を開始した場合には、その課税期間の末日（個人事業者の場合には事業を開始した年の12月31日）までに選択届出書を提出すれば、その提出をした日の属する課税期間から簡易課税制度の適用を受けることができる（消令56①）。

■2 相続により事業を承継した場合の簡易課税制度の選択届出

　注意したいのは、相続により被相続人の事業を承継した場合の取扱いである。

　所得税について、被相続人が受けていた青色申告の承認申請の効果

308 第5章　個人事業者の相続で注意したいトラブル事例と防止策

は、事業を承継した相続人には及ばないことは前述したとおりである
が、消費税の簡易課税制度の選択についてもこれと同様である。簡易
課税制度の選択の効果は、事業を承継した相続人には及ばないため、
事業者でなかった相続人が簡易課税制度によりたいときは、新たに選
択届出書を提出する必要がある（消基通 13−1−3 の 2）。

　この場合の事業の承継は、相続人が新たに事業を開始したことと同
様である。したがって、事業者でない個人が相続により事業を承継し
た場合、又は、被相続人が簡易課税制度の適用を受けていた場合で、
相続人がその事業を承継したときは、相続開始の日の属する年の 12
月 31 日までに選択届出書を提出すれば、その相続開始年分の課税期
間から同制度の適用を受けることができる（消法 37 ①、消令 56 ①二）。

　いずれにしても、事例のトラブルは、被相続人が簡易課税制度の適
用を受けていた場合には、その効果が自動的に相続人に承継されると
思い込んだことに原因がある。

3 課税期間の末日前 1 か月以内に相続が開始した場合の届出期限の特例

　相続による事業承継の場合の簡易課税制度の選択届出書の提出期限
は、上記 **2** のとおりであるが、「やむを得ない事情がある場合」の特
例があることにも注意を要する。

　簡易課税制度の選択をしようとする事業者が、やむを得ない事情が
あるため所定の期限までに選択届出書を提出できなかった場合におい
て、税務署長の承認を受けたときは、相当の期間内（やむを得ない事
情がやんだ日から 2 か月以内）に「消費税簡易課税制度選択（不適用）
届出に係る特例承認申請書」を提出すれば、その所定の期限までに選
択届出書を提出したものとみなすこととされている（消法 57 の 2 ①、消
規 17 ④）。

　この場合のやむを得ない事情には、「その課税期間の末日前おおむ
ね 1 か月以内に相続があったことにより、その相続に係る相続人が新
たに課税事業者選択届出書等を提出できる事業者となった場合」が含
まれている（消基通 13−1−5 の 2、1−4−16、1−4−17）。

　したがって、上記の事例における相続開始が 12 月中である場合（そ

Ⅱ　個人事業者の相続に伴う消費税の申告及び手続　**309**

の課税期間の末日前おおむね1か月以内に相続があったこと）には、その翌年2月末日までに選択届出書とともに、上記の特例承認申請書を提出すれば、相続人について相続開始年分の課税期間から同制度の適用を受けることができる。

トラブルの防止策

ところで、上記の事例とはやや異なるが、被相続人と相続人がともに消費税の課税事業者であった場合の簡易課税制度の適用判定にも注意を要する。

たとえば、相続開始の年の2年前（基準期間）の課税売上高が次のとおりであったとする。

○被相続人（簡易課税制度を選択適用）……5,000万円

○相続人（簡易課税制度の選択なし）………4,000万円

この場合に、被相続人の事業を承継した相続人について、相続開始年分の簡易課税制度の適用の有無を判定するときの基準期間の課税売上高は、相続人の基準期間の課税売上高（4,000万円）で判定することになる。

この点は、前述した相続人が相続開始年分について免税事業者になるかどうかの判定を行う場合の取扱い（相続人と被相続人の基準期間における課税売上高のいずれかが1,000万円を超えるか否か）とは異なっている。

310　第5章　個人事業者の相続で注意したいトラブル事例と防止策

第**6**章

相続税の申告後の税務で
注意したい
トラブル事例と防止策

I 相続に特有な後発的事由が生じた場合の税務と対応

1 未分割遺産が分割された場合の手続

トラブル事例

　被相続人が死亡したのは、6年前の平成Ｘ年5月であったが、共同相続人間で遺産分割協議が整わず、相続財産の全部が未分割のまま平成X_1年3月に相続税の申告が行われた。

　その後は弁護士が関与し、遺産分割の手続が進められていたが、相続開始から6年が経過した平成X_6年6月に遺産分割協議が成立した。ただし、相続人及び弁護士から税理士にその旨の連絡があったのは、分割協議の成立から5か月が経過した平成X_6年11月であった。

　被相続人の共同相続人には配偶者がおり、また、相続財産の中には小規模宅地等の特例の対象となる宅地が含まれていたが、更正の請求の期限が徒過していたため、配偶者の税額軽減規定及び小規模宅地等の特例の適用を受けられないこととなった。

　これらの規定の適用を受けられなくなったのは、弁護士に責任にあるのか、それとも税理士の責任なのか、という問題が発生した。

トラブルの原因と分析

1 未分割遺産に対する課税と分割後の税務手続

　相続又は遺贈により取得した財産の全部又は一部が共同相続人間で分割されていない場合には、その未分割財産は、各共同相続人が民法に規定する相続分に従って取得したものとして課税価格を計算し、相続税の申告を行うこととされている（相法55）。

　そして、その申告後に遺産分割が行われた場合には、各共同相続人が実際に取得した財産の価額に基づいて相続税の精算を行うことになる。その手続は、おおむね次のとおりである。

312　第6章　相続税の申告後の税務で注意したいトラブル事例と防止策

① 遺産分割により取得した財産に係る相続税の課税価格が当初申告に係る課税価格より減少した場合……更正の請求
② 遺産分割により取得した財産に係る相続税の課税価格が当初申告に係る課税価格より増加した場合……修正申告
③ 遺産分割により財産を取得したことにより新たに申告義務が生じた場合（新たに納付すべき税額が生じた場合）……期限後申告

　これらのうち、修正申告と期限後申告については期限がなく、税務署長による更正又は決定があるまではいつでも可能である。

　なお、未分割遺産が分割された後の課税価格に基づく共同相続人全員の納付すべき税額と当初申告に係る課税価格に基づく共同相続人全員の納付すべき税額が異ならない場合には、実務上は、上記の手続によることなく、共同相続人間で負担税額相当額の金銭を授受することによって調整を行うことも可能である。

　もっとも、実務的にみれば、上記の事例のように、分割が行われたことによって配偶者の税額軽減規定や小規模宅地等の特例が適用できる例が多い。この場合には、必然的に更正の請求を行う必要が生じることになる。

■2 国税通則法における更正の請求の期限

　更正の請求について国税通則法は、納税申告書を提出した者について、次のいずれかに該当する場合には、その申告書に係る国税の法定申告期限から5年以内に限り、税務署長に対し、その申告に係る課税標準等又は税額等について更正をすべき旨の請求ができることとしている（通則法23①）。

① その申告書に記載した課税標準等若しくは税額等の計算が国税に関する法律の規定に従っていなかったこと又は当該計算に誤りがあったことにより、その申告書の提出により納付すべき税額が過大であるとき。
② ①に規定する理由により、その申告書に記載した純損失等の金額が過少であるとき、又はその申告書に純損失等の金額の記載がなかったとき。

Ⅰ　相続に特有な後発的事由が生じた場合の税務と対応　**313**

③ ①に規定する理由により、その申告書に記載した還付金の額に相当する税額が過少であるとき、又はその申告書に還付金の額に相当する税額の記載がなかったとき。

この規定における更正の請求の事由は、税額等の計算が「国税に関する法律の規定に従っていなかったこと」又は「その計算に誤りがあったこと」である。

上記の事例は、未分割遺産が分割された場合の更正の請求に関する問題であるが、当初の申告において未分割遺産を共同相続人が相続分に従って取得したものとして課税価格を計算していたこと、遺産が未分割であるため、配偶者の税額軽減規定や小規模宅地等の特例を適用しなかったことは、「国税に関する法律の規定に従っていなかったこと」及び「その計算に誤りがあったこと」のいずれにも該当しない。

したがって、上記の事例における更正の請求は、国税通則法の規定によって行うことはできないことになる。

このほか国税通則法は、いわゆる後発的事由に基づく更正の請求の規定も置いており、その申告等に係る課税標準等又は税額等の計算の基礎となった事実に関する訴えについての判決により、その事実がその計算の基礎としたところと異なることが確定したときなどの事由が生じた場合には、その事由が生じた日の翌日から2か月以内に更正の請求ができることとしている（通則法23②、通則令6）。ただし、上記の事例の場合には、この規定の適用もない。

なお、更正の請求の期限について、国税通則法23条2項に該当する場合は、その事由が生じた日の翌日から「2か月以内」とされている。ただし、その事由が法定申告期限から「5年以内」に生じた場合には5年が期限となり、5年経過後に生じた場合に限り2か月以内が期限となる（通則法23②かっこ書）。

３ 相続税法の特則規定による更正の請求

一方、相続税法は、申告後に生じる相続に特有の後発的事由に基づく期限後申告、修正申告及び更正の請求の各特則規定を設けている（相法30~32）。

314　第6章　相続税の申告後の税務で注意したいトラブル事例と防止策

その事由は次のとおりである（相法30①、31①、32①、相令8、相基通 30-2、措法69の4⑤）。

	申告後に生じる後発的事由
期限後申告・修正申告	① 未分割遺産に対する課税規定により課税価格が計算されていた場合において、その後財産の分割が行われ、共同相続人等がその分割により取得した財産に係る課税価格が既に申告した課税価格と異なることとなったこと。 ② 死後認知、推定相続人の廃除、相続放棄の取消し等により相続人に異動が生じたこと。 ③ 遺留分による減殺の請求に基づき返還すべき、又は弁償すべき額が確定したこと。 ④ 遺贈に係る遺言書が発見され、又は遺贈の放棄があったこと。 ⑤ いわゆる条件付物納が許可された場合において、その後に物納財産である土地について土壌汚染又は地下に廃棄物等があることが判明したため、その物納許可が取り消され又は取り消されることとなったこと。 ⑥ 相続、遺贈又は贈与により取得した財産についての権利の帰属に関する訴えについての判決があったこと。 ⑦ 死後認知により相続人となった者から民法910条（分割後の被認知者の請求）の規定による請求があったことにより弁済すべき額が確定したこと。 ⑧ 条件付又は期限付の遺贈について、条件が成就し、又は期限が到来したこと。 ⑨ 死亡退職金の支給額が確定したこと。
更正の請求	①～⑧（上記①から⑧の事由と同じ） ⑨ 相続財産法人からの財産分与があったこと。 ⑩ 未分割遺産が分割された時以後において配偶者の税額軽減規定を適用して計算した相続税額が既に申告した相続税額と異なることとなったこと。 ⑪ 未分割であった特例対象宅地等が分割されたことにより小規模宅地等の特例の規定を適用して計算した相続税額が既に申告した相続税額と異なることとなったこと。

Ⅰ　相続に特有な後発的事由が生じた場合の税務と対応　315

注意したいのは、更正の請求の期限であり、相続税法の特則による場合には、上記の事由が生じたことを知った日の翌日から4か月以内とされている（相法32①本文）。

　したがって、国税通則法32条1項の規定による「5年」を経過した後であっても、相続税法32条1項の事由が生じたことを知った日の翌日から「4か月」以内であれば、更正の請求が可能であるが、上記の事例は、これらの期限が徒過しており、相続税の減額を求めることはできないことになる。

トラブルの防止策

　相続税の場合には、未分割遺産の分割をはじめ、遺留分の減殺請求や遺言書の発見など、いわゆる後発的事由が生じる例が少なくない。このため、税理士は申告後もこれらについて的確に対処するためのフォローを要する。

　そのためには、相続人等に対し、何らかの事情変更があった場合には速やかに連絡をされたい旨を伝えておく必要がある。また、上記の事例は、遺産分割に関与した弁護士にも責任があると考えられるが、弁護士等との連絡を密にしておくこともトラブルの防止策である。

　なお、更正の請求が可能であるとしても、国税通則法23条1項は「5年以内」、同条2項は「2か月以内」、相続税法32条は「4か月以内」とそれぞれ期限が異なっている。したがって、更正の請求を行う場合の根拠法令を明確にする必要がある。

2 遺留分の減殺請求があった場合の手続

トラブル事例

被相続人甲の相続人は、子Ａ（嫡出子）と子Ｂ（非嫡出子）の２人であるが、Ａは甲の適法な遺言に基づいて同人の全財産を取得した。Ａは、平成Ｘ年２月に所轄税務署長に対し、相続税の期限内申告書を提出した。その後の経緯は、次のとおりである。

① 平成Ｘ年７月……Ｂは、Ａに対し遺留分の減殺請求を書面により行う（ただし、Ａはその請求内容に不服があるとしてこれに応答せず）。

② 平成X₁年１月…Ｂは、遺留分減殺請求の履行を求めて家庭裁判所に調停の申立てを行う。

③ 平成X₂年２月……家庭裁判所での調停が成立し、ＡがＢに弁償すべき額が確定する。

④ 平成X₂年７月……Ｂは、Ａからの弁償金相当額の相続財産を取得したものとして、相続税の申告を行う。

これら一連の相続問題に関与した税理士は、Ａから相続税の申告後の税務について相談を受けた。

税理士は、「Ａは、Ｂに弁償した金額に相当する相続財産の減少があったことになるので、更正の請求をすることができるが、その期限は法定申告期限から５年間である」旨の回答をした。

Ａが更正の請求を行ったのは平成X₂年12月である。

トラブルの原因と分析

■1 遺留分減殺請求に伴う税務手続

相続税の申告後に遺留分権利者から相続人又は受遺者に対し、遺留分の減殺請求が行われ、当事者間で相続財産の返還又は価額の弁償があった場合には、当初の取得財産価額に異動が生じるため、事後的な税務手続を要する。

その概要は、次のとおりであり、更正の請求は減殺請求を受けた者、期限後申告と修正申告は減殺請求を行った者の手続である。

Ⅰ　相続に特有な後発的事由が生じた場合の税務と対応　**317**

	税務手続	手続の期限
更正の請求 （相法32①三）	遺留分の減殺請求を受けた者は、既に確定した相続税額が過大となるため、更正の請求をすることができる。	遺留分の減殺請求に基づき返還又は弁償すべき額が確定したことを知った日の翌日から4か月以内に行う。
期限後申告 （相法30①）	遺留分の減殺請求をしたことにより財産を取得し、新たに申告義務が生じた（納付すべき相続税額が算出された）者は、期限後申告書を提出することができる。	申告期限の定めはなく、税務署長による決定があるまでは、いつでも期限後申告書を提出することができる。
修正申告 （相法31①）	遺留分の減殺請求をしたことにより財産を取得した者が、既に相続財産を取得し、相続税の申告書を提出している場合には、その減殺請求により既に確定した相続税額に不足が生じるため、修正申告書を提出することができる。	申告期限の定めはなく、税務署長による更正があるまでは、いつでも修正申告書を提出することができる。

　上記の事例の子Bは、子Aからの価額弁償があったことにより、新たに相続税の申告義務が生じたものであり、相続税法30条1項の規定に基づき期限後申告書を提出したものである（Aが更正の請求をした場合において、Bが期限後申告書を提出しないときは、相続税法35条2項の規定に基づき、Bに対する決定処分がある）。

　これらの手続について、実務的には、期限後申告又は修正申告を行わず、価額弁償をした者も更正の請求を行わないということも可能である。ただし、上記の事例では、Bが期限後申告をしたため、Aにおいて更正の請求をしないと税負担は是正されない。

　なお、相続税法30条1項の期限後申告及び同法31条1項の規定による修正申告については、税務署長による決定又は更正が行われる前にこれらの申告書を提出すれば、加算税及び延滞税は課されない（相法51②、通則法65④、66①、平12.7.3課資2-264ほか「相続税、贈与税の

過少申告加算税及び無申告加算税の取扱いについて（事務運営指針）」の第1の1及び第2の1)。

2 遺留分の減殺請求に基づく更正の請求の期限

　注意したいのは、更正の請求の期限である。相続税法の特則規定に基づく更正の請求は、前述したとおり、その事由が生じたことを知った日の翌日から4か月以内に行うこととされている（相法32①本文)。

　したがって、遺留分の減殺請求により返還すべき又は弁償すべき額が確定した場合には、その確定を知った日（上記の事例では平成 X_2 年2月）の翌日から4か月を経過する日が更正の請求の期限となる。このため、上記の事例における A の更正の請求は期限を徒過していることになる。

3 国税通則法における「5年以内」との関係

　ところで、国税通則法に規定する更正の請求に関しては前述したとおりであるが、上記の事例における税理士は、遺留分の減殺請求に係る価額弁償額が確定した場合であっても、法定申告期限から5年以内であれば更正の請求が可能であるという認識の下に対応している。

　この点に関しては、国税通則法23条1項に規定する「5年以内」と相続税法32条1項に規定する「4か月以内」との関係が問題になる。要するに、4か月以内でなくても5年以内であれば更正の請求が可能かどうかという問題である。

　更正の請求の期限について、法定申告期限から「1年以内」とされていたものが「5年以内」とされたのは、平成23年の国税通則法の改正時であったが、相続税法の特則規定における4か月以内という期限は同年以前から改正されていない。したがって、事例の場合の更正の請求の期限は「4か月以内」と解することができる。

　ちなみに、国税通則法の更正の請求の期限が「5年以内」に改正された後に見直された相続税法基本通達では、配偶者の税額軽減規定に関して、「未分割遺産が分割されたことにより配偶者の税額軽減規定が適用できることとなった場合は、相続税法32条の規定に該当する

I　相続に特有な後発的事由が生じた場合の税務と対応　**319**

とともに、国税通則法 23 条による更正の請求もできることから、その更正の請求の期限は、分割が行われた日の翌日から 4 か月を経過する日と法定申告期限から 5 年を経過する日のいずれか遅い日となる」という取り扱いをしている (相基通 32-2)。

これは、「4 か月以内」でなくても「5 年以内」であれば更正の請求を認めるということであるが、相続税法の特則規定に定める事由のうち配偶者の税額軽減規定に限定した取扱いである。このような取扱いを裏返してみれば、配偶者の税額軽減規定の適用による減額要因以外の後発的事由による更正の請求は、「4 か月以内」がその期限になると考えられる。

トラブルの防止策

上記のとおり、更正の請求の期限に係る国税通則法の規定と相続税法の規定の間の差異については、明文の規定や執行上の指針がなく、さまざまな議論がある。このため、実務上の混乱がみられるが、国税通則法が一般法であり、相続税法が特別法であるとすれば、特別法が優先されること、また、現行の法令を文理解釈すれば、上述したとおり「4 か月」が優先されると考えられる。

したがって、実務においては、国税通則法の規定に基づく更正の請求であれば「5 年以内」、相続税法の特則規定による更正の請求の場合には、未分割遺産が分割された場合の配偶者の税額軽減規定の適用に関する部分を除き、「4 か月以内」と解しておくことがトラブルを回避する対応策である。

3 未分割の宅地が分割された場合の小規模宅地等の特例の適用手続

トラブル事例

個人で事業を行っていた被相続人は、平成Ｘ年７月に死亡した。その相続人の関係は、次図のとおりである。

被相続人の相続財産にうちに次の宅地があるが、これらを含めすべての財産について相続税の申告期限までに共同相続人間で遺産分割協議が成立しなかった。

○甲宅地……被相続人の事業用宅地であり、相続開始前から被相続人の事業に専従していた子Ａは、相続開始後も継続してその宅地において事業を行っている。

○乙宅地……被相続人の居住の用に供されていた宅地であり、相続開始前から被相続人と同居していた子Ｂがその後も居住している。

被相続人に係る相続税の申告書は、相続財産の全部が未分割であるものとして法定期限である平成X_1年５月に所轄税務署に提出された。その後１年が経過した平成X_2年５月に、共同相続人間で次のような合意が成立した。

① 子Ａが事業の用に供していた甲宅地は、同人が取得するものとする（同宅地は、直ちにＡ名義に所有権移転登記が行われた）。

② その余の財産については、今後さらに協議を継続することとし、後日その取得者を決定する。

上記の合意が成立した後６か月が経過した平成X_2年11月に、残余の財産についての遺産分割協議が成立し、乙宅地は、その宅地に居住していた子Ｂが取得することに決定した。

以上の遺産分割の結果を確認した税理士は、その１か月後の平成X_2年12月に、甲宅地は特定事業用宅地等に該当するものとし、また、乙宅地は特定居住用宅地等に該当するものとして、それぞれについて小規模宅地等の特例の適用を受ける旨の更正の請求書を所轄税務署に

提出した。

　ところが、小規模宅地等の特例の適用に関して、甲宅地については更正の請求の期限が徒過しているのではないかとの疑義が生じた。

トラブルの原因と分析

■1 未分割の宅地等が分割された場合の特例の適用と更正の請求

　被相続人等の事業用宅地等又は居住用宅地等で、小規模宅地等の特例の要件に該当するものであっても、その宅地等が相続税の申告期限までに共同相続人によって分割されていない場合には特例の適用はない（措法69の4④）。

　ただし、その分割されていない特例対象宅地等が相続税の申告期限から3年以内（その期間が経過するまでの間に、その特例対象宅地等が分割されなかったことについて一定のやむを得ない事情があり、納税地の所轄税務署長の承認を受けた場合には、その特例対象宅地等の分割ができることとなった日の翌日から4か月以内）に分割された場合には、更正の請求により特例の適用を受けることができる（措法69の4④ただし書、⑤、措令40の2⑯、相令4の2）。

　この場合の更正の請求は、その特例対象宅地等が分割された日の翌日から4か月以内とされている（措法69の4④ただし書、措令40の2⑱、相法32①）。

■2 他に分割されていない宅地等がある場合の更正の請求の期限

　上記■1による更正の請求の期限は、特例対象宅地等が分割された日の翌日から4か月以内であり、このことは、他に分割されていない特例対象宅地等がある場合でも変わることはない（措通69の4-26）。

　したがって、分割された特例対象宅地等について、分割された日の翌日から4か月を経過した後に相続税法32条の規定による更正の請求をしても認められないと考えられる。

　事例について、特例の適用を受ける場合の更正の請求の手続を図式的に示すと、次のとおりである。

322 ┃ 第6章　相続税の申告後の税務で注意したいトラブル事例と防止策

〔甲宅地に特例を適用する場合〕

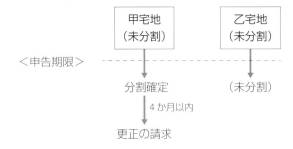

〔乙宅地に特例を適用する場合〕

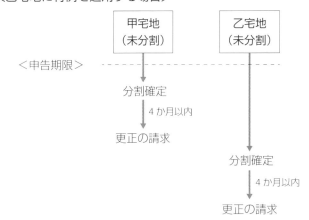

　上記の事例における乙宅地についての更正の請求は、分割の確定から4か月以内に行われているため問題はないが、甲宅地については、その取得者が確定した後4か月以内に更正の請求が行われていない。したがって、期限徒過により減額更正は認められないと考えられる。

トラブルの防止策

　更正の請求を含めた申告後の税務手続については、その手続を行うべき期限を確認するという習慣をつけておくことがトラブルの防止策である。
　もっとも、更正の請求の期限について、国税通則法の規定と相続税法の特則規定との間の関係について、疑義があることは前述したとおりである。上記の事例においても、小規模宅地等の特例の適用に係る

更正の請求の期限について、国税通則法23条1項の法定申告期限から5年以内であるとすれば、甲宅地についても特例が適用されることになるが、トラブルを回避する観点から、ここでは特例対象宅地等の取得者が確定した日の翌日から4か月を経過する日が更正の請求の期限になると解しておくこととする。

　なお、未分割遺産が分割された場合の税務について、配偶者の税額軽減を適用するときの更正の請求は、配偶者のみが行えば足りることが多い。これに対し、小規模宅地等の特例の適用は、課税価格の合計額が減少するため、その特例の適用を受ける者以外の者も更正の請求を行う必要があることに留意する必要がある。

4 遺言書が発見された場合の遺産の再分割と税務手続

トラブル事例

　本年３月に死亡した被相続人の遺産は、甲土地（相続税評価額4,000万円）、乙土地（相続税評価額2,000万円）、有価証券5,000万円及び預貯金3,000万円であった。

　被相続人の相続人は、子A、子B及び子Cの３人であり、遺産分割協議の結果、次のように分割することを決定し、この遺産分割に基づき、相続税の申告と納税を行った。

○甲　土　地……Aが全部を取得
○乙　土　地……Bが全部を取得
○有価証券……Cが全部を取得
○預　貯　金……Bが全部を取得

　ところが、その後に被相続人の自筆証書遺言が発見され、家庭裁判所の検認の手続を経て、適法なものであることが確認された。その内容は、次のようなものであった。

○甲土地は、その全部をAに承継させる。
○乙土地は、その全部をBに承継させる。
○有価証券と預貯金は、これを３等分してA、B及びCの３人が均分に取得すること。

　このような被相続人の遺言について、Cが不満を述べた上で、その内容は被相続人の意思を反映したものではないと主張した。Cの意向は、遺言の内容にかかわらず、すべての財産について全員で協議して再分割を行い、相続税の申告もその再分割の内容に従ってやり直すべきであるというものである。

　この相続に関与した税理士は、相続人に対し、次のような見解を示した。

①　甲土地をAが取得し、乙土地をBが取得するという当初の遺産分割協議の内容は、被相続人の遺言の内容と同じである。したがって、甲土地と乙土地の取得者は確定しており、再分割の対象にはならない。

②　有価証券と預貯金の取得については、当初の遺産分割の内容と遺言の内容が相違しているが、遺言が法的に有効である限り、遺言の

Ⅰ　相続に特有な後発的事由が生じた場合の税務と対応　**325**

内容に従って配分すべきである。また、相続税の申告もその遺言に
従った財産の取得に対応して是正すべきである。
③　ただし、有価証券と預貯金に関する遺言の箇所のみは無かったも
のとして、共同相続人の協議で遺産分割を行うことができる。また、
相続税もその遺産分割の内容に応じて是正することができる。
④　なお、以上の遺産の配分について、共同相続人中に遺留分の侵害
を主張する者がある場合には、遺産の配分とは別の手続として遺留
分の減殺請求を行うことになる。

共同相続人は、被相続人の遺言をどのように処理すべきか、また、
税務に関する税理士の見解が正当なものかどうか、困惑し疑義を抱い
ている。

トラブルの原因と分析

■1 遺言書の発見と遺産分割協議の効果

民法に規定する遺言の制度は、遺産の承継等に関する遺言者の最終
の意思を尊重し、法的な保護を与えようとするものであり（民法902、
908）、法定相続に優先すると解されている。

したがって、共同相続人間で遺産分割協議が成立した後に、その内
容と異なる遺言書が発見された場合には、既に成立した遺産分割協議
は無効になるのが原則であり、遺言の内容に従って遺産の配分をやり
直す必要がある。

もっとも、遺言によって特定の財産を特定の者に遺贈した場合のそ
の特定受遺者は、いつでも遺贈を放棄することができることとされて
おり、その放棄の効果は遺言者の死亡時にさかのぼって生じることに
なる（民法986）。

このため、受遺者が遺贈の放棄をすれば、その遺贈がなかったこと
になるため、既に成立した遺産分割協議は遺言の内容に抵触せずに有
効となる。したがって、この場合には再度の遺産分割協議は不要とな
る。

上記の事例では、甲土地はAが承継し、乙土地はBが承継すると
いう遺言を特定遺贈と解すれば、A及びBがその放棄をしない限り、
それぞれの財産をそれぞれの者が取得することになるが、結局は既に

326 │ 第6章　相続税の申告後の税務で注意したいトラブル事例と防止策

成立した遺産分割協議の内容と同じである。したがって、甲土地と乙土地の取得者は確定しており、再分割の対象にはならず、全部の遺産を再分割すべきであるという子Cの主張は、遺言が有効である限り理由がない。

この結果、上記の事例で問題になるのは、有価証券と預貯金の配分だけであり、次のいずれかの処理になると考えられる。

① 有価証券と預貯金を3等分して取得させるという遺言を特定遺贈と解し、3人の受遺者が遺贈の放棄をすれば、改めて遺産分割協議によって配分できる。

② 遺言のうち有価証券と預貯金の配分に関する部分について、3人の受遺者のうち1人でも遺贈の放棄をしない場合には、遺言の内容によって取得者が確定する。

上記の事例は、遺言の内容について子Cが不満をもっていることに基因する問題であるが、子AとBが遺言の内容を承認する限り、Cの主張は認められないことになると考えられる。

■2 遺言書の発見と申告後の税務手続

相続税の申告後に「遺贈に係る遺言書が発見され、又は遺贈の放棄があったこと」により、当初の課税価格等に異動が生じた場合には、期限後申告、修正申告又は更正の請求ができることとされている（相法32①四、30①、31①）。

上記の事例において、有価証券と預貯金を遺言に従って配分する場合には、各人の課税価格に異動が生じることになり、その態様に応じて上記いずれかの税務処理を行うことになる（納付すべき税額の総額が変わらない場合には、これらの税務処理を行わず、当事者間で税負担の調整を行うことも可能である）。

いずれにしても、上記の事例における税理士の指導・見解は正当なものであると考えられる。

トラブルの防止策

上記の事例とは直接的な関係はないが、遺言の内容と異なる遺産分

Ⅰ 相続に特有な後発的事由が生じた場合の税務と対応 327

割を行う場合には、遺言執行者の権限等に留意する必要がある。

遺言書において遺言執行者が指定されているケースが多いが、遺言執行者は、相続財産の管理その他遺言の執行に必要な一切の行為をする権利義務を有するものとされ（民法1012①）、また、遺言執行者がある場合には、相続人は相続財産の処分その他遺言の執行を妨げるべき行為をすることができないこととされている（民法1013）。

このため、遺言執行者が指定されている場合に、遺言の内容と異なる遺産分割協議を成立させても、その遺産分割は無効になると解することもできる。

もっとも、相続人間の協議について、遺言執行者が同意し、利害関係人の全員の合意があり、かつ、分割協議の内容が遺言の趣旨と大きく異ならない場合には、民法1013条に反することはなく、その分割協議を有効とするという裁判例がある（昭和63年5月31日東京地裁判決・判例時報1305号90頁）。

いずれにしても、遺言の内容と異なる遺産分割を行う場合には、遺言執行者の同意を得ておく必要がある。

5 代償分割の成立後の代償金の支払債務の不履行と遺産分割のやり直しの可否

トラブル事例

被相続人の相続人は、子Ａ、子Ｂ及び子Ｃの３人である。その相続財産は、ほとんどが不動産で占められており、その相続税評価額は１億円である。

共同相続人間で遺産分割協議を行った結果、相続不動産の散逸を防止するため、相続財産の全部をＡが相続により取得することとし、ＡからＢに対して代償金 3,000 万円を、また、ＡからＣに対して代償金 2,000 万円をそれぞれ支払うことを決定した。

相続税の申告後、２年が経過したが、ＡからＢ及びＣに対する代償金の支払いは履行されていない。そこで、共同相続人で協議し、当初の遺産分割を解除し、相続不動産を各３分の１ずつ取得する旨を決定し、錯誤を原因として当初の相続登記を抹消し、更正登記を行うこととした。

この問題について弁護士に相談したところ、遺産分割のやり直しは認められず、やり直しをした場合には、ＡからＢ及びＣに対して不動産の贈与があったことになるのではないかとの見解が示された。

トラブルの原因と分析

1 遺産分割の法的効果と遺産の再分割に関する民法の考え方

民法は、「遺産の分割は、相続開始の時にさかのぼってその効力を生ずる」と定めている（民法 909）。いわゆる遺産分割の遡及効である。したがって、共同相続人間で遺産分割協議が有効に成立すると、その内容に従って各相続人は、相続開始時に相続財産の所有権を取得したことになる。

このような遺産分割の法的効果からみれば、遺産分割のやり直しは、その時点で新たに所有権が移転したとみることができる。

もっとも、遺産分割が共同相続人全員の合意によって成立するものであることから、その共同相続人の全員の合意があれば、当初の遺産分割を解除し、再分割を行うことは可能である。

Ⅰ　相続に特有な後発的事由が生じた場合の税務と対応　329

ところで、代償分割が成立した後に、その代償金の支払債務の履行がないことを理由として、民法541条の規定による法定解除を求めた事案について、最高裁は、次のように判示し、その解除はできないとした（平成元年2月9日最高裁判決・判例時報1308号118頁）。

「共同相続人間において遺産分割協議が成立した場合に、相続人の1人が他の相続人に対して前記協議において負担した債務を履行しないときであっても、他の相続人は民法541条によって前記遺産分割協議を解除することができないと解するのが相当である。けだし、遺産分割はその性質上協議の成立とともに終了し、その後は前記協議において前記債務を負担した相続人とその債権を取得した相続人間の債権債務関係が残るだけと解すべきであり、しかも、このように解さなければ民法909条本文により遡及効を有する遺産の再分割を余儀なくされ、法的安定性が著しく害されることになるからである。」

上記のトラブル事例は、代償金の債務不履行について、共同相続人の合意により当初の遺産分割を解除し、再分割をしたものであり、最高裁判決で示された法定解除の問題とは異なるものである。したがって、上記の事例における遺産分割のやり直しは、民法の面からみれば特段の問題はないとも考えられる。

■2 遺産分割のやり直しに関する相続税法の考え方

遺産の再分割に関して相続税法には直接的な規定はないが、配偶者の税額軽減規定に関する相続税法基本通達は、「分割の意義」について、「当初の分割により共同相続人又は包括受遺者に分属した財産を分割のやり直しとして再配分した場合には、その再配分により取得した財産は、同項に規定する分割により取得したものとはならないのであるから留意する。」としている（相基通19の2-8）。

この点について、課税当局は、次のような解説を行っている（野原誠編『平成27年版　相続税法基本通達逐条解説』326頁（大蔵財務協会））。

「分割協議などにより取得した財産は、抽象的な共有の状態から具

330 第6章　相続税の申告後の税務で注意したいトラブル事例と防止策

体的に特定の者の所有に帰属することになる。したがって、各人に具体的に帰属した財産を分割のやり直しとして再配分した場合には、一般的には、共同相続人の自由な意思に基づく贈与又は交換等を意図して行われるものであることから、その意思に従って贈与又は交換等その態様に応じて贈与税又は所得税（譲渡所得等）の課税関係が生じることになる。

　もっとも、共同相続人間の意思に従いその態様に応じた課税を行う以上、当初の遺産分割後に生じたやむを得ない事情によって当該遺産分割が合意解除された場合などについては、合意解除に至った諸事情から贈与又は交換の有無について総合的に判断する必要がある。

　また、当初の遺産分割による財産の取得について無効又は取消しすべき原因がある場合には、財産の帰属そのものに問題があるので、これについての分割のやり直しはまだ遺産の分割の範ちゅうとして考えるべきである。」

上記のトラブル事例における遺産の再分割が、この解説における「当初の遺産分割後に生じたやむを得ない事情によって当該遺産分割が合意解除された場合」に該当すると判断できれば、その再分割によって贈与税の課税問題は生じないことになる。

　一方で、上記 **1** の最高裁判決は、代償金の債務不履行が生じたとしても、当事者間の債権債務の関係が残るだけであるとしており、この考え方を踏まえれば、上記の事例が共同相続人全員による合意解除であるとしても、再分割に伴う課税問題は避けられないという見方もできる。

　上記の事例のような問題について、過去に判例や裁決例が見当たらず、確定的なことは不明であるが、贈与税等の課税関係が新たに生じる可能性が高いと考えられる。

トラブルの防止策

遺産分割の一形態である代償分割は、もともと家事事件手続法において「家庭裁判所は、遺産の分割の審判をする場合において、特別の

Ｉ　相続に特有な後発的事由が生じた場合の税務と対応 **331**

事情があると認めるときは、遺産の分割の方法として、共同相続人の1人又は数人に他の共同相続人に対する債務を負担させて、現物の分割に代えることができる。」（家事事件手続法195）を根拠とするものである。

　このように、審判分割において利用されるのが原則であるが、共同相続人による協議分割においても広く活用されている。

　家庭裁判所が代償分割の審判を行う場合には、代償債務の負担者の代償金の支払能力も審理されるのが通常であり、調停における代償分割の場合にも、その支払能力が勘案されている。

　これに対し、協議分割の場合には、概して代償債務の負担者の支払能力を十分に考慮せず、安易に決定する例が少なくない。その結果、上記のトラブル事例のような問題が生じるのであるが、相続人間の遺産の配分の問題にとどまらず、税務の問題にも発展しかねない。代償分割を行う際には、事例のような問題が生じないよう慎重に対処する必要がある。

　なお、代償分割の方法を選択する場合には、代償金の支払いについて、その時期や支払いの方法（一時金で支払うのか、分割して支払うのか）を取り決め、遺産分割協議書において明らかにしておくことが望ましい。また、その支払いが長期に渡る場合には、担保措置を講ずる必要があることも考慮すべきである。

Ⅱ 税務調査後のトラブル事例と納税者の対応

1 税務調査後の修正申告に係る加算税・延滞税等の取扱い

トラブル事例

　被相続人の相続人は、子Ａと子Ｂの２人である。被相続人に係る相続税の申告をしたところ、税務調査が行われた。

　その調査において、被相続人からのＡに対する生前贈与財産の価額が相続税の課税価格に加算されていないことが判明した。調査官から修正申告の勧奨があったため、ＡとＢは修正申告書を提出した。

　その後にＡとＢに対し、所轄税務署から過少申告加算税の賦課決定通知があった。これについてＢは、Ａが被相続人から生前贈与を受けていたことを自分は知らず、また、Ａもその贈与事実を開示しなかったのであるから、修正申告をしたとしても、自らに加算税が課されるのは納得できないという不満を述べた。

　これに対し税理士は、修正申告を行った限り、加算税が課されるのはやむを得ないことであるとの見解を示した。

トラブルの原因と分析

■1 修正申告又は更正に伴う加算税制度の概要

　上記の事例に関して、現行の加算税制度の概要を確認しておくと、次頁の表のとおりである。

　このように、過少申告加算税、無申告加算税及び重加算税に区分されているが、加算税の割合はさらに区分をして定められている。実務上は、過少申告加算税と無申告加算税が課税されない「正当な理由」とは何かが重要である。

　なお、重加算税は、過少申告加算税又は無申告加算税に代えて課されるものであり、これらの加算税の課税要件に該当しない場合には、当然のことながら重加算税は課されない。

Ⅱ　税務調査後のトラブル事例と納税者の対応　**333**

加算税の種類	課税要件等		加算税の割合
過少申告加算税 （通則法65）	期限内申告書が提出された場合において、修正申告書の提出又は更正があったとき		10%
		修正申告又は更正により納付すべき税額が、期限内申告税額と50万円のいずれか多い金額を超える場合のその超える部分に対応する過少申告加算税	15% （5%の加重）
	修正申告又は更正により納付すべき税額の計算の基礎となった事実のうちに、過少申告となったことに「正当な理由」があると認められる場合		課税なし
	修正申告書の提出が、調査があったことにより更正があるべきことを予知してされたものでない場合		
無申告加算税 （通則法66）	期限後申告書の提出又は決定があった場合（期限後申告書の提出又は決定があった後に、修正申告書の提出又は更正があった場合）		15%
		期限後申告又は決定により納付すべき税額が50万円を超える場合のその超える部分に対応する無申告加算税	20% （5%の加重）
	期限内申告書の提出がなかったことについて「正当な理由」があると認められる場合		課税なし
	期限内申告書の提出があった場合において、その提出が、調査があったことにより決定があるべきことを予知してされたものでなく、期限内申告書を提出する意思があったと認められる場合で、かつ、法定申告期限から1か月以内に提出されたものであるとき		
	期限後申告書（その申告書に係る修正申告書を含む）の提出が、調査があったことにより更正又は決定があるべきことを予知してされたものでない場合		5%

334　第6章　相続税の申告後の税務で注意したいトラブル事例と防止策

	過少申告加算税が課される場合において、納税者が国税の課税標準等の計算の基礎となる事実の全部又は一部を隠ぺいし又は仮装していたとき	35%
重加算税 （通則法 68）	無申告加算税が課される場合において、納税者が国税の課税標準等の計算の基礎となる事実の全部又は一部を隠ぺいし又は仮装していたとき	40%

（注）　無申告加算税が課されない場合の「期限内申告書を提出する意思があったと認められる場合」とは、次のいずれにも該当する場合をいう（通則令 27 の2 ①）。

① 　自主的な期限後申告書の提出があった日の前日から起算して 5 年前の日までの間に、その期限後申告書に係る国税の属する税目について、期限後申告書の提出又は決定を受けたことにより無申告加算税又は重加算税を課されたことがない場合で、かつ、この無申告加算税の不適用規定（通則法66 ⑥）の適用を受けていない場合

② 　上記①の期限後申告書に係る納付すべき税額の全額が法定納期限までに納付されていた場合

◀◀◀ 2 過少申告加算税・無申告加算税が課されない「正当な理由」の意義 ▶▶▶

　上記 1 のとおり、過少申告となったこと又は期限内申告書の提出がなかったことについて、「正当な理由」がある場合には、過少申告加算税又は無申告加算税は課されない（通則法 65 ①、66 ①）。

　この場合の「正当な理由」については、次のように取り扱うこととされている（平成 12 年 7 月 3 日課資 2-264 ほか「相続税、贈与税の過少申告加算税及び無申告加算税の取扱いについて（事務運営指針）」の第 1 の 1、第 2 の 1）。

【過少申告加算税】

　例えば、納税者の責めに帰すべき事由のない次のような事実は、正当な理由があるものとして取り扱う。

(1) 　税法の解釈に関し申告書提出後新たに法令解釈が明確化されたため、その法令解釈と納税者（相続人等から遺産の調査、申告等を任せ

Ⅱ　税務調査後のトラブル事例と納税者の対応 **335**

られた者を含む。）の解釈と異なることとなった場合において、その納税者の解釈について相当の理由があると認められること。

　（注）　税法の不知若しくは誤解又は事実誤認に基づくものはこれに当たらない。

(2)　災害又は盗難等により、申告当時課税価格計算の基礎としないことを相当としていたものについて、その後、予期しなかった損害賠償金の支払を受け、又は盗難品の返還等を受けたこと。

(3)　相続税の申告書の提出期限後において、次に掲げる事由が生じたこと。

　イ　相続税法51条2項各号に掲げる事由

　ロ　相続税法3条1項2号に規定する退職手当金等の支給の確定

　ハ　保険業法270条の6の10第3号規定する「買取額」の支払いを受けたこと

(4)　相続税又は贈与税の申告書に記載された税額（申告税額）につき、国税通則法24条の規定による減額更正（国税通則法23条の規定による更正の請求に基づいてされたものを除く。）があった場合において、その後の修正申告又は国税通則法26条の規定による再更正による税額が申告税額に達しないこと。

　（注）　当該修正申告又は再更正による税額が申告税額を超えた場合であっても、当該修正申告又は再更正により納付することとなる税額のうち申告税額に達するまでの税額は、この④の事実に基づくものと同様に取り扱う。

【無申告加算税】

　災害、交通、通信の途絶その他期限内に申告書を提出しなかったことについて真にやむを得ない事由があると認められるときは、期限内申告書を提出しなかったことについて正当な理由があるものとして取り扱う。

　（注）　相続人間に争いがあること等の理由により、相続財産の全容を知り得なかったこと又は遺産分割協議が行えなかったことは、正当な理由に当たらない。

　上記の【過少申告加算税】における③のイの「相続税法51条2項

336　第6章　相続税の申告後の税務で注意したいトラブル事例と防止策

各号に掲げる事由」とは、次のとおりである。

① 期限内申告書の提出後に、その被相続人から相続又は遺贈（その被相続人からの贈与財産で相続時精算課税の適用を受けたものを含む。）により財産を取得した他の者が、その被相続人から贈与により取得した財産で相続税額の計算の基礎に算入されていなかったものがあることを知ったこと。

② 期限内申告書の提出期限後に支給が確定した退職手当金等の支給を受けたこと。

③ 未分割遺産に対する課税規定により課税価格が計算されていた場合において、その後財産の分割が行われ、共同相続人等のその分割に係る課税価格が既に申告した課税価格と異なることとなったこと。

④ 死後認知、推定相続人の廃除、相続放棄の取消し等により相続人に異動が生じたこと。

⑤ 遺留分の減殺請求に基づき返還すべき、又は弁償すべき額が確定したこと。

⑥ 遺贈に係る遺言書が発見され、又は遺贈の放棄があったこと。

⑦ いわゆる条件付物納が許可された場合において、その後に物納財産である土地について土壌汚染等があることが判明したため、その物納が取り消され又は取り消されることとなったこと。

⑧ 相続又は遺贈により取得した財産についての権利の帰属に関する訴えについての判決があったこと。

⑨ 死後認知により相続人となった者から価額償還請求があったことにより弁済すべき額が確定したこと。

⑩ 条件付又は期限付遺贈について、その条件が成就し又は期限が到来したこと。

　上記の相続税法51条2項各号に掲げる事由のうち①は、被相続人からの3年以内の生前贈与財産価額及び相続時精算課税の適用を受けた生前贈与財産価額の相続税の課税価格加算規定との関係である。

　贈与は、贈与者と受贈者の相対で行われるため、受贈者以外の者は贈与の事実を了知できない場合がある。この場合、その贈与事実を相続税の申告後に知ると、生前贈与加算の規定を適用しなかったことに

Ⅱ　税務調査後のトラブル事例と納税者の対応　337

よる過少申告となるが、そのことについてその者の責任とはいえない。
このため、この場合には「正当の理由」があるものとして過少申告加
算税は課さないこととされている。

　もっとも、これは生前贈与を受けた相続人等以外の者に対する取扱
いである。被相続人から生前贈与を受けていた者が、自らの相続税申
告で生前贈与加算の規定を適用しなかったことによる過少申告に正当
な理由はない。したがって、その者については通常どおり過少申告加
算税が課せられることになる。

　いずれにしても、前記のトラブル事例の場合には、生前贈与を受け
ていない子Bに対する加算税はない。調査官にその事実関係を説明
すれば、加算税の賦課は取り消されるものと考えられる。

トラブルの防止策

　相続税の申告に当たっては、被相続人からの生前贈与の有無を確認
する必要があるが、その事実関係が不明又は受贈者が贈与事実を明ら
かにしない場合には、前述（78頁）した税務署に対する開示請求の
制度を利用することも検討する必要がある。

　ところで、上記の事例とは関係しないが、重加算税の課税要件であ
る「隠ぺい又は仮装」の意義について、国税庁が次の事実が該当する
こととしている（平成12年7月3日課資2−263ほか「相続税、贈与税の重
加算税の取扱いについて（事務運営指針）」の第1の1）。

(1)　相続人又は相続人から遺産の調査、申告等を任せられた者（以下、「相
　　続人等」という。）が、帳簿、決算書類、契約書、請求書、領収書そ
　　の他財産に関する書類について改ざん、偽造、変造、虚偽の表示、破
　　棄又は隠匿していること。
(2)　相続人等が、課税財産を隠匿し、架空の債務をつくり、又は事実を
　　ねつ造して課税財産の価額を圧縮していること。
(3)　相続人等が、取引先その他の関係者と通謀してそれらの者の帳簿書
　　類について改ざん、偽造、変造、虚偽の表示、破棄又は隠匿を行わせ
　　ていること。

(4) 相続人等が、自ら虚偽の答弁を行い又は取引先その他の関係者をして虚偽の答弁を行わせていること及びその他の事実関係を総合的に判断して、相続人等が課税財産の存在を知りながらそれを申告していないことなどが合理的に推認し得ること。

(5) 相続人等が、その取得した財産について、例えば、被相続人の名義以外の名義、架空名義、無記名等であったこと若しくは遠隔地にあったこと又は架空の債務がつくられてあったこと等を認識し、その状態を利用して、これを課税財産として申告していないこと又は債務として申告していること。

　上記のうち(5)は、いわゆる名義預金や名義株などを申告除外した場合の問題である。被相続人の親族等の名義で多額の財産があり、その財産が被相続人のものであることを「認識し、その状態を利用して、これを課税財産として申告していない」とすれば、重加算税の問題が生じることは間違いない。

　重加算税の課税要件である「隠ぺい又は仮装」の意義については、さまざま議論があるが、実務に際しては上記の取扱いを踏まえておく必要がある。

Ⅱ　税務調査後のトラブル事例と納税者の対応 **339**

2 │ 減額更正後の増額更正に伴う延滞税賦課の可否

トラブル事例

　被相続人甲の相続人は、子Ａと子Ｂの２人である。ＡとＢは、相続税の期限内申告と納税を行った後、相続した土地の評価額が時価を上回っているとして更正の請求を行った。その請求について、所轄税務署長は、いったん減額更正をした。

　ところが、その後に所轄税務署長は、その土地の価額について増額更正を行い、増差税額に対して延滞税を課した。その経緯は次のとおりである。

平成 X_0 年 10 月 25 日 ── 被相続人甲死亡

平成 X_1 年 7 月 22 日 ── 甲の相続人ＡとＢが相続税の申告書提出（Ａの申告税額は約 4,185 万円、Ｂの申告税額は約 4,556 万円）

平成 X_1 年 8 月 12 日 ── Ｂが申告税額の全額を納付

平成 X_1 年 8 月 21 日 ── Ａが申告税額の全額を納付

平成 X_1 年 8 月 25 日 ── （法定申告期限・法定納期限）

平成 X_2 年 7 月 21 日 ── Ａ及びＢが所轄税務署長に対し、相続した土地の評価額が時価を上回っていることを理由として更正の請求

平成 X_2 年 12 月 21 日 ── 所轄税務署長が更正の請求の一部を認め、Ａの税額を約 3,035 万円、Ｂの税額を約 3,353 万円に減額更正

340 ┃ 第6章　相続税の申告後の税務で注意したいトラブル事例と防止策

平成 X₃ 年 1 月 26 日	所轄税務署長が申告税額と減額更正後の税額との差額を過納金として、還付加算金を付してＡ及びＢに還付
平成 X₃ 年 5 月 31 日	所轄税務署長は、平成 X₂ 年 12 月 21 日の減額更正後の土地の評価額が時価よりも低かったとして、Ａの税額を約 3,071 万円、Ｂの税額を約 3,391 万円に増額更正。Ａにつき約 36 万円、Ｂにつき約 38 万円の増差税額が発生（増差税額の納期限は平成 X₃ 年 6 月 30 日）
平成 X₃ 年 6 月 3 日	Ａ及びＢが上記の増差税額を納付
平成 X₃ 年 7 月 21 日	所轄税務署長が上記の増差税額に係る延滞税の催告書を送付

　この事案におけるＡとＢは、平成 X₃ 年 7 月 21 日付の延滞税の催告について、納付債務の不存在確認を求めて国と争った。

トラブルの原因と分析

■1 延滞税の賦課要件と原審の判断

　上記の事例は、相続税について減額更正がされた後に増額更正が行われたもので、実務的にみればレアケースではあるが、最近の争訟事案であるため、概説しておくこととする。

　延滞税について、申告納税方式による国税の場合には、次の２つが課税要件とされている（通則法 60 ①一、二）。

① 　期限内申告書を提出した場合において、その申告により納付すべき税額を法定納期限までに完納しないとき。

Ⅱ　税務調査後のトラブル事例と納税者の対応 **341**

②　期限後申告書若しくは修正申告書を提出し、又は更正若しくは決定を受けた場合において、納付すべき税額があるとき。

　上記の事例は、②における「更正を受けた場合において、納付すべき税額がある場合」に該当するかどうかが問題となったものである。

　この点について、原審（平成25年6月27日東京高裁判決）は、概要次のように判示し、事例の増差税額には延滞税が発生するものとした。

①　国税の申告及び納付がされた後に減額更正がされると、減額された税額に係る部分の具体的な納税義務は遡及的に消滅する。
②　その後に増額更正された場合には、増額された税額に係る部分の具体的な納税義務が新たに確定することになる。
③　したがって、新たに確定した増差税額について、更正により納付すべき税額がある場合に該当するものとして、国税通則法60条1項2号に基づき延滞税が発生する。

　この考え方を図式的に表すと、次のようになる。

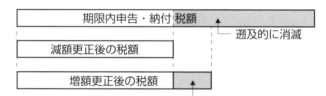

2　最高裁の判断

　上記の原審の判断について、最高裁（平成26年12月12日第二小法廷判決）は、これを是認できないとし、その判決を破棄して延滞税の課税はないものとした。判示事項を要約すると、以下のとおりである。

①　本件の増額更正がされた時点において、本件の相続税については、その増差税額に相当する部分につき、法的効果としては新たに納税義務が発生するとともに、未納付の状態となっているが、その増額更正後の相続税額は期限内申告に係る相続税額を下回るものである

ことからすれば、増差税額に相当する部分は、期限内申告に基づいて一旦は納付されていたものである。

② この増差税額につき、再び未納付の状態が作出されたのは、所轄税務署長が減額更正をして、その減額された税額部分について納付を要しないものとし、かつ、その部分を含め、期限内申告に係る税額と減額更正に係る税額との差額を過納金として還付したことによるものである。

③ このように、本件相続税のうち増差税額に相当する部分については、減額更正と過納金の還付という課税庁の処分等によって、納付を要しないものとされ、未納付の状態が作出されたのであるから、納税者としては、増額更正がされる前において未納付の状態が発生し継続することを回避し得なかったものというべきである。

④ 他方、所轄税務署長は、更正の請求に係る税務調査に基づき、相続土地の評価に誤りがあったことを理由に、納税者の主張の一部を認めて減額更正をしたにもかかわらず、増額更正に当たっては、自らその処分の内容を覆し、再び減額更正における相続土地の評価に誤りがあったことを理由に税額を増加させる判断の変更をしたものである。

⑤ 以上によれば、本件の場合において、仮に延滞税が発生することになるとすれば、法定の期限内に増差税額に相当する部分を含めて申告及び納付をした納税者は、当初の減額更正における土地の評価の誤りを理由として税額を増額させる判断を変更した課税庁の行為によって、当初から正しい土地の評価に基づく減額更正がされた場合と比べて税負担が増加するという回避し得ない不利益を被ることになるが、このような帰結は、国税通則法60条1項等において延滞税の発生につき納税者の帰責事由が必要とされていないことや、課税庁は更正を繰り返し行うことができることを勘案しても、明らかに課税上の衡平に反するものといわざるを得ない。

そして、延滞税は、納付の遅延に対する民事罰の性質を有し、期限内に申告及び納付をした者との間の負担の公平を図るとともに期限内の納付を促すことを目的とするものであるところ、上記の諸点

Ⅱ　税務調査後のトラブル事例と納税者の対応　**343**

に鑑みると、このような延滞税の趣旨及び目的に照らし、本件相続税のうち本件増差税額に相当する部分について増額更正によって改めて納付すべきものとされた増差税額の納期限までの期間に係る延滞税の発生は法において想定されていないものとみるのが相当である。

⑥ したがって、本件相続税のうち本件増差税額に相当する部分は、相続税の法定納期限の翌日から増額更正に係る増差税額の納期限までの期間については、国税通則法60条1項2号において延滞税の発生が予定されている延滞と評価すべき納付の遅延の不履行による未納付の国税に当たるものではないというべきであるから、上記の部分について相続税の法定納期限の翌日から増差税額の納期限までの期間に係る延滞税は発生しないものと解するのが相当である。

トラブルの防止策

上記の事例は、法定納期限内の完納→減額更正→過納金の還付→増額更正という経緯において、増額更正に係る増差税額には延滞税は発生しないとされたものである。

注意したいのは、現行の法令では、減額更正が行われた後であっても、除斥期間が経過しない限り、課税当局による増額更正は可能とされていることである。

上記の事例は「相続土地の評価誤りを理由として減額更正があった後に、同様の事由により増額更正があった場合」という例であるが、減額更正の事由と増額更正の事由が異なる場合には、増額更正に係る増差税額について延滞税が生じることに留意する必要がある。

3 無申告事案について期限後に申告義務が判明した場合の対応

トラブル事例

　被相続人の相続人は、配偶者と子Ａ及び子Ｂの３人である。相続財産は、被相続人と配偶者が居住の用に供していた宅地と建物のほか、預貯金と有価証券がある。

　共同相続人の間では、居住用の宅地と建物は配偶者が、預貯金は子Ａが、有価証券は子Ｂがそれぞれ取得することを取り決めていた。

　ただし、相続税については、被相続人に配偶者がいること、居住用の宅地があることなどから、課税はないものとして法定申告期限までには申告を行わなかった。

　その後、半年余り経過した時点で税理士に相談をしたところ、その税理士からは、相続財産全体の評価額は相続税の基礎控除額を超えているため、申告が必要であるが、既に法定申告期限が経過しているため、配偶者に対する税額軽減規定や小規模宅地等の特例の適用を受けることはできない旨を伝えられた。

トラブルの原因と分析

1 無申告事案に係る期限後申告書の提出と加算税

　相続又は遺贈により財産を取得した者は、その相続に係る被相続人から財産を取得した者の相続税の課税価格の合計額が遺産に係る基礎控除額を超え、その者に係る納付すべき税額がある場合には、相続の開始を知った日の翌日から10か月以内に相続税の申告を行うこととされている（相法27①）。

　したがって、上記の事例の場合には、申告義務があったと判断されることから、直ちに期限後申告書を提出する必要がある。

　なお、いわゆる自主的な期限後申告の場合の無申告加算税（原則15％）は、5％に軽減されている（通則法66⑤）。

2 期限後申告の場合の配偶者の税額軽減等の適用

　相続税の申告義務に関して、課税価格の計算における小規模宅地等

Ⅱ　税務調査後のトラブル事例と納税者の対応　345

の特例と納付税額の計算における配偶者に対する税額軽減は、いずれも申告要件がある（措法69の4⑥、相法19の2③）。

　ただし、これらの規定は、期限後申告においても適用できることとされている（相法19の2③かっこ書、措法69の5⑥かっこ書）。

　したがって、これらの規定により納付税額がゼロとなる場合には、期限後申告であっても、無申告加算税は課されないことになる。

　いずれにしても、上記の事例のようなケースについては、税務署長による決定がある前に申告書を提出することが得策である。

トラブルの防止策

　いわゆる申告要件のある各種の特例的規定については、その適用関係を確認して対応する必要がある。

　ちなみに、配偶者に対する税額軽減規定は、期限内申告はもちろんのこと、期限後申告や修正申告においても適用される。また、小規模宅地等の特例も同様に、期限内申告、期限後申告及び修正申告において適用を受けることができる。

　これら2つの規定の違いは、配偶者の税額軽減は更正の請求の対象になるが、小規模宅地等の特例について更正の請求は認められていないことである。

4 相続税が無申告であった後に未分割遺産が分割された場合の附帯税の減額

トラブル事例

被相続人の相続人は、子Ａ、子Ｂ及び子Ｃの３人である。相続財産は、被相続人の居住用の土地建物と預貯金が主なものである。

相続人は、相続税の課税はないものと思い込み、相続財産の正確な調査や評価を行わず、相続税の申告もしないまま放置していた。

被相続人の相続開始から１年余が経過した時点で税理士が関与したところ、申告と納税を要することが判明したが、相続財産は相続人間で未分割の状態であった。

そこで、とりあえず各相続人が法定相続分（各人とも３分の１）に従って相続財産を取得したものとして申告を行い、各人が納税を行った。ただし、期限後の申告であり、法定納期限後の納税であったため、延滞税と無申告加算税が課せられた。

その後、相続人間で遺産分割協議が行われ、子Ａは相続財産の２分の１相当の額を、子ＢとＣはその４分の１相当の額をそれぞれ取得することとした。

相続財産の分割後に税理士に事後の手続の依頼をしたところ、税理士は、本件には小規模宅地等の特例の適用はなく、被相続人に配偶者もいないため、既に申告した税額と遺産分割後の税額が総額としては変わらないことから、あえて修正申告や更正の請求は必要ない旨の回答をした。

このため、相続人間で税負担の調整をし、税務手続は行わないこととした。ところが、その後において相続人の知人から、遺産分割後に税務手続をすれば、当初の申告の際の延滞税や加算税の還付を受けられたのではないか、との話を聞いた。

トラブルの原因と分析

1 未分割遺産の分割に伴う修正申告と附帯税

相続財産の全部又は一部が共同相続人間で分割されていない場合には、その未分割遺産は共同相続人が民法に規定する相続分に従って取得したものとして課税価格を計算し、申告と納税をすることになる（相

Ⅱ　税務調査後のトラブル事例と納税者の対応　**347**

法 55)。

　もっとも、その申告が法定の期限までに行われておらず、また、納税も法定納期限までにされていない場合には、無申告加算税が賦課され（通則法 66 ①）、延滞税も生じることになる（通則法 60 ①一）。

　したがって、期限後申告となった上記の事例における無申告加算税と延滞税は、法令の規定どおり当然に発生するものである。

■2 未分割遺産の分割後の減額更正と附帯税の取扱い■

　上記の事例における共同相続人は、遺産分割の確定後において修正申告及び更正の請求を行わないこととしたものであるが、実務的には特段の問題は生じない。

　もっとも、当初の申告に係る課税価格よりも遺産分割後の取得財産に係る課税価格が増加した者（事例の子 A）が、修正申告をしたとしても、その増加した税額に対して過少申告加算税は課されず、延滞税も生じない（相法 51 ②一ハ、通則法 66 ①、平成 12 年 7 月 3 日課資 2－264 ほか「相続税、贈与税の過少申告加算税及び無申告加算税の取扱いについて（事務運営指針）」の第 1 の 1）。

　一方、未分割遺産が分割されたことにより課税価格が減少した者（事例の子 B 及び C）は、その分割が行われた日の翌日から 4 か月以内に限り、更正の請求が可能である（相法 32 ①一）。

　注意したいのは、未分割遺産が分割された後の更正の請求に基づいて減額更正がされた場合の附帯税の取扱いであり、次のような通達がある（昭和 44 年 3 月 31 日徴管 2-33 ほか「相続税を課した未分割遺産が、その後協議分割された場合、減額更正した相続税の付帯税の処理について」通達）。

　未分割遺産が共同相続人等の協議により分割されたことに基づく相続税額の減額更正の効果は、その相続税が確定した当初にそ及するものと解すべきである。従って、納付すべき相続税額を計算の基礎として課する相続税の附帯税（加算税、利子税及び延滞税）についても当然に減額を要することになる。

348　第6章　相続税の申告後の税務で注意したいトラブル事例と防止策

なお、上記により相続税の附帯税について減額を行った場合において、その減額部分の附帯税を他の相続人等にいわゆる賦課換えを行うことについては、遺産取得者課税方式を採用している現行相続税法のもとではできないものと解するのが妥当であるから申添える。

　この取扱いからすれば、上記の事例のB及びCが更正の請求をすれば、本税とともに無申告加算税と延滞税の還付を受けることができると考えられる。

トラブルの防止策

　上記の事例は、期限内申告書を提出しなかったことが問題の発端になっているケースであるが、事後的な税務手続を行う場合には、加算税や延滞税の取扱いについて確認し対処すべきである。

【著者略歴】

小池　正明（こいけ　まさあき）

税理士
長野県生まれ。中央大学卒業後、昭和53年税理士試験合格、昭和58年小池正明税理士事務所開設。
税理士として中小企業の経営・税務の指導にあたるとともに、研修会・セミナー等の講師も担当。
現在、日本税理士会連合会税制審議会専門委員長、早稲田大学大学院法務研究科講師

主な著書に、『法人税・消費税の実務処理マニュアル』、『消費税のしくみと実務がわかる本』(以上、日本実業出版社)、『民法・税法による遺産分割の手続と相続税実務』(税務研究会出版局) などがある。

事例で理解する 相続税トラブルの原因と防止策

2015年11月20日　発行

著　者　　小池 正明 ©

発行者　　小泉 定裕

発行所　　株式会社 清文社

東京都千代田区内神田1-6-6（MIF ビル）
〒101-0047　電話03(6273)7946　FAX03(3518)0299
大阪市北区天神橋2丁目北2-6（大和南森町ビル）
〒530-0041　電話06(6135)4050　FAX06(6135)4059
URL http://www.skattsei.co.jp/

印刷：奥村印刷㈱

■著作権法により無断複写複製は禁止されています。落丁本・乱丁本はお取り替えします。
■本書の内容に関するお問い合わせは編集部までFAX（03-3518-8864）でお願いします。

ISBN978-4-433-56305-9